Taschenbücherei
im Verlag Hermann Bauer

Mit dieser Reihe macht der Verlag Hermann Bauer dem interessierten Leser bedeutende Werke aus Bereichen der Esoterik und Grenzwissenschaften zu ungewöhnlich günstigen Preisen zugänglich. Der Schwerpunkt bei der Auswahl für die *esotera-Taschenbücherei* liegt auf Titeln, die dem Leser auf leicht faßliche und umfassende Weise esoterisches Wissen vermitteln, das er auch in seinem Leben anwenden kann. Die Auswahl der Werke erfolgt auf Vorschlag und in enger Zusammenarbeit mit der Redaktion der in Europa führenden grenzwissenschaftlichen Zeitschrift *esotera*; ein Teil der Neuveröffentlichungen geht direkt aus der redaktionellen Arbeit von *esotera* hervor.

Bisher sind erschienen:

Arabi: Die Reise zum Herrn der Macht
Archarion: Von wahrer Alchemie
Brahmachari: Yoga hilft heilen
Brunton: Entdecke dich selbst
Brunton: Die Weisheit des Überselbst
Edwards: Geistheilung
Findley: Beweise für ein Leben nach dem Tod
Gauquelin: Kosmische Einflüsse auf menschliches Verhalten
Geisler (Hrsg.): New Age – Zeugnisse der Zeitenwende
Geisler (Hrsg.): Paramedizin – Andere Wege des Heilens
Halpern: Klang als heilende Kraft
Ingrisch: Nächtebuch
Johanson: Zuerst heile den Geist
Leuenberger: Das ist Esoterik
Lu K'uan Yü: Geheimnisse der chinesischen Meditation
Lütge: Carlos Castaneda und die Lehren des Don Juan
Mori: Die Buddha-Natur im Roboter
Prantl: Licht aus der Herzmitte
Ramm-Bonwitt: Yoga-Nidra – Der Schlaf der Yogis
Reifler: Das I-Ging-Orakel
Schäfer: Stimmen aus einer anderen Welt
Sterneder: Der Sonnenbruder
Sterneder: Tierkreisgeheimnis und Menschenleben
Sterneder: Der Wunderapostel
Sulami: Der Sufi-Weg zur Vollkommenheit
Weinfurter: Der Königsweg
Wirth: Lexikon der Lebensweisheit
Zeisel: Entschleierte Mystik

Sam Reifler

Das I-Ging-Orakel

Der Welt ältestes System der Zukunftsvorhersage,
neu dargestellt und ausgelegt für die
praktische Anwendung durch den modernen Menschen.

Verlag Hermann Bauer
Freiburg im Breisgau

CIP-Kurztitelaufnahme der Deutschen Bibliothek

Reifler, Sam:
Das I-ging-Orakel : d. Welt ältestes System d.
Zukunftsvorhersage ; neu dargest. u. ausgelegt für
d. prakt. Anwendung durch d. modernen Menschen /
Sam Reifler. [Ins Dt. übertr. von Hans Geisler]. –
2. Aufl. – 6.–10. Tsd. Freiburg im Breisgau : Bauer, 1986
   (esotera-Taschenbücherei)
Einheitssacht.: I-ching ⟨dt.⟩
ISBN 3-7626-0605-6

Die amerikanische Originalausgabe erschien 1974 bei
Bantam Books, New York, unter dem Titel
I Ching – A New Interpretation For Modern Times.
© by Sam Reifler.

Ins Deutsche übertragen von Hans Geisler.

Die *esotera-Taschenbücherei* erscheint im
Verlag Hermann Bauer KG, Freiburg im Breisgau

2. Auflage 1986
6. – 10. Tsd.
© für die deutsche Ausgabe 1983 by
Verlag Hermann Bauer KG, Freiburg im Breisgau.
Alle Rechte der deutschen Ausgabe vorbehalten.
Satz: Typobauer Filmsatz GmbH, Scharnhausen.
Druck und Bindung: May & Co, Darmstadt.
Printed in Germany

ISBN 3-7626-0605-6

Inhalt

Einführung 11
Methode des Scharfgarbenstengel-Orakels 21
Methode des Münzwerfens 24
Bewegliche Linien 25
Art und Weise der Interpretation 27
Trigramme 28
Hexagramm-Tabelle 33

Die Hexagramme
 1 Kh-Yen – Yang 37
 2 Kh-Wan – Yin 42
 3 Khun – Zunehmende Schmerzen 47
 4 Mang – Jugendliche Unwissenheit 52
 5 Zhuy – Warten 57
 6 Sung – Konflikt 62
 7 Shuh – Soldaten 68
 8 Pee – Vereinigung suchend 72
 9 Zhiao-Khuh – Kleinere Einschränkung 76
10 Lih – Treten 81
11 T-Hai – Friede 86
12 P-Hih – Trennung 91
13 T-Hung-Zhan – Gemeinschaft 95
14 Teh-Yuh – Reichtum 100
15 Kh-Yen – Bescheidenheit 104
16 Yih – Begeisterung 109
17 Swee – Gefolge 113
18 Kiu – Festigung 119
19 Lin – Führung 125
20 Kwen – Beschaulichkeit, Versenkung 129

21	Shih-Ho – Sich durchbeißen	134
22	Pee – Schönheit	138
23	Po – Zusammenbruch	144
24	Fiu – Rückkehr	148
25	Wiu-Wang – Das Einfache	153
26	Teh-Khiu – Große Einschränkung	159
27	Ih – Ernährung	163
28	Teh-Kwo – Übermäßige Größe	168
29	Khan – Tiefe	173
30	Lee – Feuer	178
31	H-Syen – Spannung	182
32	Heng – Stetigkeit	189
33	T-Hun – Rückzug	194
34	Teh-Khwang – Große Stärke	199
35	Tzhin – Fortschritt	204
36	Ming-Ee – Verdunkelung des Lichts	210
37	Khyeh-Zhain – Familie	215
38	Khway – Neutralität	220
39	Khyen – Schwierigkeit	226
40	Khieh – Befreiung	231
41	Sun – Verringerung	236
42	Yee – Zunahme	241
43	Kway – Durchbruch	246
44	Kaou – Versuchung	252
45	Tzhwee – Eintracht	257
46	Sheng – Sich steigernde Tatkraft	262
47	Khwen – Verdrängung	266
48	Tzhing – Brunnen	271
49	Ko – Umschwung, Revolution	275
50	Ting – Großer Kochkessel	281
51	Khen – Donnerschlag	285
52	Ken – Stillhalten	290
53	Khyen – Prozession	294
54	Kway-Mai – Sich vermählende Jungfrau	299
55	Feng – Überfluß	304
56	Liu – Fremder	310

57 Sun – Durchdringungskraft des Windes.......... 315
58 Twee – Vergnügen........................ 320
59 Hwen – Zerstreuung 323
60 Khieh – Einschränkung.................... 328
61 Khung-Fih – Verständnis................... 332
62 Zhaou-Kwo – Übermäßige Kleinlichkeit 337
63 Khee-Tzhee – Vollendung 343
64 Way-Tzhee – Beinahe an Ort und Stelle 348

I Ging
uralte mystische Weisheiten

Das Khien-Hexagramm (alte Version).
In der ersten (oder untersten) Neun, ungeteilt (wir sehen es subjektiv) als den (in der Tiefe) verborgen liegenden Drachen. Das ist nicht die Zeit für aktive Betätigung.

Das Kh-Yen-Hexagramm (moderne Version).
Ihre Yang-Kraft ist noch verborgen, ist noch nicht bereit, in die Welt der Menschen und Ereignisse hinauszutreten. Sie macht sich nur indirekt bemerkbar. Noch sind Sie nicht imstande, das Tun anderer durch Ihren Willen zu beeinflussen. Sie werden erkennen, wann die für Sie richtige Zeit zum Handeln gekommen ist, sobald Sie in sich den natürlichen, spontanen und instinktiven Drang zur Betätigung verspüren. Forcieren Sie bis dahin nichts. Beim gegenwärtigen Stand der Dinge ist es angebracht, nichts willentlich anzustreben oder durchzusetzen. Besser ist es, sich zurückzuhalten und sich in Geduld zu üben.

Einführung

Wie in den westlichen Ländern die Astrologie und das Wahrsagen mittels Tarotkarten wird auch das I Ging-Orakel häufig als eine Art Gesellschaftsspiel betrachtet und benutzt. Derartige Spiele und Unterhaltungen könnte man als kuriose Ableger oder Nebenerscheinungen einer spirituellen Erneuerungsbewegung bezeichnen. Dieses Wiederaufleben spiritueller Forschungen und Experimente kann durchaus als ein unserer neuen westlichen Kultur wesenseigener Aspekt angesehen werden. Die Vorläufer dieser Bewegung sind bereits um die letzte Jahrhundertwende erkennbar, als Yeats und Conan Doyle sich ernsthaft mit der Erforschung spiritistischer Phänomene beschäftigten, als die James-Brüder aus Boston und der berühmte Kipling sich ebenfalls dafür zu interessieren begannen, als im Weißen Haus in Washington spiritistische Seancen abgehalten wurden und fast jeder Amerikaner die Namen der damals großen Magier, Wahrsager und Medien kannte, zum Beispiel D. D. Home, Eusapia Paladino und die Poughkeepsie-Zwillinge und viele andere. Um die Jahrhundertwende waren unter den College-Studentinnen mindestens ebenso viele Ouija-Boards (`= Planchetten, Buchstabentäfelchen oder Buchstabierbrettchen, mit denen angeblich schriftlicher Kontakt mit den Seelen Verstorbener hergestellt werden kann), Tarotkarten und »tanzende Tische« in Gebrauch wie heute. Nur höchst selten aber, wenn überhaupt, befaßte man sich mit dem I Ging.

Der eigentliche Ursprung dieses früheren Wiederauflebens des Interesses an geistigen Dingen war der Spiritismus, der den Glauben zur Grundlage hat, daß die Geistseele des Menschen nach dem Tod seines fleischlichen Körpers in einem jenseitigen Reich weiterexistiert. Die Quellen dieses Glaubens dürften im wesentlichen in den magischen und zauberischen Vorstellungen der alten Kelten und frühen Christen zu suchen sein. Ein gewisses ernsthaftes Interesse an den Lehren des Hinduismus brachte es mit sich, daß man sich schon damals in Europa über die Reinkarnation Gedanken machte. Ist diese Lehre von der Wiederverkörperung wahr? Auf jeden Fall war sie für viele Menschen eine recht umstrittene Frage, eine solche also, über die man oft in Verbindung mit anderen Gesellschaftsspielen auf Partys und dergleichen plaudern konnte.

Unser gegenwärtiges spirituelles Wiedererwachen bekam seine Impulse nicht zuletzt von einer aus dem Fernen Osten stammenden Idee, die mit dem Spiritismus der Viktorianischen Zeit kaum verglichen werden kann: mit der buddhistischen Weltanschauung, die davon ausgeht, daß alles Seiende Teil einer All-Existenz ist, die keine Wertunterschiede kennt und über alle Beurteilungen erhaben ist. Die Beat-Generation übernahm dieses Gedankengut von seinen frühen amerikanischen Entdeckern Alan Watts, Gary Snyder, Thomas Merton usw., und publizierte es. Es hat nach und nach unsere Kultur durchdrungen und kann in manchmal entstellter Form sowohl in politischen Auseinandersetzungen als auch in Fernsehkommentaren und Werbesendungen entdeckt werden. Diese Ideen schaffen, wenn sie akzeptiert werden, die Bereitschaft zur Anerkennung der grundsätzlichen Einheit aller Dinge und eines »ungeteilten Ganzen«, eines »Absoluten All-Einen«, Unaussprechlichen. (Sobald man dieses Absolute mit einem Namen versieht, begrenzt man es dadurch, und es ist nicht mehr das Unaussprechliche, Unnennbare. Der Zen-Meister fühlt, daß er auf dieses »Es« nur andeutend hinweisen, es aber nicht benennen kann.)

Die Taoisten des alten China, auf die die I Ging-Texte zurückgehen, nannten dieses »Absolute All-Eine« *Tao*, das heißt »Der Weg«. Die mit diesen Ideen verbundenen Erlebnisse und Erfahrungen haben bei der neuen Generation eine mehr neutrale, weniger strebend-ehrgeizige und weniger neurotische Einstellung den materiellen Werten der Umwelt gegenüber entwickelt. Das hat auch bewirkt, daß die in der viktorianischen Epoche für sehr wichtig gehaltenen spiritistischen Probleme als nicht mehr so bedeutsam betrachtet werden, weil eben Leben und Tod und die Zeit als solche nunmehr lediglich als Formen kulturabhängiger Begriffsbildungen und Vorstellungen angesehen werden: als Karma, Maya (Illusion), als unnötiger Ballast auf dem ewigen Weg in und aus dem »augenblicklichen Hier und Jetzt«.

Gleichzeitig mit der Hinwendung zu den buddhistischen Zen-Praktiken – in Nordamerika vorwiegend entlang der Westküste in Kalifornien – setzte der immer stärker zunehmende Gebrauch von Drogen und Rauschgiften ein. Jazz-Musiker beschenkten ihre Freunde mit Marijuana; viele in den Weststaaten ansässige Intellektuelle fingen an, mit dem aus den indianischen magischen Pilzen gewonnenen Meskalin und mit anderen bewußtseinsverändernden Drogen zu experimentieren, wie sie in Huxleys *Geöffnete Pforten der Wahrnehmung* beschrieben sind.

Buddha sagt: »Die Form ist nichts!« Wenn wir uns nur für wenige Augenblicke in einen Zustand ohne alle Unterscheidungen versetzen könnten, in einen Zustand ohne alle Relativitäten, ohne die Wahrnehmung von Farb- und Lautverschiedenheiten, ohne jeglich Beachtung beziehungsweise Konzentration auf irgendwelche Schwingungsunterschiede und so weiter, befänden wir uns im »Nirgendwo«, in der Leere, im Nichts. Alles, was wir erleben und erfahren, hat man uns zu erleben und zu erfahren gelehrt, beginnend bei den grundlegenden Sinneswahrnehmungen bis herauf zu den kompliziertesten Denksystemen, die sich im Laufe der Zeit ziemlich rasch verändern. Das gleiche gilt für alles, was wir glauben und wissen, von der Kugelgestalt unseres Planeten angefangen bis zu der allgemeinen Ansicht, daß Diebstahl und Zerstörung ethisch verwerfliche Handlungsweisen seien.

Man sollte keine Glossen machen über die Bedeutung der Drogensubkultur und ihre Beziehungen zu der spirituellen Erneuerung und moralischen Umwandlung, die überall in der kulturellen Szene vor sich geht. Die religiös-philosophischen Offenbarungen der Inspiratoren der gegenwärtigen spirituellen Wiederbelebung gingen Hand in Hand mit den bewußtseinserweiternden Wirkungen ihrer Drogen, was sie befähigte, in ihren veränderten Bewußtseinszuständen andere Erlebnis- und Empfindungsformen zu haben als jene, die sich aus den Vorstellungen der gängigen Kulturszenerie herleiten. Im Anfang fanden diese Art von Offenbarungen nur innerhalb eines streng persönlichen Rahmens statt, weil sich die Drogenpioniere außerhalb der Grenzen der normalen, anerkannten Kultur bewegten, ohne zu jener Zeit schon Teil einer neuen Kultur zu sein. Als der Gebrauch von Drogen sich immer mehr ausbreitete, wurden innerhalb der abendländischen Kultur – wenn auch von den Vertretern der materialistischen Wissenschaften unserer Tage fast unbeachtet – und aus anderen Kulturen bedeutungsvolle Stimmen laut. Dieses sowohl exotische als auch esoterische Ideengut gewann nach und nach innerhalb der gesamten nordamerikanischen Kultur einen wichtigen Platz: Priester entdeckten Christus aufs neue, Hausfrauen studierten Joga, die Computer-Astrologie erlangte Anerkennung und wurde gewinnbringend, Angehörige der mächtigen und reichen Klasse unterzogen sich in einer Londoner Klinik einer LSD-Behandlung, junge Psychiater begannen abermals, im Verhalten von Irrsinnigen etwas Göttliches zu erkennen, und bronzene chinesische Münzen klimperten allnächtlich auf Küchentischen von der Ost- bis zur Westküste der USA. Diese Münzen werden rasch und aussagebegierig geworfen, und die herumstehenden Zuschauer geizen nicht mit ihren Meinungen über die einzelnen Linien, aus denen sich ein Hexagramm zusammensetzt. Gewöhnlich entwickelt sich eine allgemeine Diskussion über die Art der Deutung. Das I Ging ist zu einem Gesellschaftsspiel geworden.

Als solches macht das I Ging Spaß, nicht zuletzt auch wegen der psychologischen und moralischen Tiefe der Orakel. Eine I Ging-Sitzung kann durchaus zu einer bedeutsamen, Erleichterung bringenden Übung in bezug auf soziales Zusammenarbeiten und Selbsterkenntnis werden.

Allerdings kann ein solches, einmal täglich durchgeführtes I Ging-Ritual auch zu einer in die Neurose führenden und völlig wirkungslosen Abkürzung einer Entscheidungsfindung führen, die besonders Individuen suchen, deren ängstliche Entscheidungsscheu zur Untätigkeit führt, zur »Krankheit unseres Jahrhunderts«. In dieser Weise angewandt kann das I Ging-Münzenwerfen zu einer Art Zwangshandlung werden, bei der die Deutung der Hexagramme ohne die nötige Einfühlung dunkel und verworren bleibt. Dann kann es sein, daß dieses Ritual zu einem Ersatz für normal-menschliches Reagieren auf irgendwelche Vorgänge wird.

Das Zeichen π (Pi) ist das Symbol für Tao, den Weg. Es ist ein Tor, eine Pforte, durch die wir ständig hindurchzugehen im Begriffe sind. Wir befinden uns niemals diesseits dieser Pforte, noch jemals jenseits von ihr. Nichts widerfährt uns, nichts existiert außer der Tatsache, daß wir in jedem Augenblick die Schwelle dieser Pforte überschreiten. Wir sind ununterbrochen unterwegs, sind ständig auf dem Marsch, sind immer im Tao, auch wenn wir das in keiner Weise fühlen oder wahrnehmen. Eine der von den Taoisten benutzten Begriffsbestimmungen bezüglich dieses »Jenseits« (Die Formulierung des Yin- und Yangprinzips beinhaltet zum Beispiel im gewissen Sinn auch die Begriffe Karma und Dogma.) besagt, daß es sich um ein nur teilweise gültiges Vorstellungsmuster handelt, das aus der unendlichen Anzahl möglicher Muster im Universum ausgewählt worden ist.

Alles Geschehen bewegt sich innerhalb dieser Begrenzung. Sinngehalt und Absicht eines Vorganges ist ein Sich-Anordnen von Formen, ausgewählt aus einer chaotischen, formlosen Leere. Deutungs- und Erklärungssysteme, die vom Gesichtspunkt der meinungs- und bedeutungslosen (leeren) letzten Wahrheit und Wirklichkeit aus gelten und formuliert werden, umfassen ein erleuchtetes und allumschließendes religiöses Konzept und widerspiegeln die Totalität der Existenz besser und verständlicher als andere Systeme, die ihrerseits wiederum aus anderen Denksystemen abgeleitet wurden. Das Yin- und Yang-Prinzip zum Beispiel beschreibt die ständige Verwandlung, das ununterbrochene Sterben und Wiederauferstehen im Universum genauer als die Darwinsche Theorie vom Überlebensinstinkt des

Stärkeren. Darwins Überlebensinstinkt und die Theorien von der Erhaltung der Energie lassen wiederum viel besser als irgendwelche politischen oder wirtschaftlichen Theorien die ungeteilte Ganzheit des Universums erkennen. Beim Vorstoßen in die tieferen Bedeutungen des Yin-und-Yang-Systems entdecken wir immer mehr die Totalität des Lebens und Erlebens. Das ist das eigentliche Geheimnis hinter allen magischen Systemen. Sie versuchen, in sich selbst alle Möglichkeiten zu umfassen, so daß die Vision des Seins, wie es sich innerhalb des Systems darstellt, eine ebenso vollkommene Widerspiegelung dessen ist, was ohne sie möglich wäre. Die großen Arkana des Tarot, der astrologische Tierkreis, der Verlauf der Linien im Handteller eines Menschen, das I Ging-Orakel – sie alle sind mikrokosmische Vorgänge innerhalb des menschlichen Erfahrungsbereiches.

Keiner der fernöstlichen Wege zur Erleuchtung sind ausgesprochen deterministisch, eine totale Vorausbestimmung des menschlichen Schicksals anerkennend. Aber selbst die Zen-Buddhisten sind hin und wieder bereit zuzugeben, daß der Begriff »Reaktion« benutzt werden kann, was natürlich die Anerkennung der Existenz einer Verbindung zwischen zwei Zeit- und Geschehensmomenten in sich schließt. (Wir erkennen hier die Unfähigkeit der menschlichen Sprache, den Prozeß der Erleuchtung klar zu beschreiben. Der Grund ist in der Entstehung der Sprechverständigung zwischen den Menschen zu suchen, sowohl was die Begriffsbildung als auch die historische Entwicklung anbelangt.) Die Taoisten bezeichnen den Weg eines Menschen durch das allgegenwärtige Tor als »auf dem Wege sein in eine Richtung«. Diese Wegrichtung zu akzeptieren und sich ganz natürlich in ihr weiterzubewegen, war der fromme Wunsch der Taoisten. (Der grundlegenden Idee gemäß hatten sie natürlich ohne Wünsche zu sein.) Unsicherheit, Unentschlossenheit, Ängste, Sorgen und Unzufriedenheit sind für den Taoisten das gleiche wie das Sündigen für den Christen. Um derartige Fehlverhaltensweisen zu überwinden und den eigenen Geist und das Herz zu klären, wurde in einer andächtigen Geisteshaltung mit zeremoniellem Ritual das I Ging zu Rate gezogen. Das sich ergebende Hexagramm zeigt dem Fragenden sein Tao, die ihm naturgemäße Entwicklungsrichtung.

Genau genommen gibt es, metaphysisch gesehen, natürlich eine unendliche Anzahl von Taos (oder, wie man es auch ausdrücken kann: nur ein einziges Tao). Um aber die Anzahl der möglichen Begriffe auf ein für das Ritual brauchbares Maß zu reduzieren, war es erforderlich, die unendliche Menge der einschlagbaren Wege auf ein faßbares, begrenztes Maß von Prototypen zu beschränken. Nach einer geschichtlich relativ kurzen Zeitspanne von Versuchen und Irrtümern schälten sich vierundsechzig Zahlen als die geeigneten heraus. (Die Mathematik des I Ging-Systems erfordert eine Quadratzahl.) Unter der Voraussetzung, daß es sich beim I Ging-Ritual um einen Ausdruck göttlicher Inspiration handelt, wurden und werden die vierundsechzig Hexagramme als stellvertretend für vierundsechzig verschiedene Möglichkeiten menschlicher Erlebensweisen angesehen, als Möglichkeiten von Seinszuständen, die die gesamten Erlebnis- und Erfahrungsmöglichkeiten eines Menschenlebens umfassen. Die vierundsechzig Hexagramme stellen im wesentlichen die gleiche totale Ganzheit dar, wie sie in den zwölf astrologischen Tierkreiszeichen, den zweiundzwanzig großen Arkana des Tarot und in der Formen- und Liniengeometrie der menschlichen Hand zum Ausdruck kommt. Diese Hexagramme werden nicht ausgewählt mittels des Abzählens von Stäbchen oder des Fallens von Münzen, sondern werden einzig und allein bestimmt durch die Yin- und Yang-Energien im Innern des betreffenden Individuums. Diese Energien werden im I Ging-System durch gebrochene (— —) Yin- und durchgehende (———) Yang-Linien in Form von sechs senkrecht übereinander angeordneten Linien dargestellt, die zusammen das Hexagramm ausmachen.

Yin und Yang sind keineswegs die genauen Entsprechungen der westlichen Polarität von weiblich und männlich, auch wenn dieser Vergleich oft gebraucht wird. Die genauere Untersuchung einiger der Unterschiede zwischen dem Yin-Yang-Prinzip und der westlichen Polarität weiblich/männlich lassen die Umrisse eines anderen Polaritätsbegriffes erkennen: dem von Ost/West.

Das Yin-Yang-Prinzip ist ein Ausdruck des ständigen Wechsels der Bewegungen im Universum und damit auch im menschlichen Leben. I Ging kann mit »das Buch der Wandlungen« übersetzt werden. Von der Idee her könnte man sagen: wenn Sie das I Ging befragen, über ein bestimmtes Problem, eine Frage, einen Begriff oder über ein nicht in Worte faßbares Gefühl meditieren, mit deren Beantwortung beziehungsweise Lösung Sie sich schon eine Weile ernsthaft befaßt haben. Es handelt sich um Fragen und Probleme, die ein Teil von Ihnen sind, und folgerichtig ist die gesuchte Antwort ebenso ein Teil von Ihnen. Die Frage und die Antwort darauf sind nichts anderes als zwei aufeinanderfolgende Schritte in Ihrem Tao. Während Sie nun über diesen für Sie problematischen Aspekt meditieren, während Sie sich sozusagen auf den Pfad Ihrer Frage stellen, werfen Sie das I Ging. Die Linien des Hexagramms bilden sich selbstverständlich so, wie sie dem Tao im Moment des Rituals entsprechen. Weil das Tao in der Frage enthalten ist, ist es das auch in der Antwort. Man könnte sagen, daß die Bedeutung des Hexagramms im Fragenden das Gefühl auslöst, als handle es sich bei der Antwort um etwas ihm bereits Vertrautes.

Osten		Westen	
Yin	Yang	Weiblich	Männlich
weiblich	männlich	weiblich	männlich
negativ	positiv	negativ	positiv
nachgiebig	stabil	nachgiebig	stabil
Geführter	Führer	Geführter	Führer

aber:

dunkel	hell	hell	dunkel
weltlich	göttlich	göttlich	weltlich
Tätigkeit	Inspiration	Inspiration	Tätigkeit
rational	impulsiv	impulsiv	rational
Quadrat	Kreis	Kreis	Quadrat
schwer	schwingend	schwingend	schwer
Körper	Seele	Seele	Körper

Die Rituale des Legens von Scharfgarbenstengeln oder des Werfens von Münzen haben nichts mit Magie zu tun, sondern sind ein rein mechanischer Vorgang, durch den die Energien mobilisiert werden, die das Tao erkennbar machen. Die Münzen können in weniger als sechzig Sekunden geworfen werden, dagegen nimmt es eine halbe bis eine Stunde in Anspruch, das Scharfgarben-Stäbchen-Ritual durchzuführen. Bei letzteren ist natürlich mehr Zeit für eine Meditation.

Der Frager hat darauf zu achten, in welcher Weise die Stäbchen (Schafgarbenstengel) fallen, hat die dazu erforderlichen Bewegungen langsam und mit Bedacht und unter scharfer Konzentration auf den unmittelbaren Zusammenhang zwischen Frage und Antwort durchzuführen. Während der Fragesteller sorgsam je vier Stäbchen aus dem Bündel abzählt (der Vorgang ist im nächsten Kapitel beschrieben), ahnt er oftmals schon, was das Ergebnis dieses Abzählens sein wird. Das ist eine Art »Haltezeichen« einer eventuell vorhandenen Ungewißheit oder Übererregung dem zu erwartenden Orakel gegenüber. Der Fragende macht das Stäbchen-Ritual in einer religiös-vertrauensvollen Grundhaltung, während er allein ist. Er kann ruhig ab und zu eine Pause einlegen, wenn er merkt, daß seine Konzentration nachläßt oder seine Gedanken abschweifen. Er weiß, daß er nur dann, wenn er das Stäbchen-Ritual in direktem geistigen Zusammenhang mit seiner Frage empfindet, jenes Hexagramm bekommt, das für ihn eine wirkliche Bedeutung als Antwort hat. Wenn die Münzen in der gleichen Geisteshaltung geworfen werden, können sie ebenfalls zur Auffindung des richtigen, aussagestarken Hexagramms führen.

Obgleich die vierundsechzig Hexagramme alle menschlichen Erfahrungen umfassen, beruhen die Formulierungen und Interpretationen dieser Erfahrungswerte – da es sich um Übersetzungen aus dem Chinesischen handelt – auf jenen der chinesischen Kultur eigenen Betrachtungs- und Bewertungsweisen in bezug auf Erfahrung. Das I Ging ist ein Sammelsurium, bei dem sowohl das vortaoistische Weistum als auch der Konfuzianismus und sogar die dekadenten Philosophien machiavellischer Prägung Pate gestanden haben. Die traditionelle, zeitlich letzte Version der Texte, die gegenwärtig im Umlauf ist, war für die damals herrschende Klasse der Mandarinen und deren Gefolge bestimmt, und deren Probleme, Erfahrungen, Wertvorstellungen und Symbole sind von den unseren radikal verschieden. Das verleiht dem I Ging-Benutzer unserer Tage einen gewissen obskuren, exotischen Anstrich, der aber in direktem Widerspruch steht zu der religiösen Tatsachen-Philosophie und zu dem irdisch-realen Charakter des »Buches der Wandlungen«. »Er«, (der I Ging-Befrager) »soll Gast des Hofes sein« und »behaupte das Recht durch die Kraft deiner Arme!« Was hat diese Ermahnung zu tun mit der friedvollen Geisteshaltung irgendwelcher einfachen Bürger der westlichen Länder? Es handelt sich eben um Ratschläge für Mandarinen-Höflinge. Bei ihnen gab es in bezug auf menschliche Erfahrungen ausgesprochene Klassenunterschiede. Für die damaligen Verhältnisse war diese Art von Orakelstil sicher durchaus angebracht, für den Menschen unserer Tage ist aber dieser Aussagestil viel zu vage. Was meine Deutung des I Ging anbelangt, stelle ich fest, daß ich die überkommenen Aussagen an sich nicht verändert habe, nur eben die Sprache und Ausdrucksweise, die nunmehr von Ihnen wie von mir verstanden werden kann im Zusammenhang mit den derzeitigen Realitäten, von denen wir heute umgeben sind.

Methode des Schafgarbenstengel-Orakels

Man benutzt ein Bündel von 50 Stück. Auf die gleiche Länge zurechtgeschnittene Schafgarbenstengel sind das traditionelle Werkzeug. Abgesehen von dem Kürzen der Stengel auf die gleiche Länge ist an ihnen keine weitere Veränderung zulässig. Jeder Stengel behält seine ihm von Natur aus eigene Gestalt, Dicke, Farbe, Struktur und Maserung.

1. Halten Sie das Stäbchenbündel in der linken Hand.
2. Nehmen Sie ein Stäbchen mit der rechten Hand heraus und legen Sie es beiseite.
3. Jetzt teilen Sie das Bündel in zwei sich zufällig ergebende Teile.
4. Legen Sie den einen Teil links, den anderen rechts vor sich hin.
5. Nehmen Sie einen Stengel vom rechten Haufen und halten Sie ihn zwischen dem kleinen und dem Ringfinger der linken Hand.
6. Umfassen Sie jetzt das ganze links liegende Bündel mit Daumen und Zeigefinger Ihrer linken Hand.
7. Dann nehmen Sie von diesem Bündel nach und nach immer vier Stengel mit der rechten Hand weg und legen diese abseits zu einem Extrahäufchen zusammen.
8. Wenn vier Stäbchen oder weniger übrig bleiben, plazieren Sie diese zwischen dem Ring- und dem Mittelfinger der linken Hand.
9. Nun ergreifen Sie das rechts vor Ihnen liegende Bündel mit Daumen und Zeigefinger der linken Hand.
10. Nehmen Sie davon – genau wie in Schritt 7 – jeweils vier Stück weg.

11. Wenn vier Stäbchen oder weniger übrig bleiben, stecken Sie diese zwischen Mittel- und Zeigefinger der linken Hand.
12. Die Gesamtzahl aller Stäbchen in der linken Hand ist entweder neun oder fünf. Legen Sie diese jetzt beiseite auf ein Extrahäufchen.
13. Ergreifen Sie jetzt die Stäbchen des aus dem ursprünglichen Bündel stammenden beiseite gelegten Häufchens und wiederholen Sie damit die Schritte 3 bis 11.
14. Die Gesamtzahl der Stäbchen in der linken Hand beträgt nun entweder acht oder vier. Legen Sie diese beiseite als zweites Extrahäufchen.
15. Jetzt verfahren Sie mit den Stäbchen aus dem Originalbündel abermals gemäß den Schritten 3 bis 11.
16. Die Gesamtzahl der Stäbchen in der linken Hand ist wiederum acht oder vier. Legen Sie diese beiseite als drittes Extrahäufchen.

Die erste Linie, das heißt die unterste Linie des Hexagramms, ist nunmehr gefunden durch die Zahl der Stäbchen in jedem der drei Extrahäufchen.

Ein zurückgebliebenes Häufchen mit insgesamt neun oder acht Stäbchen hat einen Wert von 2, ein Häufchen mit zusammen fünf oder vier Stück hat einen Wert von 3.

Zählen Sie jetzt die Werte der drei Extrahäufchen zusammen. Die sich daraus ergebende Linie ist:

Drei Zweier = 6 = —×— = bewegliche Yin-Linie
Zwei Zweier und
eine Drei = 7 = ——— = Yang-Linie
Eine Zwei und
zwei Dreier = 8 = — — = Yin-Linie
Drei Dreier = 9 = —⊖— = bewegliche Yang-Linie

Um nun die anderen fünf Linien des Hexagramms zu finden – von der untersten zur obersten – wiederhole man das gesamte Ritual gemäß der in den Punkten 1 bis 16 beschriebenen Weise unter Verwendung des gesamten ursprünglichen Bündels (einschließlich des Stäbchens, das zuerst laut Schritt Nr. 1 weggenommen wurde). Wenn Sie den ganzen Prozeß sechsmal wiederholt haben, ist das ganze Hexagramm mit seinen sechs Linien gefunden und kann gedeutet werden.

Methode des Münzwerfens

Dazu braucht man drei Münzen. Man schüttelt sie im Hohlraum zwischen den beiden Handtellern kräftig durcheinander und läßt sie dann auf eine flache Unterlage fallen. Jeder Wurf bestimmt eine Linie des Hexagramms, von unten nach oben. Alte chinesische Münzen, die manchmal der Tradition halber benutzt werden, haben eine mit Inschriften versehene und eine völlig blanke Seite. Die erstere hat einen Zählwert von zwei, die blanke Seite einen Wert von drei. Nimmt man in den westlichen Ländern im Umlauf befindliche Münzen, dann zählt die Vorderseite (die mit der Zahl oder einem Kopf) drei, die Rückseite zwei. Ausschlaggebend ist die durch Zusammenzählen der drei Werte sich ergebende Zahl, durch welche jede einzelne der sechs Linien bestimmt wird, aus der sich das Hexagramm zusammensetzt. Der Zählvorgang ist bei Benutzung der Stäbchen-Methode der gleiche wie beim Münzwerfen (von drei Zweiern bis zu drei Dreiern). Die Münzen müssen selbstverständlich sechsmal geworfen werden, um – von unten nach oben – das ganze Hexagramm zu bekommen.

Bewegliche Linien

Das dem I Ging zugrunde liegende Prinzip heißt »Wandlung, Veränderung«, das heißt: die unvermeidbare Umwandlung einer Yinkraft in eine Yangkraft und umgekehrt. Diese Umwandlungen werden durch die sogenannten »beweglichen Linien« angezeigt:

die Sechser-Linie	—×—	das alte Yin
die Neuner-Linie	—O—	das alte Yang

Die meisten Stäbchenrituale oder Münzenwürfe enthalten in der Regel mindestens eine dieser beweglichen Linien.

Die beweglichen Linien lassen erkennen, in welcher Weise sich das im Moment gegenwärtige Tao, repräsentiert durch das ermittelte Hexagramm, in ein anderes zweites Hexagramm verwandelt.

Die beweglichen Linien verwandeln sich in ihr Gegenteil:

—×—   wird zu   ———
—O—   wird zu   — —

Das zweite Hexagramm setzt sich aus den festen Linien des ersten Hexagramms und den neuen Linien zusammen, die sich aus den Veränderungen der beweglichen Linien ergeben, zusammen. Nehmen wir als Beispiel das Hexagramm Nr. 25:

—O—
—O—
—O—   Wiu-Wang/das Einfache
— —
— —
———

das sich in Hexagramm Nr. 24 verwandelt:

― ―
― ―
― ―   Fiu/Rückkehr
― ―
― ―
―――

Bei der Ausdeutung des Hexagramms liest der Fragende die Aussagen für die beweglichen Linien, dazu das allgemeine Orakel für das ganze Hexagramm. Im vorstehenden Fall würde er im Hexagramm Wiu-Wang die Orakeltexte für 4 (—⊖—), 5 (—⊖—) und 6 (—⊖—) in Betracht ziehen. (Die Linien werden von unten nach oben gezählt.) Wenn Sie verstanden haben, daß nur die von Ihnen geworfenen beweglichen Linien von besonderer Bedeutung sind, ist nichts dagegen einzuwenden, wenn Sie auch das allgemeine dazugehörige Orakel und die Interpretationen für die anderen Linien des Hexagramms lesen. Das erleichtert oft eine Erklärung der in Frage stehenden Linien.

Wenn ein Hexagramm keine beweglichen Linien enthält, ist die Lage entweder als statisch oder als unmittelbar vor einem abrupten Ende stehend zu betrachten. In so einem Fall ist nur das Grundorakel für das betreffende Hexagramm gültig.

Art und Weise
der Interpretation

Zur Vereinfachung und Versachlichung sind die Interpretationen für jedes Hexagramm in drei Absätze unterteilt, die in freisinniger, nicht wörtlich zu nehmender Weise von drei aus dem Hinduismus stammenden Prinzipien Gebrauch machen: Artha, Kama und Moksha.

Der Artha-Teil bezieht sich auf mehr als nur auf das Streben und Jagen nach Erfolg und Wohlstand (wie die Hindus zu sagen pflegen), sondern dieser Teil hat mit den Beziehungen des Fragenden zu anderen Menschen zu tun, seinem Verhältnis zu Autoritäten und zu Dingen (Gegenständen) des Alltagslebens. Für alle Probleme, die Handlungsweisen innerhalb der Gesellschaft betreffen, ist dieser Interpretationsteil zuständig.

Der Kama-Absatz umfaßt mehr als das bloße Streben nach sexuellem Vergnügen, wie die Hindus meinen. Es hat vielmehr zu tun mit den allgemeinen zwischenmenschlichen Liebesbeziehungen sowohl sexueller als auch familiärer Art einschließlich der Beziehungen zu guten Freunden. Um hinsichtlich der persönlichen Fürwörter keine Unklarheiten aufkommen zu lassen, sei darauf hingewiesen, daß die Person oder die Personen, die in Beziehung zu dem Frager stehen, als Partner, Freunde, Charaktere und ähnlich neutral bezeichnet werden.

Im Moksha-Absatz ist das ernsthafte Bemühen der betreffenden Person um Befreiung ersichtlich, was übrigens auch genau der hinduistischen Auslegung entspricht. Es zeigt sich hier der für den Fragenden geeignete spirituelle Weg, den er beim derzeitigen Stand der Dinge einschlagen sollte, und ob irgendwelche Blockierungen oder Widersprüche in seiner philosophischen Welt- und Lebensanschauung vorhanden sind.

Trigramme

Die früheste Art, Voraussagen zu bekommen, die dann später zum I Ging-Orakel wurde, war das Deuten der Muster und Zeichnungen auf Schildkrötenpanzern. Über die Methoden, die dabei von den alten Magiern und Wahrsagern angewandt wurden, ist man sich noch nicht ganz klar. Nach der einen Version soll der Panzer von Landschildkröten solange erhitzt worden sein, bis er rissig wurde und Sprünge zeigte, die dann die Grundlage für das Orakel bildeten. Eine andere Version besagt, daß nur die natürlicherweise vorhandenen Muster im Schildpatt, die ja verschieden sind wie die Fingerabdrücke beim Menschen, für die Deutung benutzt wurden.

Im Anfang der Entwicklung des I Ging-Systems stand das einfache Yang-Yin- oder Ja-Nein-Orakel:

⸻   Ja   — —   Nein

Durch die Hinzufügung einer weiteren Linie über der ersten wurde das einfache Ja-Nein-Orakel etwas abgeändert:

══   Ja   = =   Nein

⸻ —   Ja, aber…   = =   Nein, aber…

Durch die Hinzufügung einer dritten Linie ergeben sich acht verschiedene Zusammenstellungen, acht unterschiedliche Figuren zu je drei Linien: die Trigramme. Jedes dieser acht Trigramme erhielt einen besonderen Namen. Ebenso wurden ihnen bestimmte Eigenschaften zugeschrieben, die mit der Stellung der Yin- oder Yanglinien innerhalb des Trigramms zusammenhängen.

☰ Himmel   ☷ Erde

☳ Donner   ☵ Tiefe/Wasser

☶ Berg   ☴ Wind/Holz

☲ Feuer/Sonne ☱ Sumpf/Nebel

Ein Hexagramm besteht aus zwei Trigrammen. Die jedem Hexagramm eigenen Bedeutungen sind von der Qualität der Trigramme, aus denen es besteht, und von den jeweiligen Stellungen abgeleitet. Nehmen wir als Beispiel das Hexagramm 14:

☲ das aus dem oberen Trigramm Feuer/Sonne
☰ und dem unteren Trigramm Himmel

besteht.

Die Sonne ist das Wichtigste und Wertvollste im Himmel. Die Macht des Feuers (die Richtung der Flammen) ist nach oben gerichtet, steigt himmelwärts, dorthin, wo sich die Sonne befindet. Der Begriff Himmel ist Symbol für alles Spirituelle, das zum Materialistischen in Gegensatz steht.

Das Hexagramm 14 ist somit als das Hexagramm des »Wohlstandes ohne Habsucht«, als »Besitz ohne die Sucht nach noch mehr« zu deuten.

Die alten Orakeldeuter ließen auch ein zweites Paar von Trigrammen die sogenannten »inneren Trigramme«, nicht außer acht, die sich aus den Linien 2, 3 und 4 sowie 3, 4 und 5 zusammensetzen. (In dem grundlegenden I Ging-Werk von Richard Wilhelm ist Ausführlicheres über diese inneren Trigramme nachzulesen.)

Eine Tabelle der acht Trigramme mit einigen ihrer Attribute und ihrem Symbolwert innerhalb bestimmter Deutungskategorien sieht so aus:

Trigramme:	☰ Himmel	☷ Erde	☳ Donner	☵ Wasser/die Tiefe
Eigenschaften:	Inspiration Kraft Aggressivität Vollständigkeit Kälte	Redlichkeit Fügsamkeit Güte Schutz Ausgeglichenheit	Impulsivität Provokation Experimentieren Heftigkeit Einfluß	Gefahr Arbeit Flexibilität Melancholie Beherrschung
Familiär:	Vater	Mutter	ältester Sohn	mittlerer Sohn
sich auf Tiere beziehend:	Pferd	Kuh	Drache	Schwein
anatomisch:	Kopf	Solarplexus	Fuß	Ohr
Element:	Metall	Erdboden	Gras	Holz
Farbe:	Purpur	Schwarz	Orange	Rot
Jahreszeit:	früher Winter	früher Herbst	Frühling	Winter
Himmelsrichtung:	Nordwest	Südwest	Osten	Norden

Trigramme:	☶ Berg	☴ Wind/Holz	☲ Feuer/Sonne	☱ Sumpf/Nebel
Eigenschaften:	Trägheit Perfektion Unvermeidbarkeit Bescheidenheit Sorgfalt	Scharfsinn Zersplitterung Förmlichkeit Reinheit Kurzlebigkeit	Erleuchtung Klarheit Wärme Gemeinsamkeit Verbindung	Zufriedenheit Vergnügen Magie Zerstörung Sinnlichkeit
Familiär:	jüngster Sohn	älteste Tochter	mittlere Tochter	jüngste Tochter
sich auf Tiere beziehend:	Hund	Katze	Vogel	Schaf
anatomisch:	Hand	Oberschenkel	Auge	Mund
Element:	Stein	Luft	Feuer	Fleisch
Farbe:	Grün	Weiß	Gelb	Blau
Jahreszeit:	zeitiger Frühling	früher Sommer	Sommer	Herbst
Himmelsrichtung:	Nordosten	Südosten	Süden	Westen

Die nachfolgende Tabelle dient zur Auffindung der Nummer des Hexagramms, das Sie mittels des Stäbchen-Rituals oder des Münzenwerfens gefunden haben. Die richtige Nummer ist die, die sich im Schnittpunkt der senkrechten und waagerechten Reihen, ausgehend von den betreffenden oberen und unteren Trigrammen, befindet.

oben

Trigramme	☰	☷	☳	☵	☶	☴	☲	☱
☰	1	11	34	5	26	9	14	43
☷	12	2	16	8	23	20	35	45
☳	25	24	51	3	27	42	21	17
☵	6	7	40	29	4	59	64	47
☶	33	15	62	39	52	53	56	31
☴	44	46	32	48	18	57	50	28
☲	13	36	55	63	22	37	30	49
☱	10	19	54	60	41	61	38	58

unten

Hexagrammtabelle

Die Hexagramme

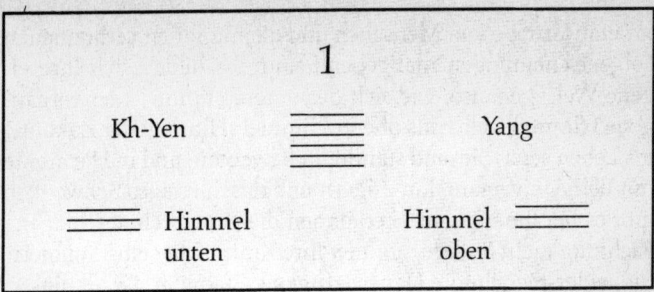

Orakel

Himmel in Bewegung;
die Stärke des Drachens.
Der Mensch ermuntert sich selbst
zu pausenloser Tätigkeit.

Schöpferische Aktivität.
Einfluß.
Verbesserung.
Bleiben Sie auf dem eingeschlagenen Weg.

Deutung

Artha Das Trigramm Ch'ien bedeutet Himmel. Da es nur einen Himmel gibt, symbolisieren die zwei Trigramme den »Himmel in Wandlung«, den »sich selbst erschaffenden Himmel«. Die unablässige Erneuerung ohne Verschleiß und Schwächung wird durch den Drachen symbolisiert. Sie reiten auf dem Drachen der Zeit mit der erstrangigen, positiven Yang-Kraft, die Sie erleuchtet und inspiriert, stärkt und vergeistigt. Sie sind das Tätigkeitszentrum. Die positiven, antreibenden Elemente Ihres Lebens strahlen unmittelbar von Ihrem Ich-Zentrum aus. Sie sind es, der die Richtung, Absichten und Ziele der Yang-Kraft bestimmt, die für eine Gruppe von Menschen und die mit ihnen verbundenen Folgeerscheinungen maßgebend sind. Sie bilden sich Ihre eigene Welt, genauso, wie sich der untere Himmel (der vergangene Himmel) selbst als oberer Himmel (Himmel der Zukunft) ins Leben setzt. Sie sind ständig in Bewegung und in Harmonie mit dem Universum. Ein Zögern und unschlüssiges Schwanken gibt es bei Ihnen nicht. Sie können die einmal eingeschlagene Richtung nicht ändern, können Ihre Kraft nicht selbst mindern. Sie widerspiegeln die Dauerhaftigkeit, Stabilität, Gradlinigkeit und Totalität der Yang-Kraft als solcher. Wenn dieses Hexagramm ohne es verändernde bewegliche Linien tatsächlich Ihr Tao repräsentiert, dann hat diese Ihre I Ging-Befragung nur den Zweck einer Bestätigung dessen, was Sie bereits wissen. Sie benötigen keinerlei Ratschläge wegen einer eventuell vorhandenen Unentschlossenheit, wegen innerer Hemmungen oder eines Mangels an Klarheit.

Kama   Das Yin-Yang-Symbol hat seine Form von der Kama-Praxis bekommen, und diese wiederum ist das Symbol für die sexuelle Vereinigung. Beim Praktizieren von Artha während der alltäglichen Handlungen wird die Bedeutung und Stärke der Yin-Kraft immer von der Yang-Kraft überschattet, wobei die Illusionen von Fortschritt, Zeit, Evolution und Verbesserung eine Rolle spielen. Doch in der Liebe übernehmen der Gebende und der Empfangende, der Liebende und der Geliebte die gleiche Rolle. Der Anstoß für Ihre Beziehungen zum Partner, die Inspiration zu dessen leidenschaftlicher Anhänglichkeit geht von Ihnen aus, ist von Ihnen abhängig. Infolge Ihrer überwältigenden, absolut führenden und bestimmenden Rolle innerhalb der gegenseitigen Beziehungen kann es sein, daß sich der oder die Partner dadurch beiseite gedrängt, unter Druck gesetzt oder enttäuscht fühlen, zumindest bei gewissen Gelegenheiten. Es kann sein, daß zur Betätigung drängende Impulse Ihres Partners mit Ihrem Tatendrang in Konflikt geraten. Obwohl das so gut wie unvermeidbar ist, muß es nicht unbedingt zu einem bösen Ende kommen. Akzeptieren Sie diese Art von Konflikten und denken Sie darüber nach. Das ist die beste Reaktionsweise bezüglich dieser sich ständig wiederholenden Disharmonien.

Moksha   Ihre Rolle in spirituellen Dingen besteht darin, anderen zur Erleuchtung zu verhelfen. Was Ihre eigene spirituelle Vision angeht, so gibt es da für Sie kein Wenn und Aber und kein Entweder-Oder. Sie können sich einfach einen anderen als Ihren eigenen spirituellen Weg nicht vorstellen. Für Sie gibt es keine Paradoxa. Belehren Sie andere, klären Sie sie auf, damit auch sie die Einheit in ihren einander widersprechenden Ideen erkennen. Machen Sie ihnen klar, daß sich die Verschiedenheit der spirituell möglichen Wege ganz von selbst auflösen wird, wenn man erkennt, daß es sich eigentlich nur um Unterschiede im sprachlichen Ausdruck handelt. Belehren Sie andere, damit sie Paradoxa nicht als Probleme betrachten, sondern nur als Symbole.

Die Linien

1 ——⊖—— Der Drache liegt verborgen in der Tiefe.
Unternimm nichts!
Ihre Yang-Kraft ist noch verborgen, ist noch nicht bereit, in die Welt der Menschen und der Ereignisse hinaus zu wirken. Ihr Einfluß macht sich nur indirekt bemerkbar. Noch sind Sie nicht in der Lage, mit Ihrem Willen auf die Handlungen anderer einzuwirken. Sie werden erkennen, wann die Zeit des Handels für Sie gekommen ist, dann nämlich, wenn Sie ganz natürlich, spontan und instinktiv aus sich heraus tätig werden. Erzwingen Sie nichts; nehmen Sie sich gegenwärtig nichts vor, außer sich zurückzuhalten und sich in Geduld zu fassen.

2 ——⊖—— Der Drache erscheint auf dem Feld.
Beraten Sie sich mit dem großen Mann.
Ihr Yang-Einfluß fängt an, in der Außenwelt der Menschen und der Geschehnisse spürbar zu werden. Sie sollten jemanden suchen, der zum engeren Kreis Ihres Arbeitsbereiches gehört und

eine Person von großem Einfluß ist. Sie werden Ihre eigene Macht mit der seinigen kombinieren.

3 —⊖— Bei Tag ist er aktiv und wachsam.
Bei Nacht ist er vorsichtig und reaktionsschnell.
Gefahr, doch ohne Irrtümer und Fehler.

Obwohl Ihre Yang-Kraft an sich unbegrenzt ist, wird ihre Richtung doch von gewissen sozialen oder kulturellen Wertbegriffen, die Sie nun mal haben, mit bestimmt. Das ist der Grund, daß Sie sich immer noch ängstigen, obwohl Sie das bei Ihrer Stärke eigentlich nicht nötig hätten. Wenn Sie es nicht fertig bringen, sich von den Illusionen des »richtig oder falsch« freizumachen, wenn Sie auch zukünftig an diesen Begriffen festhalten, wenn Sie weiterhin nach Alternativen zur Wirklichkeit suchen, werden Sie nicht imstande sein, voll und ganz das Gefühl Ihrer unbegrenzten Kraft zu spüren und diese Kraft richtig anzuwenden. Es taucht hier die Gefahr auf, daß sich Mangel- oder Versäumnisgefühle, Unglücksstimmungen und Unzufriedenheit einstellen; ebenso besteht die Gefahr, daß Sie anderen Menschen Leid zufügen. Obwohl diese Gefahren auf die Koppelung Ihres durch und durch schöpferischen Lebens mit einem unerleuchteten Geisteszustand zurückzuführen sind, kann von einer direkten Absicht Ihrerseits keine Rede sein.

4 —⊖— Der Drache erhebt sich aus der Tiefe.
Keine Irrtümer oder Fehler.

Sie fühlen sich in zwei Richtungen gezogen. Die eine betrifft Ihre Neigung, sich als Diener des Staates, als Politiker zu betätigen, wo der elementare Einfluß Ihrer Yang-Kräfte voll zur Wirkung käme. Die andere Richtung ist das Streben nach Heiligung, nach Heiligkeit, nach völligem Rückzug aus der materiellen Welt, wobei die lichtstrahlenden Elemente Ihrer Yang-Kraft in den Vordergrund treten würden. Wählen Sie Ihren Weg, ohne sich von den Ratschlägen und Werturteilen anderer Menschen beeinflussen zu lassen. Bleiben Sie sich selbst treu. Wenn Sie das tun, wird jeder Weg, den Sie gehen, der für Sie richtige sein.

5 —◯— Der Drache fliegt durch den Himmel.
Besprechen Sie sich mit dem großen Mann.
Sie sind ganz eindeutig eine bedeutende Persönlichkeit. Ihr Einfluß wird von allen anerkannt. Ihr Rat wird überall gesucht. Sie haben jenen Punkt Ihrer Entwicklung erreicht, wo Sie – das heißt Ihr eigentliches Selbst – für andere Menschen zu einer Personifizierung jener Yang-Antriebskräfte werden, die uns alle erfüllen und bewegen.

6 —◯— Der Drache übernimmt sich.
Schuld.
Es gibt Grenzen Ihrer Einflußkraft. Das Gebiet, dessen Aktivitäten Ihrer Kontrolle unterstehen, hat seine Grenzen. Versuchen Sie nicht, Ihren Einfluß in Regionen hinein auszuweiten, in denen Gegebenheiten herrschen und Geschehnisse stattfinden, an deren Bewältigung Sie nicht auf natürliche und spontane Weise herangeführt worden sind.

	—◯—	
Alles	—◯—	Ein Schwarm
bewegliche	—◯—	von kopflosen Drachen
Linien	—◯—	*Günstig, erfolgversprechend.*
	—◯—	
	—◯—	

Sechs bewegliche Linien zeigen einen vollkommenen Ausgeglichenheitszustand in Ihnen an. Geist und Körper, Objektivität und Subjektivität, Weibliches und Männliches, Aktivität und Passivität – alles ist im Gleichgewicht.

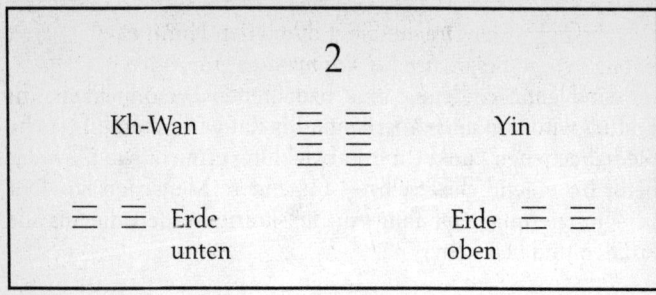

Orakel

Die Erde enthält, erhält und unterstützt;
die Qualitäten einer Stute.
Der Mann sollte nicht die Initiative ergreifen;
er sollte der Initiative eines anderen folgen.
Er sollte sich Freunde im Südwesten suchen;
er sollte Freunden im Nordwesten aus dem Weg gehen.

Kreative Aktivität.
Einfluß.
Verbesserung, Steigerung.
Bleiben Sie auf Ihrem Weg.

Deutung

Artha Ihre Verhaltensweise ist völlig Yin. Sie wird gänzlich inspiriert von einer Kraft außerhalb von Ihnen. Wichtig ist, daß Sie die Beziehungen zu dieser aktiven Kraft nicht als passiv empfinden und betrachten, sondern als ein verständnisvoll reagierendes, aufnahmebereites Bezugsverhältnis. K'un ist kein Weg der Tatenlosigkeit. Ganz im Gegenteil. Die Erde ist abhängig von den Energien der Sonne. Dennoch ist es nicht die Sonne, die erhält und ernährt, wachsen, blühen und welken läßt, ausdehnt und zusammenzieht, erstarren und wieder fließen läßt. Machen Sie nicht den Fehler, Yin mit dem westlichen Begriff des Weiblichen zu verwechseln, der ein Synonym für Untätigkeit ist und als Gegensatz zu männlich/aktiv betrachtet wird. Yang repräsentiert die Kräfte, die bestimmen und Tätigkeiten veranlassen beziehungsweise erzwingen. Yin dagegen repräsentiert die unmittelbare Tätigkeit selbst. Sie sind verantwortlich für Ihre in Raum und Zeit vor sich gehenden Handlungen, die ihre Impulse von einer inaktiven, aber zwingenden Macht überdimensionaler Art erhalten. Der strahlend leuchtende Drache im Himmel ist das Symbol für das Hexagramm 1, Kh-Yen. Die Stute – erdgebunden, immer in Bewegung, gelehrig und folgsam – ist das passende Symbol für das Hexagramm 2. Wenn Sie meditieren oder Inspirationen empfangen, wenn Sie sich für die Entgegennahme der Impulse der kreativen Inspirationsenergien öffnen, müssen Sie sich in die Einsamkeit zurückziehen, müssen allein sein mit Ihrem schöpferischen Geist, ohne sich von irgend etwas außerhalb beeinflussen oder stören zu lassen. In Zeiten der Tätigkeit in der materiellen Welt müssen Sie sich mit anderen verbinden und sich mit ihnen darüber einig werden, wie die Sie inspirierenden Impulse gemeinsam in die Tat umgesetzt werden können.

Kama   Erkennen Sie, daß Partnerschaftsbeziehungen die schöpferische Kraft hinter Ihren Verhältnissen zur Umwelt sind. Sie müssen voll und ganz in sympathischer Grundhaltung darauf eingehen. Sie sind verantwortlich dafür, daß die Verbindungen auf materieller, physikalischer und sinnlicher Ebene korrekt hergestellt werden. Inspiriert und ermuntert durch Ihrer Freunde Schönheit, Geistigkeit oder Vernunft erblühen und welken Sie, küssen und liebkosen Sie und ziehen sich wieder zurück, halten sich fest und lösen sich wieder in einer völlig selbstlosen und sympathischen Verhaltensweise diesen Partnern gegenüber.

Moksha   Sie reagieren ganz natürlich und in vollkommen sympathischer Art und Weise auf eine schöpferisch-spirituelle Kraft außerhalb von Ihnen. Aufgrund Ihrer durch und durch anpassungsfähigen Natur kommen Sie dem buddhistischen Ideal der Wunschlosigkeit ziemlich nahe. Überlassen Sie sich ganz und gar den spirituellen Offenbarungen, die Sie erleben, und folgen Sie diesen ohne Kompromisse und Wankelmütigkeit.

Die Linien

1 —×— Der Tau ist gefroren.
Der Winter nähert sich.
Sie erkennen, daß Ihre Lage statisch zu werden beginnt. Finden Sie sich damit ab, daß diese Tatsache nicht zu vermeiden ist. Sehen Sie der Tatsache, daß Sie einer Art »totem Ende« entgegengehen, gelassen ins Gesicht; es ist nun mal unvermeidbar.

2 —×— Geradezu, offen, ehrlich und entschlossen.
Der Erfolg stellt sich mühelos ein.
Sie erhalten ein völliges Gleichgewicht zwischen Ihren Yin- und Yang-Kräften aufrecht. Eine solche Ausgeglichenheit lehnt alle von innen kommenden Energien ab, seien diese imaginativ (Yang) oder pragmatisch (Yin). Ihr Leben ist noch nicht statisch, sondern fließt dahin in sympathischer Übereinstimmung mit den Sie umgebenden Dingen und Umständen.

3 —×— Der Mann ist bescheiden, doch standhaft in
seinem Tun und Lassen.
Wie die Stute des Königs
übernimmt er nicht selbst die Initiative,
sondern er ist erfolgbringendes Werkzeug des Königs.
Sie müssen tatkräftig den Ausdruck jener in Ihrem Innern vorhandenen Qualitäten unterdrücken, die von anderen am meisten bewundert werden. Diese Eigenschaften sollten nur in Ihren Handlungen erkannt werden, nicht aber in Ihren Gesprächen mit anderen oder in Ihren Beziehungen zu Gemeinschaften.

Bleiben Sie unauffällig, bescheiden und verschwiegen. Auf diese Weise können Sie übertriebenen Lobhudeleien aus dem Wege gehen, durch die Ihre Leistungskraft nur behindert würde.

4 —×— Der Sack ist fest zugebunden.
Keine Schuld.
Kein Lob.
Enthalten Sie sich aller Ausdrucksformen. Gehen Sie durch die Welt, als bewegten Sie sich in einem finsteren, zugenähten Sack. Jetzt ist die Zeit für ein totales Abschalten.

5 —×— Gelbes Untergewand.
Sehr erfolgversprechend.
Gelb ist die Farbe der Erde. Ein gelbes Untergewand ist ein Zeichen der Reserviertheit. Da Farben eine Bedeutung haben, empfiehlt es sich, die Kleider sorgfältig auszuwählen. Sie müssen ganz bewußt und absichtlich Ihre äußere Erscheinung unter Kontrolle halten, müssen darauf achten, daß Sie auf andere bescheiden und zurückhaltend wirken.

6 —×— Drachen kämpfen in der Wildnis.
Ihr Blut ist purpurn und gelb.
Sie wehren sich gegen eine natürliche Richtungsänderung auf Ihrem Lebensweg. Ein Impuls zum Schöpferischen, Inspirativen ist in Ihnen wach geworden. Sie betrachten ihn allerdings als störend in bezug auf Ihre angenehme, gut angepaßte und voll akzeptierte gegenwärtige Situation. Wenn Sie diesen Impuls unterdrücken, schwächen Sie nicht nur das Potential dieser neuen Kraft in Ihnen, sondern untergraben auch das Wohlbefinden und die innere Ruhe, deren Sie sich erfreuen.

	—×—	
	—×—	*Bleiben Sie*
Alle	—×—	*immerzu auf*
Linien	—×—	*Ihrem Weg*
	—×—	
	—×—	

Sie bewegen sich im Rhythmus des universellen Wechsels. Ihre Gefühle bleiben aber, selbst wenn sie zu Extremen neigen, immer diesseits des Sich-unglücklich-Fühlens, schwanken zwischen überschäumender Freude und blasierter Gelassenheit.

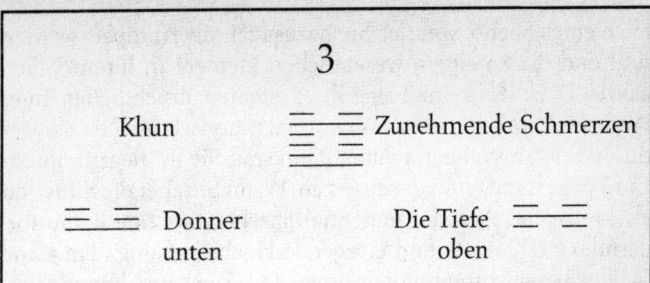

Orakel

Die Tiefe öffnet sich über dem Donner.
Der Mensch ordnet sein Leben nach einem
bestimmten System
mit der Sorgfalt, mit der ein Weber seinen
Webstuhl in Ordnung hält.

Erfolg.
Bleiben Sie auf Ihrem Weg.
Prüfen Sie jedes Unternehmen sorgfältig.
Schauen Sie sich nach Unterstützung und Hilfe um.

Deutung

Artha Das chinesische Symbol für dieses Hexagramm, Khun, ist das Hervorbrechen einer keimenden Pflanze aus dem Erdboden. Die beiden Trigramme symbolisieren den Anfang der Welt, das gewaltig tosende Zusammentreffen der himmlischen Mächte mit den irdischen Mächten der Tiefe. Diese zwei gefährlichen Trigramme – die Gefahr vom Himmel (der Donner) und die von der Erde ausgehende Gefahr (die Tiefe) – sind mit einer derartigen Kraft zusammengestoßen, daß sie ihre Positionen vertauscht haben. Sie stehen inmitten der verworrenen Anfangsgeschehnisse einer Sache, von der Sie sozusagen überrumpelt worden sind und die zu einem wesentlichen Element in Ihrem Leben wurde. Es ist das keine Folge Ihres eigenen absichtlichen Tuns. Wenn Sie Ihre Lage nur als verworren, chaotisch, äußerst schwierig und gefahrvoll betrachten, dann sind Sie im Begriff, Ihrem Tao Widerstand entgegenzusetzen. Wenn Sie aber die Situation als kraftvolles Ausgangspotential ansehen, als eine herausfordernde, interessante und erregende Hochspannung, dann sind Sie in Übereinstimmung mit Ihrem Tao. Zwei ermahnende Ratschläge: 1. Lassen Sie sich nicht in Dinge verwickeln, die mit Ihrer derzeitigen Situation nicht unmittelbar zusammenhängen. Sie müssen sich voll und ganz den zur Zeit gegebenen Anforderungen stellen. 2. Sie können selbst keinen entscheidenden Einfluß auf Ihre Situation ausüben, in die Sie mit weitreichenden Auswirkungen verknüpft sind, ohne sich der Hilfe jener Menschen zu versichern, deren Ziele und Prinzipien mit den Ihrigen übereinstimmen.

Kama   Die Beziehungen zwischen Ihnen und Ihren Freunden beziehungsweise Partnern nehmen neue Formen an. Beide Teile haben von sich aus mancherlei Komplikationen in die Verhältnisse hineingebracht, sowohl praktische als auch gefühlsmäßige. Ihr zufälliges Zusammentreffen hat neuen, heftigen Konfliktstoff in Ihr und Ihrer Partner Leben gebracht. Jeder von Ihnen fühlt sich in eine Art Chaos hineingestoßen. Die keimende, die Erdkruste durchstoßende Pflanze und das Krachen eines Gewitters sind beides passende Sinnbilder für das sich zur Zeit Ereignende. Fallen Sie nicht in Panik. Nehmen Sie die Dinge, wie sie kommen, ganz natürlich und spontan. Reagieren Sie nicht in übertriebener Weise, verlieren Sie nicht Ihre innere Ruhe und Gelassenheit. Im Moment sind Sie mit einem sich verlassen fühlenden Ehepaar vergleichbar, wobei durch den Aufruhr in Ihrem Leben natürlich auch andere in Ihrer Umgebung in Mitleidenschaft gezogen werden. Zusammen mit ihnen und bei wechselseitiger Hilfestellung werden Sie die stürmische Zeit gut überstehen.

Moksha Sie sind soeben auf einen neuen spirituellen Pfad geführt worden. Es handelt sich nicht um eine verstandesmäßig begreifbare, naturgegebene Folge und Fortführung Ihres bisherigen Pfades. Einige ganz zufällige Ereignisse brachten Sie in Berührung mit diesem neuen Erleuchtungsweg. Das war für Sie eindrucksvoll genug, um Sie zu veranlassen, Ihre bisherige spirituelle Entwicklungsrichtung zu ändern. Weil sich diese neuen Offenbarungen und Einsichten nicht auf natürliche Weise aus Ihren früheren metaphysischen und religiösen Glaubensvorstellungen ableiten lassen, haben Sie das Gefühl, als habe man Sie »entwurzelt«, als seien Sie irgendwie verloren, verworren, unsicher. Aber es steht außer Frage: Die Gewalt, mit der dieses neue spirituelle System von Ihnen Besitz ergriffen hat, ist das Zeichen dafür, daß dieser neue Weg für Sie der richtige ist. Ihre spontane positive Reaktion läßt zudem erkennen, daß tiefinnere Gemütssaiten angerührt wurden, was ebenfalls besagt, daß diese Richtungsänderung für Sie in Ordnung ist. Sie müssen versuchen, Anschluß an andere zu finden, die den gleichen Weg gehen; bemühen Sie sich nicht, allein zu wandern. Betrachten Sie sich selbst als einen berufenen Schüler oder Jünger, der einige Lehrer und Führer auf seinem weiteren Weg suchen und finden wird.

Die Linien

1 —⊖— Fortschritt macht Schwierigkeiten.
Bleiben Sie auf dem eingeschlagenen Weg.
Geben Sie Hilfestellung.
Sie sehen ein Hindernis vor sich. Ein Zögern und eine Überprüfung der Situation ist jetzt durchaus angebracht. Verlieren Sie aber dennoch nicht Ihr Endziel aus den Augen. Während Sie sich in dieser vorübergehenden Stillstandsphase befinden, sollten Sie Ihre Energien darauf richten, anderen Menschen zu helfen und ihnen zu nützen.

2 —×— Die Pferde bäumen sich auf, Gefahr aus
dem Hinterhalt witternd.
In einer Notlage versuchen sie, sich zurückzuwenden.
Aber der Wegelagerer ist kein Plünderer,
sondern ein Heiratsaspirant, ein Freier.
Die Frau bleibt auf ihrem Weg und weist ihn ab.
In zehn Jahren wird sie heiraten und Kinder haben.

Sie empfinden sich als von allen Seiten unter Druck stehend. Eine neue Person ist in Ihr Leben getreten. Da Sie sich angesichts so vieler Probleme besonders schwer belastet fühlen, ist Ihre erste Reaktion darauf pessimistisch. Sie halten die Person für vielleicht feindlich. In Wirklichkeit will sie Ihnen aber nur helfen. Sie ist ernsthaft in nicht egoistischer Weise an Ihrem Wohlergehen interessiert. Ihr Angebot ist verlockend. Würden Sie ihre Hilfe aber annehmen, würden Sie sich in neue Komplikationen verstricken. Sie müssen die Hilfe zurückweisen. Erst, wenn Sie Ihr eigenes Leben besser unter Kontrolle haben – und bis dahin wird noch viel Zeit vergehen –, werden Sie in der Lage sein, aus jeder Zusammenarbeit mit anderen Nutzen zu ziehen.

3 —×— Jeder, der ohne Führer den Hirsch jagt,
wird sich in den Tiefen des Waldes verirren.
Der wirklich Kluge ist sich der verborgenen Gefahren bewußt
und gibt die Jagd auf.
Wenn Sie vorwärtsstürmen
werden Sie es bedauern.

Sie haben sich selbst in Schwierigkeiten gebracht, weil Sie sich ganz allein in eine für Sie neue und fremdartige Situation begeben haben. Wenn Sie geistesgegenwärtig genug sind und erkennen, daß Sie nicht erfahren genug sind, um mit den Ihnen entgegenstehenden Mächten fertigzuwerden, sollten Sie daraus den Schluß ziehen, daß Sie sich völlig aus der Angelegenheit zurückzuziehen haben, wenn Sie nicht immer tiefer »in die Patsche« geraten wollen.

4 —×— Die Pferde Ihres Triumphwagens wenden sich
zurück.
Sie suchen Hilfe bei Ihrem Begleiter.
Günstig, wenn Sie vorangehen.
Verbesserung.
Potentielle Hilfe ist nahe. Sie können Ihre Probleme nicht allein lösen. Also müssen Sie Ihren Stolz aufgeben und Hilfe suchen. Sobald Sie die richtige Hilfsquelle gefunden haben, kommt alles in gute Ordnung.

5 —×— Der Mann sollte großzügig sein,
aber Schwierigkeiten stellen sich in den Weg.
Erfolgversprechend in kleinen Dingen,
wenn Sie Ihren Weg beibehalten.
Unheilverkündend in großen Dingen,
wenn Sie Ihren Weg beibehalten.
Ihre Absichten sind gut, werden aber von jenen, denen Sie beizustehen wünschen, mißverstanden. Obwohl Sie an das glauben, was Sie gerade tun, führen Sie das geplante Unternehmen solange nicht durch, bis Sie das Vertrauen der anderen, die an der Sache beteiligt sind, gewonnen haben. Sie dürfen bei allem, was Sie tun, die Vorsicht nicht außer acht lassen. Seien Sie geduldig, situationsbewußt und versuchen Sie, die Sorgen und Befürchtungen jener zu verstehen, denen Sie helfen wollen, die Sie beeinflussen möchten.

6 —×— Die Pferde ihres Triumphwagens wenden sich
zurück.
Sie vergießt Ströme von Blut.
Die Schwierigkeiten, die sich Ihnen in den Weg stellen, sind zu groß für Sie. Sie haben es aufgegeben, sich selbst zu verteidigen. Sie haben sich in Verworrenheit und Chaos verstrickt, haben nicht erkannt, daß diese ein Zeichen sind für den Beginn eines neuen Weges, einer neuen Lebensrichtung für Sie.

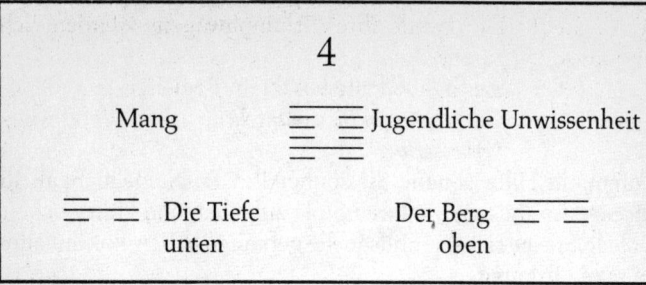

Orakel

Aus der Tiefe am Fuß eines Berges
entspringt eine Quelle.
Der Mann ist entschlossen und kümmert sich
um sich selbst.
Ich suche nicht nach dem Unwissenden.
Der Unwissende sucht mich.
Ich will Sie belehren.
Ich verlange nichts als Aufrichtigkeit.
Wenn Sie Ihre gewohnte Lebensweise ändern,
wird das für Sie recht aufregend.

Erfolg,
wenn Sie standhaft bleiben.

Deutung

Artha Die Bedeutung des Orakels ist für Sie erfreulich mit einem heiteren, gönnerhaften Beigeschmack. Ihre Naivität und Unbefangenheit entschuldigt alles. Sie machen Fauxpas', die die meisten Leute als entwürdigend empfinden, und Sie machen Fehler, die andere ruinieren können. Aber wegen Ihrer jugendlichen Naivität und Einfalt wird Ihre Unwissenheit und Ungeschicklichkeit von denen, die sich von Ihnen eigentlich brüskiert fühlen könnten, nur als erfrischend-amüsant betrachtet. Dies ist das Hexagramm des »Glücks des Anfängers«, jenes Neulings, dem beim Kartenspiel das Glück hold ist, der auf dem Markt einen tollen Gelegenheitskauf macht, der das Herz einer sonst sehr zurückhaltenden Dame gewinnt oder etwas Primitiv-Schönes produziert, das überall Anklang findet. In Ihrer gegenwärtigen Situation entsprechen Sie genau diesem Typus einer unerfahrenen, naiv-törichten Person. Da Sie sich nicht um die allgemein anerkannten Verhaltensweisen und Theorien kümmern, sind Sie in Ihrem Tun weniger begrenzt als andere. Mit dem in gewissen Situationen üblichen Benehmenscode nicht vertraut, pflegen Sie mit der sprichwörtlichen Tür ins Haus zu fallen und behandeln alle Leute sozusagen als Ihresgleichen. So lange Sie sich diese Unverfrorenheit erhalten, wird alles, was Sie tun, entweder erfolgreich sein oder als entschuldbar angesehen werden, was sogar auf Ihre wiederholten Forderungen an das I Ging angewandt werden kann.

Kama   Dies ist das Hexagramm des unwissenden Ziegenhirten Daphnis. Ob Ihr Partner, gleich Chloe, ebenso unwissend wie Sie ist oder ebenso herzhaft-raffiniert wie dereinst Daphnis' Lehrer der Liebespraxis, Lycainion –, jedenfalls werden Ihre Verhältnisse glücklich verlaufen und immer wieder aufs neue recht vergnügungsvoll sein.

Moksha   Ihre spirituelle Unwissenheit, Ihr Mangel an jeglichen metaphysischen und religiösen Ausdrucksmöglichkeiten machen Sie für diejenigen interessant, von denen Sie Belehrung und Erleuchtung erwarten. Es kann allerdings sein, daß man Sie enttäuschend findet. Sie verfügen über die gleiche Art von »heiliger Unbefangenheit«, wie sie einst der Koch in Po Changs Zenkloster demonstrierte. Um seinen Nachfolger zu bestimmen, forderte Po Chang seine Schüler auf, das Wesentliche der Natur einer besonderen Art von Krug zu beschreiben. Die Mönche gaben verschiedene mündliche und nicht mündliche Antworten. Der Koch aber packte den Krug und versetzte ihm einen kräftigen Fußtritt, so daß er auf dem Fußboden zerbrach. Daraufhin wurde der Koch Po Changs Nachfolger. Mit dem für Sie passenden Lehrer können Sie in Ihrem derzeitigen Zustand der Frische und einfältigen Naivität durchaus Erleuchtung erreichen. Es ist aber anzunehmen, daß Sie wahrscheinlich bei einem der anschaulichen, ideologisch ausgerichteten Systeme und Praktiken hängenbleiben, die Ihnen einen langen und konventionellen Weg zu spiritueller Freiheit eröffnen.

Die Linien

1 —×— Der Unwissende muß in besonderer Weise behandelt
und dazu gebracht werden,
geistig empfänglicher zu werden,
wenn seine Unwissenheit verschwinden soll.
Etwas Schuld,
falls Sie für zu lange Zeit zu unbeweglich bleiben.
Sie müssen sich selbst disziplinieren, wenn Sie ein Adept werden wollen. Aber diese Selbstdisziplin muß aus eigenem inneren Bedürfnis und aus eigenem festen Willensentschluß heraus erwachsen. Lehnen Sie es ab, sich den unnachgiebigen Vorschriften und Einengungen irgendeines existierenden disziplinären Systems unterzuordnen. Behalten Sie Ihre unbefangene und unvoreingenommene Freiheit, indem Sie sich nur auf Ihre eigene innere Selbstdisziplin verlassen.

2 —○— Der Mann wendet sich von dem Unwissenden ab
und wählt Frauen als Weggefährtinnen.
Aber er kann Ersatz dafür finden,
wenn die Zeit kommt.
Erfolgreich.
Mit Ihrer Unerfahrenheit und Unwissenheit sind Sie noch offenherzig, mitfühlend und geduldig den »geistig Armen« gegen-

über, die nicht aufgrund jugendlich naiver Unbefangenheit mit Nachsicht seitens ihrer Umwelt rechnen können, die im allgemeinen verachtet werden, denen man lieber aus dem Wege geht. Diese Naivität eröffnet Ihnen Zugangswege zum anderen Geschlecht und bewahrt Sie vor Komplikationen. Obwohl unerfahren, haben Sie einen festen Charakter und eine angeborene Intelligenz, die Sie befähigt, auch schwerwiegende Verantwortungen zu übernehmen, wenn die richtige Zeit dafür gekommen ist. Dies ist die Linie des Prinzen Hal.

3 —×— Das Mädchen umarmt den marmornen Faun, diesen irrtümlich für einen lebendigen Faun haltend.
Erfolglos.

In Ihrem Streben nach Erfolg, Liebe und Erleuchtung sind Sie eifrig dabei, jemanden zu ehren und ihm nachzueifern, von dem Sie annehmen, daß er ein nachahmenswertes Beispiel für das von Ihnen Gesuchte sein könnte. Aber in Ihrer jugendlichen Unschuld verwechseln Sie Ihr Ideal einer Persönlichkeit mit der »Person an sich«. Es ist klar erkennbar, daß all Ihr Eifer und Ihre Begeisterung nur wenig zu tun haben mit der wirklichen menschlichen Natur jener Person, die von Ihnen idealisiert wird, wenig zu tun hat mit der Meinung des Betreffenden über sich selbst als Individuum. Sie wollen partout diese menschliche Seite der Person nicht wahrhaben, womit Sie sich natürlich keinen Gefallen tun.

4 —×— In den Fesseln der Unwissenheit.
Schuld.

Obwohl unschuldig und unbefangen, sind Sie erfüllt von Sorgen und Ängsten angesichts Ihres Mangels an Erfahrung. Für das sprichwörtliche »Glück des Anfängers« ist aber diese Einstellung nicht förderlich. Ihre Befürchtungen werden völlig die Oberhand gewinnen.«

5 —×— Der barfüßige Junge.
Erfolgversprechend.
Sie sind vertrauensvoll, optimistisch und geduldig. Viel Glück!

6 —○— Der Mann schlägt den barfüßigen Jungen.
Unheilverkündend,
wenn Sie die Unwissenheit zu Ihrem Vorteil ausnutzen.
Günstig,
wenn Sie den Unwissenden in Schutz nehmen.
Sie haben einen Fehler gemacht. Wenn Sie nervös werden und versuchen, die Sache zu korrigieren, werden Sie weitere gedankenlose Fehler machen und dadurch immer tiefer in diese verwirrende, peinliche »Komödie der Irrungen« verstrickt werden. Sie können das, was geschehen ist, nicht ungeschehen machen. Regen Sie sich nicht länger darüber auf; betrachten Sie die Geschichte lieber als ein Beispiel für etwas, was man nicht tun sollte, als eine Warnung vor weiteren zukünftigen Fehlhandlungen.

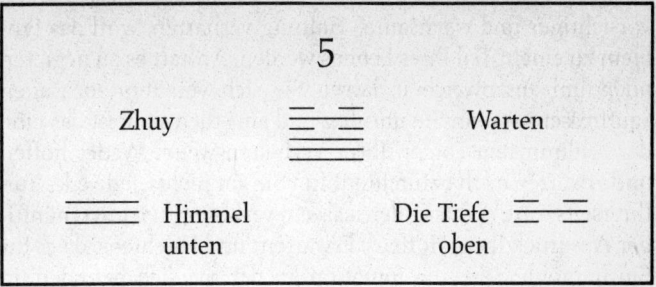

Orakel

Es sind Wolken am Himmel
Der Mann ißt, trinkt und ist vergnügt.

Großer Erfolg.
Günstig,
wenn Sie auf Ihrem Weg bleiben.
Sie dürfen über das große Wasser.

Deutung

Artha Abwarten – nicht hoffen, nicht vermuten, nichts befürchten, nur abwarten. Was sich auch vor Ihnen erhebt – ein unvorhersehbares Problem, eine schreckliche Bedrohung oder ein unvermeidbarer Konflikt: alles entzieht sich gänzlich Ihrer Einflußnahme. Obwohl es sich um Ihr Problem handelt, ist sein Ursprung in jeder Hinsicht auf die Handlungsweisen anderer Menschen zurückzuführen. Obwohl die Bedrohung direkt auf Sie gerichtet ist, hat nur der Sie Bedrohende selbst eine Kontrollmöglichkeit darüber, wie die Sache letztlich ausgehen wird. Wenn Sie sich unentwegt der Hoffnung hingeben, daß sich schon ein Ausweg finden wird, leben Sie in einem Zustand unrealistischer Phantasie. Wenn Sie ständig in erwartungsvoller, vorsichtiger und wachsamer Haltung verharren, wird das Problem zu einem Teil Ihres Lebens werden. Anstatt es zu negieren oder ihm auszuweichen, lassen Sie sich von ihm sozusagen »auffressen«. Wenn Sie unruhig und ängstlich sind, ist das eine der schlimmsten Folgen Ihrer Verhaltensweise. Weder hoffen und erwarten noch befürchten! Tun Sie gar nichts. Jedwedes Tun Ihrerseits wäre nichts anderes als ein verkrampfter, unvernünftiger Ausdruck Ihres Hoffens, Erwartens und Fürchtens, da es für Sie unmöglich ist, die Situation, in der Sie sich befinden, in irgendeiner Weise zu beeinflussen. Aber wenn Sie ganz ruhig abwarten, zufrieden sind mit sich und Ihrem Leben ... wenn Sie sich auf Abwarten einstellen und in dieser Haltung im Moment Ihre Erfüllung sehen ..., wenn Sie geduldig abwarten in der Erkenntnis der universellen Vollkommenheit, dann wird nichts und niemand Sie aus dem Gleichgewicht bringen; Sie werden frei sein.

Kama Sie und Ihr Partner stehen unter Druck von außen. Ihre Liebe zueinander entstand spontan. Doch jetzt, angesichts der Angriffe von außen, scheint sie recht zerbrechlich und empfindlich, ja beinahe unwichtig zu sein. Sie sehen sich mit Konflikten konfrontiert, die Sie sich niemals haben vorstellen können. Da sich Ihre jeweiligen Reaktionen auf den Druck von außen voneinander unterscheiden, passen Ihre Ansichten nicht zueinander, sind sogar entgegengesetzt. Unglücklicherweise hat das, was eigentlich eine reine Privatsache ist, die Aufmerksamkeit anderer auf sich gezogen, doch leider können Sie nichts dagegen tun. Wenn Sie Ihren Partner lieben, dann tun Sie es Tag für Tag, Stunde für Stunde, Minute für Minute. Halten Sie jeden von außen kommenden Druck und die damit verbundenen Probleme von sich. Wenn durch Nervosität, Neid und Voreingenommenheit anderer Schwierigkeiten entstehen, treten Sie diesen gemeinsam entgegen. Wenn Sie und Ihr Partner fest zusammenhalten, obwohl Sie beide unter den Schicksalsschlägen leiden, werden Sie nicht zerbrechen. Wenn Sie jedoch den Umständen erlauben, Sie gegeneinander aufzuwiegeln, kann Ihnen jedes größere Hindernis zum Verhängnis werden. Dies ist das Hexagramm von Romeo und Julia. Deren Heirat ist eine Spontanreaktion, auf Liebe gegründet. Julias phantasievolle Lüge bezüglich des tödlichen Giftes ist eine aus der Verwirrung hervorgegangene Handlung. Sie hat mit Romeo nicht direkt zu tun. Es ist eine wütende Abwehrreaktion, geboren aus der Angst vor der Zukunft, aus der Furcht vor der Vermählung mit Paris. Mit der Liebe zwischen Ihnen und Ihrem Partner können Sie es sich leisten, in aller Ruhe die Entwicklung der Dinge abzuwarten.

Moksha   Sie beschäftigen sich in Gedanken mit dem Tod. Eine Vision vom Tod als Ende, Verlust, als unvermeidbare Vernichtung ist der Inhalt Ihres spirituellen Lebens. Eine solche Vorstellung vom Tod ist Maya, ist eine rein illusionäre Annahme, die auf der Illusion des Ego, des Ich-Bewußtseins, beruht. Es ist die Weiterführung des Prinzips des Wechsels im Rahmen der unablässigen Veränderungen der physikalischen Welt. Ihre Individualität? Sie ist nichts weiter als ein Faktor innerhalb der komplizierten sozialen Prozesse der Menschheit. Was Sie als Ihr Ich betrachten, was Sie »als das, was stirbt« definieren, ist nichts weiter als eine Serie momentan auftauchender Formen im Strome der Geschehnisse, der ohne Anfang und ohne Ende ist.

Die Linien

1 —○— Warten an der weit entfernt liegenden Grenze.
Keine Fehler,
wenn Sie geduldig sind.
Alles geht gut für Sie. Tief im Innern haben Sie eine vage und noch sehr schwache bedrückende Ahnung von auf Sie zukommenden Schwierigkeiten. Aber die diesbezüglichen Befürchtungen und Sorgen bringen sie nur um so rascher zur Auslösung. Ihre Befürchtungen verleihen aber diesen herannahenden Schwierigkeiten eine Kraft, die sie ohne Ihr Denken nicht hätten. Seien Sie mit Ihrem gegenwärtigen Wohlbefinden zufrie-

den. Lassen Sie es nicht zu, daß Ihnen diese unbestimmten Vorstellungen einer vielleicht möglichen Zukunft das Leben schwer machen.

2 —o— Warten auf dem Sand neben dem Gebirgszug.
Günstig.
Übles Geschwätz.
Bevorstehende Schwierigkeiten haben Konflikte und Widersprüche verursacht. Sie und Ihre Mitarbeiter haben, aus Sorge um die Zukunft, angefangen, einander Vorwürfe zu machen. Sie fühlen, daß die anderen Ihnen unrecht tun. Sie spüren, daß die anderen aus ihrem Schuldgefühl heraus so handeln. Deren hysterisches Suchen nach einem Sündenbock ärgert Sie. Ihr Verhalten zeigt, daß Sie sich in gleicher Weise schuldig fühlen und ebenso hysterisch reagieren. Aber niemand ist direkt schuldig. Die auf Sie zukommenden Probleme haben ihren Ursprung außerhalb. Es sind Kräfte, die Sie überwältigen werden, wenn es Ihnen nicht gelingt, sie gemeinsam abzuwehren.

3 —o— Warten im Schlamm des Flusses;
der Mann ist verwundbar.
Sie handeln impulsiv und spontan aus einem Angstgefühl heraus. Sie reagieren auf Bedrohungen, die noch abstrakt sind. Warten Sie ab. Warten Sie und reagieren Sie nur kurzentschlossen auf alles, was im Moment Ihren Weg kreuzt. Durch vorzeitiges, übereiltes Handeln veranlassen Sie die Sie bedrohenden Kräfte, tätig zu werden, also genau das zu tun, was Sie vermeiden wollen. Vorsicht und eine richtige, ernsthafte Einschätzung der Bedeutung der Situation wird Ihnen eine Hilfe sein.

4 —x— Warten in einer scheußlichen Höhle;
der Mann will davonlaufen.
Zusätzliche beklemmende Geschehnisse stehen bevor. Der Weg, sie in erträglichen Grenzen zu halten: Betrachten Sie sie als Erfüllung, als die von Ihnen zu lösende Aufgabe. Entdecken Sie Ihre Buddhaschaft.

5 —O— Warten vor festlich geschmückter Tafel.
Günstig,
wenn Sie Ihren Weg beibehalten.

In den außen kommenden Spannungen und Zwängen, unter denen Sie zu leiden haben, hat es einen Irrtum gegeben. Aber das bringt nur einen kurzen Aufschub mit sich. Die Situation ist noch weit von ihrer Klärung entfernt. Entschließen Sie sich dazu, eine Pause einzulegen. Vergessen Sie das Problem für eine Weile. Lassen Sie sich nicht in weitere Verbindlichkeiten ein, es sei denn, sie wären unvermeidbar. Entspannung! Konzentrieren Sie sich auf die angenehmen Seiten Ihres Lebens und freuen Sie sich an Ihren positiven Tätigkeiten. Wenn die von außen kommenden Zwänge und Schwierigkeiten akut zu werden beginnen, werden Sie fähig sein, darauf in einem Moment der Ruhe mit Weisheit und geballter Kraft zu reagieren.

6 —×— Nicht länger warten!
Drei Befreier betreten die Höhle.
Günstig,
wenn Sie Ihre Retter freundlich behandeln.

Angesichts einer Situation, die unmöglich zu sein scheint, bemächtigt sich Ihrer ein Zustand äußerster Verzweiflung. Zusätzlich zu Ihrem Problem hat sich ein völlig unvorhersehbares Element vor Ihnen aufgebaut, etwas Fremdartiges, Unverständliches, etwas Verwirrendes und Beunruhigendes. Sie wissen nicht, wie Sie ihm entgegentreten sollen. Sie fühlen sich so niedergeschlagen, daß Sie dazu neigen, diese neue Sache in zynisch-negativer Weise zu betrachten. Wenn Sie diesem Neuen aber respektvoll, ernsthaft und ohne Vorurteile gegenübertreten, wird es sich als ein Weg zu Ihrer Befreiung erweisen.

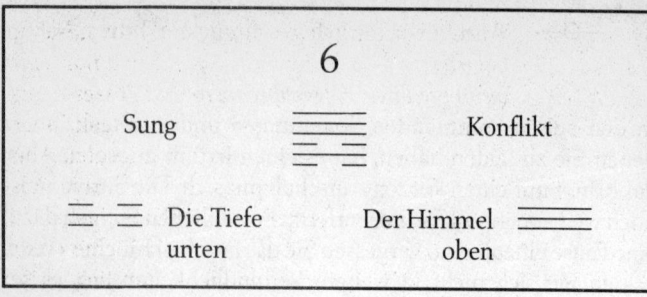

Orakel

Wasser strömt nach unten, erdwärts,
weg vom Himmel oben.
In einer Situation, in der es Zank und Streit gibt.
weiß der Mann, wie wichtig die ersten Schritte sind.
Selbst wenn er offen und ehrlich ist,
wird er mit der Opposition zusammenstoßen.

*Günstig,
wenn Sie vorsichtig sind und scharf aufpassen;
unheilverkündend,
wenn Sie Zank und Streit aufkommen lassen.
Besprechen Sie sich mit dem »großen Mann«.
Fahren Sie nicht über das große Wasser.*

Deutung

Artha Obgleich Ihre Wertvorstellungen denen eines Menschen mit starkem Charakter ähnlich zu sein scheinen, sind vom philosophischen Gesichtspunkt aus alle Werte nur relativ. Sie fühlen tief innerlich, daß das, was Sie glauben und was Sie tun, richtig ist. Von Ihrem gegenwärtigen Standpunkt aus betrachtet stimmt das auch, aber: Die Ansichten jener, mit denen Sie Meinungsverschiedenheiten haben, sind auch nicht falsch. Objektiv gesehen sind Ihre Bewertungen, Ihre Ziele und Tätigkeiten nur eine Winzigkeit in bezug auf die vielen Elemente und Prozesse, die überall bei den menschlichen Verhaltensweisen als Reaktionen und Wechselwirkungen zu beobachten sind. Zum Ausgleich für Ihre positive, standhafte Haltung müssen Sie Ihre objektive »andere Betrachtungsweise« beibehalten, deren Richtigkeit Sie instinktiv fühlen. Denken Sie daran, daß Ihre Widersacher ebenfalls den absoluten persönlichen Gegebenheiten unterliegen, die unverrückbar und unwandelbar sind. Ohne Ihre Grundhaltung zu erniedrigen oder sich hinter Ihrer Prinzipientreue zu verschanzen, sollten Sie sich bemühen, Ihren Widersachern auf gleichem Wege entgegenzukommen. Wenn beide Teile unnachgiebig bleiben, müssen sie einen weisen Vermittler finden, der als Autorität auf gesellschaftlichem, religiösem, magischem, philosophischem oder sozialem Gebiet das strittige Problem ein für allemal entscheidet. Dieser spezielle Konflikt entstand in dem Moment, als Sie die Beziehungen aufnahmen und in sie verstrickt wurden, was erkennen läßt, daß Sie sich bei Beginn einer Situation verständnisvoller und klüger verhalten müssen. Solange dieser Konflikt nicht gelöst ist, unternehmen Sie nichts aus Ihrer ehrgeizigen Risikofreudigkeit heraus. Vermeiden Sie jetzt irgendwelche Veränderungen in Ihrem Leben.

Kama Warum bestehen Sie darauf, daß Ihr Partner Ihnen gleiche, daß er spricht, handelt und atmet gemäß der von Ihnen vertretenen Welt- und Lebensanschauung? Das ist nicht nur egoistisch, sondern absurd. Ihre sich einander ergänzenden Persönlichkeiten waren es in erster Linie, die Sie zusammengebracht haben. Aber jetzt, anstatt weiterhin Grund und Veranlassung zur Liebe zu sein, sind sie zum Grund für den gegenseitigen Haß geworden. Sie müssen Ihrem Partner zugestehen, daß er sich selbst treu bleiben soll und muß. Er möchte durchaus Ihr Freund bleiben, sich aber genauso wie Sie sein Selbstverständnis bewahren. Aber!.. kann er es bei diesen Streitigkeiten und Täuschungsversuchen? – oder besser im Zustand der Liebe und

Ruhe? Jeder von Ihnen beiden hat eine falsche Einschätzung seiner selbst. Wenden Sie sich an eine dritte, außenstehende und neutrale Person – also nicht an einen gemeinsamen Freund –, etwa an einen professionellen Lebensberater, einen Astrologen, einen Psychiater oder Jogi, oder unterhalten Sie sich über den Inhalt eines Sie beide interessierenden Buches, hören Sie Musik oder sehen Sie sich einen Film an, der Ihnen beiden gefällt. Tändeln und flirten Sie nicht mit anderen Bekannten, so lange Sie und Ihr Partner die Differenzen zwischen Ihnen nicht völlig ausgeräumt haben.

Moksha   Sie sind spirituell nicht frei, solange Sie sich ängstlich an ein bestimmtes metaphysisches Vorstellungsbild vom Universum klammern. Sie fühlen sich von anderen Auffassungen von Gott bedroht. Aber jedes System ist letztlich eine Widerspiegelung des Alleinen, und alle Glaubensvorstellungen und sogar alle menschlichen Gottesverleugnungen sind nichts weiter als Spiegelsplitter an Seinem Gewand.

Die Linien

1 —×—   Der Mann läuft vor dem Konflikt davon.
*Günstig,
nachdem die Gerüchte abgeklungen sind.*

Da sich der Konflikt noch im Anlaufstadium befindet, ist das beste, was Sie tun können, schleunigst die Verbindung zu all jenen Menschen abzubrechen, die in die verwickelte Angelegenheit verstrickt sind. Sie werden einig Beschimpfungen über sich ergehen lassen müssen, aber zum Schluß wird alles bestens in Ordnung kommen.

2 —⊖—   Der Mann ist dem Kampf nicht gewachsen.
Er zieht sich verkleidet in eine kleine Stadt zurück.
Es trifft ihn keine Schuld.

Sie erheben sich gegen große Unregelmäßigkeiten und Chancenungleichheiten. Vielleicht sollten Sie lieber darauf verzichten, sollten der Sache ganz aus dem Wege gehen. Vertrauen Sie den Wertmaßstäben, die Sie sich selbst durch Ihre verantwortungsbewußte Handlungsweise und wegen Ihres eigenen Überlebens gesetzt haben. Das Sie erfüllende Gefühl der Bescheidenheit berührt alle Elemente Ihres Lebens, so daß schließlich keine Bitterkeit in Ihnen zurückbleiben wird. Wenn Sie alle Menschen, sogar Ihren Feinden, mit Bescheidenheit und Verständnisbereitschaft gegenübertreten, werden Sie feststellen, daß Ihr Rückzug Ihnen keine allzu große Aufregung bringt, sondern im Gegenteil Ruhe und Frieden.

3 —×— Der Mann behauptet seinen Platz.
Er benutzt sein Ansehen bei anderen als
eine Art Deckmantel
und macht seinerseits keine großen
Anstrengungen.
Diejenigen, die von ihm abhängig sind,
schätzen sein Opfer nicht sonderlich.
Erfolgversprechend,
aber riskant.

Die meisten Ihrer Besitztümer – spirituelle wie materielle – gehören Ihnen, weil Sie sich diese erworben haben und ständig bemüht sind, diesen Besitz zu festigen, denn wenn Ihre Besitztümer verloren gingen, gestohlen, verkauft oder zerstört würden, wären sie ja nicht mehr Ihr Eigentum. Zu diesem Eigentum gehört sehr weniges, das, weil Sie es selbst mit Ihrer eigenen Intelligenz und Ihren eigenen Händen geschaffen haben und mit Liebe danach gestrebt haben, zu mehr als nur einem Besitz im üblichen Sinne des Wortes geworden ist: Es ist vielmehr zu einem festen Bestandteil Ihres Wesens geworden und wird es auch bleiben. Durch Ihren offenen und mitteilsamen Charakter kommen Ihre wichtigsten Besitztümer zur Kenntnis anderer und sind dadurch ständig bedroht. Es mag scheinen, als ob eines Ihrer Besitztümer Ihnen weggenommen worden sei – etwa ein Bild kopiert, eine Idee gestohlen, ein glückbringendes Amulett verlorengegangen sei. Doch wenn es auch in den Besitz anderer übergegangen ist, gehört es immer noch Ihnen, unwiderruflich, für immer und ewig. Geben Sie sich also damit zufrieden. Halten Sie sich nicht selbst zum Narren, indem Sie etwa versuchen, das Verlorene zurückzubekommen und Vergeltung zu üben. Ihr Recht darauf kann nicht nachgewiesen werden. Andere haben anscheinend den Eindruck, als ob Sie den Wert des Verlorenen überbewerten, daß Sie, wie man so sagt, aus einer Mücke einen Elefanten machen. Wenn Sie in den Diensten anderer stehen, gehen Sie zweckmäßig keine neuen Verpflichtungen ein.

4 —⊖— Der Mann ist dem Kampf nicht gewachsen.
Er zieht sich aus der kampferfüllten Welt
in den Frieden spiritueller Andacht zurück.
Günstig,
wenn Sie diesen Weg weiterhin verfolgen.

Sie sehen einen Konflikt mit jemandem sich drohend nähern. Sie wissen, daß Sie, wenn Sie sich in die Auseinandersetzungen einlassen, schließlich siegreich sein würden, aber Sie können sich selbst noch nicht dazu bringen, auf diese Weise Ihren Lebenslauf abrupt zu verändern. Selbst wenn Ihre Sache gerecht ist und Sie durchaus in der Lage wären, sie bis zum Ende durchzustehen, haben Sie sich dennoch um des Friedens und der Ruhe willen von allem zurückgezogen. Wenn Sie standfest bei Ihrer Entscheidung bleiben, ohne Reue und ohne Klagen, wird schließlich alles gut werden.

5 —⊖— Der Mann befindet sich im Mittelpunkt
des Schlachtgetümmels.
Sehr erfolgversprechend.

Die Worte und Meinungsäußerungen einer zu Ihrem Kreis gehörenden Person sind von großer Bedeutung. Diese Person wäre ein annehmbarer Schiedsrichter bezüglich Ihrer Schwierigkeiten mit anderen. Wenn Sie, was Ihre eigenen Absichten anbetrifft, keine moralischen oder ethischen Vorbehalte machen, wird sein Urteil in Übereinstimmung mit dem Ihrigen sein.

6 —⊖— Wenn der König den Mann mit einem
       Ledergürtel ehrt,
       ehe der Morgen vorüber ist,
       wird er dreimal von ihm weggenommen werden.

Sie mögen fühlen, daß Sie schließlich gewissermaßen Sieger geblieben sind. Aber die Sache ist noch nicht zu Ende. Ihr Sieg wird nur weitere Reaktionen auslösen, und Sie werden feststellen, daß Sie immer noch in dem gleichen Konflikt verstrickt sind wie vorher, und das immer wieder und wieder.

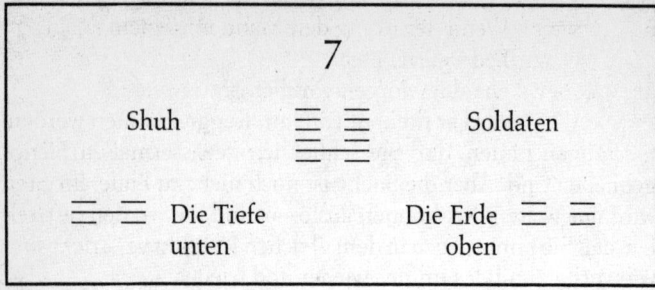

Orakel

Die Erde überdeckt die Tiefe.
Der herausragende Mann ernährt und erzieht das Volk,
macht die Menschenmassen zu Soldaten.

Erfolgversprechend,
fehlerlos,
wenn Sie Ihren Weg beibehalten,
sich leiten lassend von der Erfahrung und
Klugheit des Alters.

Deutung

Artha Dies ist das Hexagramm des Mao Tse-tung. Er erfüllt das Orakel, indem er dessen Symbolismus buchstäblich wahr macht. In mehr persönlicher Hinsicht zeigt Ihnen dieses Hexagramm an, daß Sie Unterstützung und Hilfe bei den Menschen Ihrer Umgebung finden müssen, auch wenn Ihnen diese im Moment nicht spürbar von Nutzen sein können. Sie müssen die Menschen über die Sie schwer belastende Situation aufklären, müssen sie von der Richtigkeit Ihres Standpunktes und von der Notwendigkeit, zu handeln, überzeugen und ihnen die materielle wie moralische Stärke geben, die zum Tätigwerden erforderlich ist. Wenn Sie eine Person sind, deren Alter und Erfahrungsschatz automatisch Respekt bei anderen auslöst, wird es für Sie kein Problem sein, als Anführer anerkannt zu werden.

Kama   Sie und Ihr Partner passen gut zusammen, doch als Angehörige einer verfeinerten kulturellen Atmosphäre mit absurden Ideen und mehrdeutigen Wertvorstellungen stehen Sie beide unter ständiger nervenbelastender Anspannung. Sie und Ihr Partner müssen sich von all dem freimachen, müssen sich selbst als Menschen wiederentdecken. Sie müssen die Fesseln, die Sie binden, durchschneiden und anfangen, ein Leben in Ruhe, Einfachheit und geduldiger Gelassenheit zu führen. Dann werden Sie die wesentlichen einander verbindenden menschlichen Grundwerte Ihrer Liebe erkennen.

Moksha   So wie Sie auf dem Pfad der Erleuchtung voranschreiten, so wird sich mit zunehmenden Einsichten und Offenbarungen Ihre Lebensführung ändern. Diese Offenbarungen wiederum werden die Sie motivierenden Prinzipien beeinflussen und Ihre ganze Welt- und Lebensanschauung verändern. Um in Übereinstimmung mit Ihren derzeitigen religiösen Prinzipien leben zu können, werden Sie sich an die Volksmassen anschließen müssen. Es ist nicht Ihre Aufgabe, Ihre Erkenntnisse und Einsichten an andere weiterzugeben, sondern das Fundament Ihres eigenen spirituellen Lebens zu verbreitern und zu festigen im Rahmen jener spirituellen Offenbarungen, die allen menschlichen Wesen gemeinsam sind.

Die Linien

1   —×—   Die Soldaten stürmen befehlsgemäß weiter voran.
Unheilverkündend,
wenn die Befehle nicht gut sind.
Sie haben zu früh die Energien in Bewegung gesetzt, die Sie in sich aufgestaut haben. Sie haben versäumt, Ihre Vorgehensweise einer doppelten Prüfung zu unterziehen, und Sie haben es ebenso

unterlassen, sich über das Ausmaß der Ehrbarkeits- und Menschlichkeitsprinzipien, die hinter Ihren Handlungen stehen, ausreichend klar zu werden.

2 —⊖— Der Anführer befindet sich unter den Soldaten.
Der Kommendeur lobt ihn dreimal.
Günstig,
fehlerlos.

Sie erhalten öffentliche Anerkennungen und Ehrungen. Diese anzunehmen ist weder unaufrichtig noch unfair. Sie sind für diejenigen, die Sie verehren, ein Symbol für Erfolg und Fortschritt. An Ihren Ehrungen nehmen diese Menschen innerlich Anteil.

3 —×— Die Soldaten in den Wagen sind tot.
Unheilverkündend.

Durch Fehleinschätzung Ihrer Kräfte und Nichtanerkennung Ihrer Schwächen sind Sie im Begriff, Ihren Weg in Richtung des unvermeidlichen Zusammenbruchs fortzusetzen.

4 —×— Die Soldaten ziehen sich zurück.
Keine Fehler.

Endlich werden Sie sich durchsetzen. Jetzt müssen Sie sich zurückziehen und die Zeit erwarten, die für den Beginn neuer Aktionen besser geeignet ist.

5 —×— Da sind Vögel auf dem Feld.
Es wäre klug, sie zu fangen oder zu vernichten.
Der älteste Sohn ist ausgesandt, die Soldaten anzuführen;
seine Offiziere sind eitle und faule junge Männer.
Unheilverkündend,
wenn Sie so weitermachen.

Ihnen ist die Verantwortung der Führerschaft übertragen worden. Als Gefolgsmann war Ihre Handlungsweise in guter Ordnung. Sie verfügen aber nicht über die Qualitäten der Stärke und die Durchsetzungskraft, die in einer Führungsposition nun einmal verlangt werden. Sie haben die Verkoppelung Ihres persönlichen, privaten Lebens mit Ihrem öffentlichen Leben zugelassen. Anstatt erfahrene Ratgeber und geschickte Organisatoren um sich zu scharen, haben Sie sich mit Freunden umgeben, die ihre Position ebenso kläglich ausfüllen wie Sie die Ihrige.

6 —×— Der große Herrscher ernennt seine
Staatsgouverneure und Gruppenleiter.
Kleine Leute sind hier nicht gefragt.

Sie haben den Unterdrücker überwältigt. Aber... neigen Sie dazu, die gleichen Fehler zu machen und in die alte Tyrannei zurückzufallen und abermals Ungerechtigkeiten zu begehen?

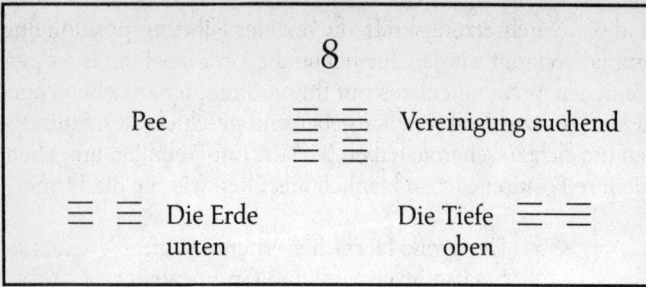

Orakel

Die Tiefe überdeckt die Erde.
Die einstigen Könige teilten das Land in Staaten auf und förderten die Freundschaft zwischen den Prinzen.

Günstig.
Befragen Sie das Orakel noch einmal, um zu bestimmen,
ob Ihr Geist geeignet, das heißt unverdrossen, stark,
ausdauernd und standhaft genug ist.
Ist das der Fall, gibt es keine Fehler.

Deutung

Artha Sie sind ein Produkt, die Schöpfung einer Kultur, einer Gesellschaft, einer menschlichen Gemeinschaft, einer bestimmten Familie, an deren Erfahrungen Sie teilhaben. Auch Ihre eigene Individualität ist nichts weiter als ein Begriff, der – wie bei allen anderen auch – seine Existenz der menschlichen Gemeinschaft verdankt. Sie können sich auch nicht »selbst finden«, wenn Sie Verbindungen zu Ihren Mitmenschen ablehnen. Verbindungen zu anderen Menschen kommen zustande, wenn die dahinterstehenden Prinzipien mit Ihren eigenen übereinstimmen. Es ist falsch zu glauben, daß Sie irgend etwas von Ihrem

Selbst verlieren würden, wenn Sie sich einer Gruppe als Mitglied anschließen. Machen Sie mit! Die Erfahrungen, die Sie durch das enge, sympathieerfüllte Zusammensein mit anderen gewinnen, indem Sie gemeinsam Ziele und Vergnügungen anstreben, werden Ihnen bessere Perspektiven auf sich selbst und Ihre Probleme eröffnen.

Möglicherweise fühlen Sie sich besorgt beim Gedanken an Ihr Wohlbefinden und Ihre damit zusammenhängende Sensibilität, wenn Sie sich vorstellen, daß Sie ein integriertes Mitglied Ihrer Gruppe geworden sind. Diese Befürchtungen werden aber verschwinden, wenn Sie den ersten Schritt zur Zusammenarbeit mit anderen getan haben. Wenn Sie diesen Schritt nicht tun, wird irgendwann die Zeit kommen, da Sie buchstäblich zu einer Gemeinschaft oder einem Zusammenwirken mit anderen unfähig geworden sein werden. Ihre Abkapselungsschale wird dann – von innen wie von außen – undurchdringlich geworden sein, das heißt, Ihre Absonderung von Ihren Mitmenschen wird nicht mehr rückgängig zu machen sein. Es könnte übrigens durchaus möglich sein, daß Sie die Qualitäten besitzen, die bewirken, daß Sie zu einem Anziehungszentrum innerhalb einer Gruppe werden. Ein gewisser dämonischer Zug im Persönlichkeitsbild und eine starke Entschluß- und Entscheidungskraft wären in diesem Fall nötig. Wenn in Ihnen das Gefühl auftauchen sollte, daß es vielleicht Ihr Tao sein könnte, sich dem Dienst an anderen zu widmen und zu diesem Zweck Menschen im Geist der Sympathie und Brüderlichkeit um sich zu sammeln, dann befragen Sie wieder das I Ging. Dann entscheiden Sie sich, ob Sie diese Aufgabe übernehmen oder nicht.

Kama   Bei jeder Paarbildung ist immer eine »dritte Wesenheit« zugegen – der mysteriöse dritte Charakter auf der Arkanumkarte Nr. 6 des Tarot (Die Liebenden): Das sind Sie und Ihr Partner und dazu das »Wir«, also Sie beide als Einheit gesehen. Diese dritte Wesenheit, das »Wir« der sich Liebenden, verleiht Ihren Beziehungen Kraft und Struktur. Sie beide sind in gleichem Maße für die Aufrechterhaltung dieses Wir-Faktors verantwortlich. Wenn Sie sich aber in andere Verpflichtungen zu sehr verwickeln lassen und sich entschließen, Ihrem Partner das Geschäft des Liebens zu überlassen, dann schwächen Sie die Zusammengehörigkeit.

Moksha Solange Sie nicht jeden Menschen als einen Ihrer Brüder betrachten, solange werden Sie keinen Bruder finden. So lange Sie nicht erkennen, daß jeder Gegenstand eigentlich auch Ihr Bruder ist, werden Sie keinen Bruder finden; so lange Sie nicht erkennen, daß auch der Mitternachtshimmel Ihr Bruder ist, werden Sie einen solchen nicht finden.

Die Linien

1 —×— Aufrichtig Vereinigung suchend.
Keine Fehler.
Verbesserung,
wenn Sie von ehrlichem Streben erfüllt sind.
Gründen Sie Ihre Beziehungen nur auf der Basis aufrichtiger Sympathie mit anderen, dann werden Stärke und Solidarität das Ergebnis sein. Vermeiden Sie Handlungen aus unüberlegten Motiven heraus.

2 —×— Instinktiv Anschluß und Vereinigung suchend.
Erfolgversprechend,
wenn Sie auf Ihrem Weg bleiben.
Gehen Sie in natürlicher und freimütiger Weise auf die Wünsche anderer ein. Schmeicheln Sie niemandem etwa durch den Versuch, deren Wünschen zuvorzukommen.

3 —×— Das Suchen nach Vereinigung mit unwürdigen Menschen.
Auf dem Weg über ein gewohnheitsmäßiges Sichanschließen sind Sie zu einem guten, vertrauten Mitglied einer Gruppe geworden, die im Grunde genommen Ihren persönlichen Prinzi-

pien und Wertvorstellungen nicht so recht sympathisch gegenübersteht. Sie müssen sich von dieser Gruppe zurückziehen. Es macht aber nichts aus, wenn Sie unter annehmbaren Bedingungen in freundlichem Kontakt mit einigen Mitgliedern dieser Gruppe bleiben.

4 —×— Das Suchen nach einer Verbindung mit dem großen Mann.
Günstig, wenn Sie auf Ihrem Weg bleiben.
Sie stehen in engem, auf Sympathie beruhenden Kontakt mit jemandem, der sich im Brennpunkt einer Gemeinschaft befindet, mit jemandem, zu dem andere aufblicken, um von ihm Kraft und Führung zu erhalten. Genieren Sie sich nicht, dieser Person gegenüber Ihre Gefühle zum Ausdruck zu bringen. Hüten Sie sich davor, beim Festhalten an Ihren Prinzipien schwankend zu werden.

5 —O— Das erhabenste Beispiel einer Suche nach Vereinigung:
Der König stößt mit seinen Jägern von drei Seiten her vor;
Das Wild entkommt ihm aber.
Das Volk nimmt sich das zum Vorbild.
Erfolgversprechend.
Zwingen Sie niemanden dazu, sich Ihrer Gruppe anzuschließen. Verdammen Sie niemanden, der einen Anschluß ablehnt. Ihr Wille sollte es sein, daß alle Anschlüsse an die Gruppe aus freiem und aufrichtigem Interesse heraus erfolgen.

6 —×— Er sucht Vereinigung, Zusammenschluß, hat aber noch nicht einmal den ersten Schritt dazu getan.
Unheilverkündend.
Sie sind selbst schuld an dem gefährlich verlängerten Zögern, dessen Ursache im Widerspruch zu dem im obigen Artha-Teil Gesagten steht.

9

Zhiao-Khuh ≡≡≡ Kleinere Einschränkung

≡≡≡ Der Himmel   Der Wind ≡≡≡
     unten   oben

Orakel

Die Winde des Himmels:
Die großen Luftströmungen bringen das Wetter.
Sie kommen vom Westen
und bringen dicke Wolken, aber keinen Regen.
Der hervorragende Mann schmückt sich selbst
als eine sichtbare Manifestation seiner Verdienste.

Erfolg.

Deutung

Artha   Sie sind weit hinter dem Fortschritt zurückgeblieben, der sich aus dem Wandel der Zeiten und Moden, den Generationenfolgen und den sich ständig verändernden Ereignissen ergibt. Sie lassen sich von den Geschehnissen mitreißen, leisten kaum Widerstand, unternehmen auch selbst so gut wie nichts, um sich selbst zu verändern. Jede aktive Tätigkeit, die Sie beginnen, zieht nur Konflikte nach sich, bringt keine Veränderungen. Jede Bemühung Ihrerseits, sich freizumachen und Ihre Lage zu entwirren, bringt Sie nur noch mehr in Abhängigkeit. Jeder Versuch, den Sie unternehmen, um jene Kräfte in den Griff zu bekommen, die Ihren Lebenslauf bestimmen, haben als Resultat lediglich, daß Sie noch weiter zurückfallen, den Anschluß noch mehr verlieren. Nur in Ihrem äußeren Auftreten, Ihren Gepflogenheiten, Ihrer Kleidung und Ihrem ganzen Benehmen können Sie sich frei ausdrücken, ohne befürchten zu müssen, Konflikte zu schüren oder Verwirrungen zu stiften.

Kama   Weil Sie Ihren Partner lieben, fügen Sie sich seinen Wünschen auch dann, wenn Ihnen diese »gegen den Strich« gehen, aber innerlich sind Sie verstört, außer Fassung gebracht. Diese Wünsche und Forderungen sind für Ihren Partner aber so wichtig, daß er auf jeden Widerstand mit extremen Ängsten und sogar mit Feindseligkeit reagiert. Wenn Ihre Liebe stark genug ist und Sie befähigt, auch gegen Ihre eigenen Prinzipien zu handeln, dann fahren Sie am besten fort, freizügig und ohne Widerspruch, aber mit Zustimmung und mit Wohlwollen Ihren Partner zu beschenken. Wenn Sie sich aber außerstande fühlen, Ihre innere Opposition zu unterdrücken, dann ist es besser, wenn Sie die Verbindung zu ihm abbrechen.

Moksha   Kraftvolle und umfassende Illusionen haben die Kontrolle über Ihr Tao. Diese behindern Ihr spirituelles Leben in jeder Hinsicht. Sollten Sie ein Künstler sein, sind Sie in Klischees gefangen. Wenn Sie zur Gefolgschaft eines Gurus gehören, dreht sich alles nur um die Anbetung und Verehrung Ihres Helden. Wenn Sie selbst ein Guru sein sollten, sind Sie befangen in Stolz und Eitelkeit. Sind Sie ein Christ, sind Sie ein Gefangener Ihrer Selbstgerechtigkeit. Wenn Sie ein Buddhist sind, haben Sie sich der Passivität ergeben. Sind Sie ein Magier, sind Sie verstrickt in allerlei Phantastereien. Wenn Sie ein Freudianer sind, dreht sich bei Ihnen alles um Ihr Ego. Sie müssen Ihre ehrgeizigen spirituellen Ambitionen aufgeben. Wenn Sie den anderen, etwas »niedrigeren« Entwicklungspfad betreten, den Pfad der selbstlosen, humanitären Prinzipien, werden Sie schließlich jenen Punkt erreichen, wo Sie den Durchbruch durch die Barriere der begrifflichen Vorstellungen schaffen, die Sie bis jetzt gefangengehalten haben.

Die Linien

1 —⊖— Der Mann wendet sich zurück
zu dem ihm gemäßen Weg.
Das kann nicht schaden.
Günstig.

Sie können das, was Sie sich vorgenommen haben, nicht vollenden. Vergessen Sie es. Kehren Sie zurück auf jenen Lebensweg, den Sie gegangen sind, bevor Sie sich diesem unheilvollen Unternehmen zugewandt haben.

2 —⊖— Der Mann ist zurückgegangen.
Er hält sich jetzt auf dem zu ihm passenden Weg.
Günstig.

Diejenigen, die bis jetzt in bezug auf Ihre Ziele und Vorgehensweisen mit Ihnen übereingestimmt haben, haben sich von Ihnen abgewandt, haben sich zurückgezogen, haben Sie allein gelassen. Sie können sich die Ursachen dieses Rückzuges nicht recht erklären. Wenn Sie nicht das Gefühl haben, daß Sie ganz gewiß Ziel und Zweck Ihres Vorhabens erreichen werden, wäre es besser für Sie, wenn Sie sich dem Beispiel Ihrer Kollegen anschließen und sich sofort aus der Angelegenheit zurückziehen würden.

3 —⊖— Der Gurt, der den Wagen festgehalten hat,
ist entfernt worden.
Der Mann und sein Weib wenden ihre Augen ab.

Die Milde und Sanftmut anderer ausnützend, versuchen Sie, eine Situation mit aller Kraft zu beeinflussen. Angesichts Ihrer überheblichen und zynischen Haltung sind aber Ihre Bemühungen auf empörten Widerstand gestoßen. Selbst diejenigen, die bis jetzt sympathisch und zuversichtlich zu Ihnen gehalten haben, sind mit Ihrem aggressiven Vorgehen nicht einverstanden. Sie zanken sich mit Ihren Freunden. Dagegen können Sie nur wenig tun.

4 —×— Der Mann ist ehrlich und aufrichtig.
    Blutvergießen ist vermieden worden,
    seine Besorgnisse sind unterdrückt.
    Keine Fehler.

Entgegen dem ersten Satz in obigem Artha-Absatz sind Sie durchaus nicht weit hinter den Vorkämpfern für eine Veränderung der Verhältnisse zurück. Sie sind dicht aufgerückt zu jenen Menschen und Institutionen, die die Trends der Veränderungen hinsichtlich der Werte und Ideen bestimmen. Wenn Sie die Absicht haben, sich dem allgemein vorherrschenden Trend entgegenzustellen, dann treten Sie in Aktion! Sie wird wirkungsvoll sein. Sollten Sie sich dazu aufgerufen fühlen, extreme Maßstäbe anzulegen, ganz gleich in welcher Sache: sie wirken sich nicht so extrem aus, wie es der Fall wäre, wenn Sie tatenlos zusehen würden.

5 —⊖— Der Mann ist ehrlich und aufrichtig;
    er wirkt anziehend auf loyale Verbündete.
    Der Mann ist erfinderisch, weiß sich zu helfen;
    er hat den Wohlstand seiner Nachbarn.

Sie haben gute Freunde. Zwischen solchen Freunden herrscht gegenseitige Sympathie, und Sie benötigen auch einander. Erkennen Sie das als einen Segen und pflegen Sie Ihre Freundschaften offenherzig und ohne alle Vorbehalte.

6 —⊖— Regen ist gefallen;
    der Fortschritt verzögert sich.
    Der Mann taxiert den Fortschritt,
    den er bis jetzt gemacht hat.
    Die Frau ist in einem gefahrvollen Zustand,
    gleichgültig, was sie auch tut.
    Sie ist ähnlich dem dicht bevorstehenden
    Vollmond.
    Unheilverkündend,
    wenn Sie irgendwie in Aktion treten.

In Ihren sanften, harmlosen und weichen Reaktionen auf nicht einwandfreie, ungebührliche Mächte haben Sie sich auf jenen Punkt zurückgezogen, wo diese Mächte kaum noch irgendeinen Einfluß auf Sie ausüben können. Sie müssen sehr darauf achten, daß Sie sich der Autorität gegenüber in rechter Weise sowohl passiv als auch kühl und gefühlsbeherrscht verhalten, daß Sie nicht versuchen, sich mit Gewalt freizukämpfen. Obgleich die Versuchung groß ist, einen Ausbruchversuch in Richtung einer völligen individuellen Freiheit zu unternehmen, würde das einen Bruch mit Ihrem Tao bedeuten, eine Verletzung jener Methode der Milde und Sanftmut, die Sie zu jenem Punkt gebracht hat, der schon sehr nahe der Freiheit liegt. Der Mond, wenn auch hell glänzend, ist in jedem Fall eine Yin-Kraft und empfänglich, nachdenklich. Obwohl er in der Lage ist, sich von Zeit zu Zeit von der ihn umklammernden Finsternis freizumachen, kann er infolge seiner Yin-Natur den vollen Glanz nicht aufrechterhalten. In dem Augenblick, da der Mond voll ist, beginnt er sofort wieder abzunehmen. Stürzen Sie sich nicht selbst wieder in den Zustand der Abhängigkeit und Unterwerfung zurück.

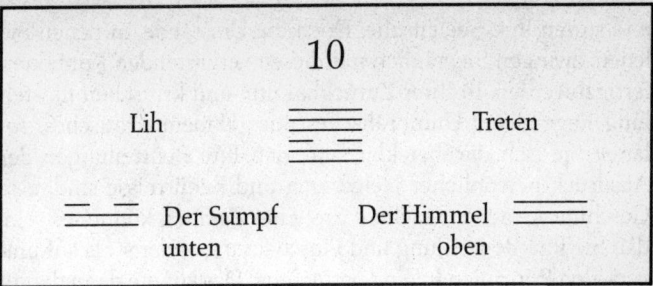

Orakel

Das Himmelszelt oben, der Sumpf unten.
Der Mann unterscheidet zwischen hoch und tief
und handelt in Übereinstimmung
mit den Wünschen des Volkes.

Sie treten auf den Schwanz des Tigers.
Er beißt Sie nicht.
Erfolg.

Deutung

Artha Sie versuchen, kritisch und anspruchsvoll bei der Auswahl Ihrer persönlichen Bekanntschaften zu sein. Sie sind so etwas wie ein Snob. Der Grund ist vielleicht, weil Sie zu gefühlsvoll auf andere Menschen reagieren, vielleicht auch, weil Sie nicht stark genug sind, den Belastungen durch die gesellschaftlichen Kontakte und Verpflichtungen standzuhalten. Meistens schrecken Sie vor persönlichen Konfrontationen zurück. Sie haben nur wenige enge Freunde, die Ihre Wertvorstellungen, Ihre ernsthafte Lebensauffassung und Ihre Neigung teilen, sich ins Abseits zurückzuziehen. Häufigere Kontakte mit der gesellschaftlichen Umwelt stellen Ihre Geduld auf eine harte Probe und stören Ihre Seelenruhe. Doch die Umstände, in denen Sie leben, zwingen Sie, täglich mit diesen verwirrenden Kontakten fertigzuwerden. In Ihrer Zurückhaltung und kritischen Einstellung liegt nichts Unmoralisches oder Undemokratisches, solange Sie sich darüber klar sind, daß Ihre Beurteilungen der Ausdruck persönlicher Neigungen und Bedürfnisse sind, also Geschmackssache. Beachten Sie: Eine Zeitlang könnte es sein, daß Sie Ihre Beurteilung und Einschätzung anderer als auf universellen Prinzipien fußend betrachten. Das könnte dann darauf hinauslaufen, daß Sie sich »erstklassig« finden, anstatt zurückhaltend und bescheiden. Sie werden mit dieser Haltung andere keineswegs verletzen; diese werden Ihre Verhaltensweise lediglich albern und unhöflich finden. Sie können sich aber selbst Schaden zufügen. Wenn Sie Ihre subjektiven Bewertungen als universelle Prinzipien betrachten, wird sich das in einer Art Verhärtung anderen gegenüber ausdrücken und Sie von spontanen gesellschaftlichen Erlebnissen und Erfahrungen abschotten. Sie würden in diesem Fall die Berührung mit jenen kleinen Überraschungen verlieren, die Liebe und Freundschaft nun einmal im Alltagsleben mit sich bringen. Es besteht hier allerdings die Gefahr der Voreingenommenheit.

Kama Sie haben sich mit der Tatsache abgefunden, daß Sie und Ihr Partner unterschiedliche Meinungen über die Tätigkeiten des jeweils anderen haben. Ihr Partner nimmt das, was Sie tun, nicht ernst – und umgekehrt. Sie haben sich damit abgefunden, so daß Ihre Liebe zum Partner nicht darunter leidet. Es besteht allerdings die Gefahr, daß Sie beginnen, sich Ihrem Partner überlegen zu fühlen, daß Sie ihn und seine Neigungen be- und verurteilen und ihn für leichtsinnig und verwirrt halten. Diese Art von verkehrter Einschätzung ist für die Liebe natürlich nicht gut, ordnet sie dem begrifflichen Denken unter und läßt Sie eine reale Person im Lichte abstrakter Ideale sehen. Unter diesen Umständen ist es so, daß Sie Ihren Partner eigentlich nicht mehr sehen, sondern ihn beobachten; nicht mehr gemeinsam mit ihm etwas erleben, sondern ihn prüfen und kritisieren;

daß kein Vertrauensverhältnis mehr besteht, sondern daß Sie ihn besitzen wollen. Ihr Partner könnte mit einer Porzellanfigur verglichen werden, die, obgleich sie der Eigentümer für geschmacklos und kitschig hält, für ihn doch einen sentimentalen Erinnerungswert hat und deshalb in ihm ein warmes Zuneigungsgefühl aufrechterhält. Wie eine solche Porzellanfigur ihres Erinnerungsgehaltes wegen geliebt wird und nicht ihres künstlerischen Wertes wegen – aus solch ähnlichen, egozentrischen Gründen lieben Sie Ihren Partner, ohne dessen eigentlichen angeborenen, wesenseigenen Vorzügen die rechte Beachtung zu schenken. Aufgepaßt! Vergessen Sie nicht, daß die Unterschiede zwischen Ihnen und Ihrem Partner komplementären Charakters sind, das heißt sich gegenseitig ergänzen. Jeder von Ihnen ist für die Aufrechterhaltung der beiderseitigen Beziehungen von gleicher Bedeutung.

Moksha Sie haben das Gefühl, als ob Sie einen Grad des Erkennens und Verstehens erreicht haben, der die Verständnismöglichkeiten der meisten Menschen übersteigt. Selbst diejenigen, die den gleichen Pfad wie Sie gehen, scheinen weit hinter Ihnen zurückgeblieben zu sein. Sie haben ihnen die Hand gereicht, doch die Leute scheinen, wie Sie meinen, in dogmatischen und anderen paradoxen Verirrungen hängengeblieben zu sein. Verurteilen Sie diese nicht! Die Tatsache, daß Sie wünschen, die anderen zu sich emporzuziehen, ist der Beweis dafür, daß Sie noch recht weit von der wirklichen Erleuchtung entfernt sind. Sie zeigt, daß zwischen Ihnen und Ihren Weggenossen qualitativ nur ein recht geringer Unterschied besteht. Sie sind genau dort, wo die andern auch sind: auf dem Rad des Karma.

Die Linien

1 ——⊖—— Er beschreitet den ihm gut bekannten Pfad.
Kein Fehler,
wenn Sie weiter vorangehen.

Sie haben Gelegenheit, sich hervorzutun, indem Sie eine öffentliche, verantwortungsvolle Position übernehmen. Ist der Wunsch nach dieser Ehrung ein Ausdruck Ihres inneren Selbst? Oder leitet er sich her von übersteigerten Phantasien, von Privilegien und Machtgefühlen? Seien Sie wachsam!

2 —o— Ein ruhiger, für sich allein lebender Mann
geht auf einem ebenen, glatten Weg.
Günstig,
wenn Sie auf diesem Weg bleiben.

Sie beteiligen sich nicht an dem harten allgemeinen Konkurrenzkampf. Sie sind frei von jenen Ängsten und Zweifeln, unter denen die anderen auf ihrer Jagd nach der Erfüllung habgieriger und unersättlicher Wünsche zu leiden haben. Sie sind zufrieden und lassen sich nie in persönliche Konflikte hineinziehen.

3 —x— Er hat nur ein Auge und denkt, er könne gut
sehen;
er ist lahm und denkt, er könne gut laufen;
Der Aufschneider spielt die Rolle eines großen
Herrschers.
Er tritt auf den Schwanz des Tigers
und wird gebissen.
Unheilverkündend.

Im Hinblick auf seine körperlichen Mängel ist es für einen Einäugigen und Lahmen ausgesprochen töricht, sich in gefährliche Abenteuer einzulassen, wie es das Treten auf den Schwanz eines Tigers ist. Entweder wollen Sie die Gefahr nicht sehen oder Sie sind blind gegenüber der Tatsache, daß Sie trotz Ihrer leiblichen Schwäche persönlichen Neigungen nachgehen, die einem Todesurteil gleichkommen. Sie werden nicht nur zusammenbrechen, sondern weitere unheilvolle Folgereaktionen provozieren.

4 —o— Er tritt auf den Schwanz des Tigers
mit äußerster Vorsicht.
Zum Schluß erfolgreich.

Sie haben eine scheinbar unlösbare Aufgabe übernommen. Äußerlich machen Sie den Eindruck, als gingen Sie vorsichtig und mit Zögern an die Sache heran, innerlich aber haben Sie die Kraft und Zielstrebigkeit, bis zum Schluß erfolgreich durchzuhalten. Dies ist die Linie von Abraham Lincoln.

5 —⊖— Er geht entschlossen vorwärts.
Riskant,
wenn Sie so weitermachen.
Sie verfolgen energisch und ausdauernd Ihren Weg in der einmal eingeschlagenen Richtung. Sie sind sich auch darüber im klaren, daß Ihr Vorgehen Sie in Konflikte mit anderen bringen kann. Versuchen Sie, den Konflikten auszuweichen oder sie wenigstens zu mildern. Bereiten Sie sich darauf vor.

6 —⊖— Prüfen Sie den Weg, auf dem Sie gehen
und sehen Sie nach, wo Sie sich auf ihm befinden.
Sehr günstig,
wenn Sie Ihr Ziel jetzt erreicht haben.
Sie haben eine Sache vollendet und wollen jetzt wissen, ob die sich ergebenden Konsequenzen mit dem übereinstimmen, was Sie erwartet haben. Blicken Sie zurück und prüfen Sie die sich aus Ihren vergangenen Bemühungen zufällig ergebenden Begleiterscheinungen.

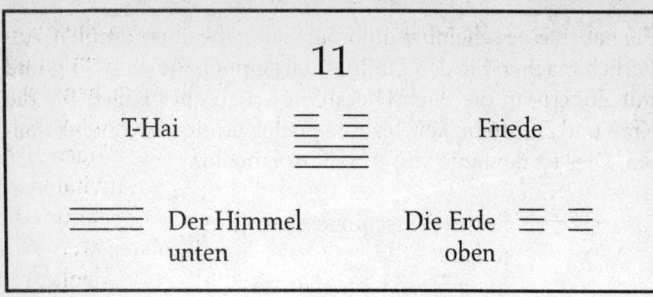

Orakel

Der Himmel steigt herab.
Die Erde steigt empor.
Sie vereinigen sich.
Himmel und Erde vermischen sich im Menschen.
Der weise Mann bringt diesen Akkord zum Volk.

Günstig.
Erfolg.

Deutung

Artha Wenn Sie mittels der Stäbchen oder Münzen das I Ging-Orakel befragen, erleben Sie den Frieden des Geistes. Während Sie diese Zeilen lesen, mag es sein, daß Sie von Ängsten und Erwartungen erfüllt sind, die sich aus Ihrer Frage oder aus Ihrem Problem ergeben, doch beim Werfen der Stäbchen oder Münzen gemäß dem Ritual fühlen Sie sich wohl und entspannt. Um eine direkte Entsprechung zwischen den Ereignissen im persönlichen Leben und den Aussagen der Stäbchen oder Münzen herzustellen, sollte sich der Fragende während des Stäbchenrituals oder des Münzenwerfens auf seine Frage scharf konzentrieren. Sie werden auf diese Weise so in den Bann des

Orakels gezogen, daß Sie während des Rituals, noch ehe Sie zu dem Buch gegriffen haben, Ihr Problem ganz vergessen haben. Die Fähigkeit, in dem, was man tut, völlig »aufzugehen«, sich völlig darin zu verlieren während der Zeit, da man es tut, ist eine seltene Gabe. Pflegen und üben Sie diese Art der völligen Hingabe. Übertragen Sie diese Fähigkeit auf alle Ihre Aktivitäten. Es geht dabei weniger um eine Beruhigung, sondern mehr um die Herstellung eines Ordnungssystems in der Verhaltensweise, bei dem sich die Angelegenheiten Ihres Alltagslebens denk- und gefühlsmäßig nicht überschneiden und vermischen, sondern wo Sie sich völlig auf die im Augenblick stattfindende Handlung konzentrieren können.

Kama   Sie sind keineswegs voll und ganz mit Ihrem Partner verbunden. Sie teilen nicht Ihr gesamtes Leben mit ihm. In dieses schließen Sie Ihren Partner nur dann ein, wenn die Situation so zu sein scheint, daß seine Interessen mit den Ihrigen gleichlaufen. Natürlich hat jeder Mensch gewisse geheime Vorbehalte. Sie halten aber zu vieles vor Ihrem Partner verborgen. Wahrscheinlich haben Sie die Neigung, die unangenehmen und problematischen Dinge für sich zu behalten und nur die angenehmen Dinge mit Ihrem Partner zu teilen. Wenn Ihr Partner die verschiedenen Situationen, Probleme und Ereignisse im Leben nicht so sieht wie Sie und seine Meinungen sich mit den Ihrigen nicht decken, ist es erforderlich, daß Sie darauf Rücksicht nehmen. Tun Sie das nicht, könnte es sein, daß Konflikte entstehen – obwohl die Bedeutung des Hexagramms »Friede« ist.

Moksha   Ihr spiritueller Pfad besteht im Praktizieren bestimmter Rituale. Diese Rituale werden Sie aber nicht direkt zur Erleuchtung führen, doch infolge Ihrer totalen Hingabe an diese Rituale, die die Vereinigung mit dem Alleinen symbolisieren, werden Sie schließlich doch auf die von Ihnen praktizierte Art und Weise die Vereinigung mit dem Alleinen erreichen. Ohne Erleuchtung, ohne die üblichen dramatischen Zwischenfälle, die mit dem Selbstbewußtsein zusammenhängen und den Verlust des Egos begleiten, werden Sie während der Ausübung Ihrer Rituale im ichlosen, formlosen, die Vernunft übersteigenden Nirwana sein.

Die Linien

1 —⊖— Er pflückt ein Büschel wilde Blumen;
darunter ist auch etwas Gras.
Günstig,
wenn Sie so weitermachen.

Ihre Fähigkeit, sich voll und ganz auf das zu konzentrieren, was Sie gerade tun, wirkt anziehend auf diejenigen, die die gleichen Ziele anstreben, aber nicht die gleiche Begabung der totalen Hingabe besitzen. Das kann für Ihre Bemühungen nur förderlich sein. Akzeptieren Sie diese Freunde.

2 —⊖— Er kann bei langweiligen Leuten unterkommen.
Wenn kein Boot da ist, kann er den Fluß durchschwimmen.
Er hat ein fast totales Widerspruchsrecht.
Seine Freundschaften sind auf Liebe gegründet.
Er hält sich bewußt auf dem goldenen Mittelweg.

Alle Dinge sind gleich. Handeln Sie nach festen Prinzipien. Behandeln Sie Fremde wie Freunde. Gehen Sie an die Erledigung schwieriger Dinge mit der gleichen natürlichen und spontanen Unbekümmertheit heran wie an gewöhnliche, alltägliche Dinge. Machen Sie keine Unterschiede zwischen Dingen, die Sie persönlich enger berühren, und Dingen, die sich entfernter abspielen. Allem, was Ihnen widerfährt, müssen Sie mit dem gleichen Prinzip der Objektivität und Fairneß, ohne Werturteile oder Voreingenommenheit gegenübertreten.

3 —⊖— Keine Vereinigung ohne Spaltung;
keine Abreise ohne Wiederkehr.
Ohne Fehler,

*wenn Sie auf Ihrem Weg bleiben
und sich auf kommende Schwierigkeiten einstellen.
Lassen Sie sich durch unvermeidbare
Veränderungen nicht aus der Ruhe bringen;
erkennen Sie die Freude des Gegenwärtigseins.*

Das Orakel ist klar. Die Worte »das Erkennen der Freude des Gegenwärtigseins« bedeutet die Erkenntnis der Relativität aller Freuden und Sorgen. Behalten Sie die Ruhe auch in einer Situation, die Sie, wenigstens für den Moment, zu überwältigen droht.

4 —×— Er schließt sich seinen Nachbarn an
und verläßt sich nicht auf seinen Reichtum.
Seine Nachbarn arbeiten mit ihm zusammen,
ohne sich vor seiner Kraft zu ängstigen.

Weil Sie frei sind von dauernden Ängsten und Sorgen, verhalten Sie sich anderen Leuten gegenüber, denen Sie begegnen, aufrichtig und vorurteilslos. Sie sind offen und ehrlich auch im Verkehr mit den meisten zufälligen Bekanntschaften. Wer Sie näher kennt, weiß das zu schätzen.

5 —×— Prinz Yi erließ ein neues Gesetz,
als seine Töchter heirateten.
*Glück.
Sehr günstig.*

Laut dem Erlaß des Prinzen Yi haben auch die Töchter von Herrschern ihren Ehemännern gehorsam zu sein, wie andere Ehefrauen auch, obwohl die Königstöchter natürlich am Hofe einen höheren Rang einnehmen. Ob es sich um eine Liebesbeziehung, eine Geschäftsverbindung oder irgendein anderes Verhältnis handelt: Sie können sich in jeder Lebenslage in ähnlicher Weise den Gegebenheiten anpassen. Sie können mit Erfolg Konfliktsituationen ausgleichen, indem Sie Ihr Leben – nach dem Muster von Prinz Yi – in verschiedene Tätigkeitskreise einteilen: in Angelegenheiten des Hofes und des Familienkreises.

6 —×— Die Mauer und der Burggraben grenzen aneinander.
Der Mann ist nicht aggressiv;
Er schmiedet Pläne mit seinen Verwandten.
Eine gewisse Schuld,
sogar dann, wenn Sie so weitermachen.

Während Sie dem natürlichen Gang Ihres Lebens von Augenblick zu Augenblick folgen, haben Sie sorgfältig darauf geachtet, daß Ihre verschiedenen Aktivitäten getrennt voneinander vor sich gehen. Sie wollen von der Möglichkeit einer Beziehungsaufnahme zwischen ihnen nichts wissen. Ein Graben vor der Burgmauer ist eine doppelt starke Befestigungsanlage. Aber ein Burggraben, ohne Berücksichtigung gewisser Risikofaktoren geplant, könnte zu dicht an der Mauer angelegt worden sein. Wenn die Mauer zusammenstürzt, füllen ihre Bruchstücke den Graben. In der Vergangenheit geschehene Gedankenlosigkeit macht Sie angreifbar. Versuchen Sie nicht, sich selbst zu verteidigen. Ziehen Sie sich in Ihr Inneres zurück. Akzeptieren Sie Ihr Schicksal.

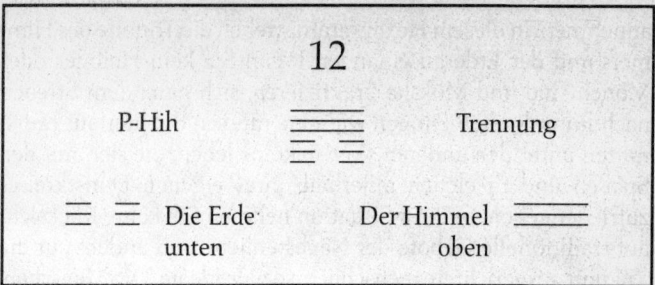

Orakel

Himmel und Erde trennen sich voneinander.
Es besteht ein Mangel an Verständnis unter den Menschen.
Die Großen sind gegangen,
und die Kleinen sind gekommen.
Der hervorragende Mann verbirgt seine Qualitäten
und vermeidet Not und Trübsal.
Er geht einträglicher Arbeit geflissentlich aus dem Weg.

*Schwierig
bei Weiterverfolgung dieses Weges.*

Deutung

Artha Sie leben in einer Welt, die von banalen, ja niedrigen Prinzipien beherrscht wird: von Habsucht und Besitzgier, Egoismus und Verdrossenheit, Konkurrenzkampf, Haß usw. Geld ist in der gegenwärtigen Situation, um die Worte N. O. Browns zu gebrauchen, das am meisten geschätzte, aber nutz- und zwecksloseste Abfallprodukt. Halten Sie sich davon fern. In Ihrer besonderen Lage können Sie durch Gleichgültigkeit und Nachlässigkeit in sehr folgenschwere, niedrige, materialistische Korruptionsaffären verwickelt werden, wenn Sie von irgend jemandem Geld annehmen. In diesem Hexagramm streben die Trigone des Himmels und der Erde auseinander. Wenn Sie kein Heiliger oder Mönch sind und Moksha praktizieren, sich ganz dem Streben nach himmlischen Dingen widmen, müssen Sie hier auf Erden mitten unter den anderen »Verrückten« leben, die sich mit den Späßen und Spielchen innerhalb ihres eigenen Dunstkreises zufriedengeben. In Ihrer Situation nehmen Sie keine Rücksicht auf traditionelle Gebote der Nächstenliebe und andere auf die Zukunft ausgerichtete menschlich-soziale Ideale. Die Menschen, mit denen Sie zu tun haben, können sehr bösartig und lasterhaft sein. Auch wenn Sie einige selbstlose Prinzipien in sich haben, hüten Sie sich davor, diese praktisch zu betätigen, weil das für Sie nichts Gutes bringen würde. Derartige Bemühungen Ihrerseits würden völlig mißverstanden werden und anderen nicht den geringsten Schimmer einer Erleuchtung oder auch nur eines Verständnisses bringen. Geben Sie sich damit zufrieden, diese Prinzipien in sich selbst intakt zu halten; Sie werden erkennen, daß das allein schon schwierig genug ist.

Kama   Nur in der ungenauen, verschwommenen Ausdrucksweise einer konfus gewordenen Sprache könnte man die Beziehungen zu Ihrem Partner als »Liebesverhältnis« bezeichnen. Ihre Konflikte drehen sich um Banalitäten, Ihre Übereinstimmungen ebenfalls. Auch Ihre Schmerzen sind klein und belanglos, genau wie Ihre Vergnügungen. Klein und durchschnittlich, hin und wieder anspruchsvoll und zugleich überempfindlich gegeneinander, haben Sie völlig die früher vorhanden gewesene Basis Ihrer Beziehungen aus den Augen verloren.

Moksha   Dies ist das Hexagramm von St. Simeon Stylites, des Säulenheiligen, der fünfunddreißig Jahre lang in der syrischen Wüste auf einer kleinen Plattform oben auf einer Säule verbrachte. In einer Kultur, in der die Sprache oft Konfusionen und Entstellungen bewirkt und tugendhafte und ehrliche Handlungen oft mißverstanden werden, wird lediglich ein so absurdes Leben wie das von St. Simeon zur Kenntnis genommen und als spirituell inspiriert bezeichnet. Der Materialismus ist in Ihrer Welt so umfassend und gefährlich am Werke, daß Ihnen nur ein Asketentum, das ans Absurde grenzt, für das Beschreiten Ihres spirituellen Pfades die erforderliche Freiheit schaffen kann.

Die Linien

1 —×— Er pflückt ein Büschel Wildblumen,
in dem auch etwas Gras enthalten ist.
Günstig.
Verbesserung, wenn Sie auf Ihrem Weg bleiben.
Ereignisse, von deren Glanz Sie zuerst mitgerissen worden sind, scheinen Sie nicht direkt zu betreffen. Leisten Sie keinen Widerstand; versuchen Sie nicht, sich selbst zu befreien. Nur aus reinem Zufall sind Sie an einem akuten Gefahrenbereich vorbeigeschlittert, ohne die Gefahr überhaupt erkannt zu haben.

2 —×— Geduld und Nachgiebigkeit.
Günstig
für den Kleinen.
Erfolg
inmitten des Erduldens und der Hemmungen,
wenn Sie sich für diesen Weg entscheiden können.
Sie sind eng verstrickt in die Angelegenheiten der habgierigen und mißtrauischen Kultur. Sie haben bis jetzt das Glück gehabt, daß es Ihnen gelang, sich zu behaupten, sich beständig und erfolgreich zu verteidigen. Die zerstörerische, unmenschliche Situation, die dieses Hexagramm ausdrückt, kann zu einem Segen werden, wenn seine noch nicht gelöste Bösartigkeit neue innere Antriebe in Ihnen in Bewegung setzt. Dann können Sie nämlich den Weg zu einem erfolgreichen, zufriedenen und akzeptablen Leben finden.

3 —×— Er schämt sich seiner Absichten.
Die Tatsache, daß jeder andere in die gleiche schamlose und

schändliche Situation verstrickt ist, macht sie für den einzelnen erträglicher. Unglücklicherweise kann dieser Rechtfertigungsversuch Ihre Mitschuld nicht mildern. Er kann lediglich zur Verlängerung der Situation beitragen.

4 —⊖— Er betätigt sich mit Pietät und Ehrfurcht
und macht keine Fehler.
Seine Freunde kommen
und nehmen Anteil an seiner Freude.

Obgleich ein Erfolg unwahrscheinlich ist, wenn Sie wünschen, auch weiterhin Ihren Prinzipien treu zu bleiben, gehen Sie doch weiter voran. Mutig, entschlossen und aufrichtig zu handeln wird Ihnen zu diesem Zeitpunkt keine großen Schwierigkeiten machen. Ihre Handlungsweise in diesem Sinne wird anderen den Mut geben, ebenso zu verfahren.

5 —⊖— Er bringt das Leiden und Zerstören zu einem
Ende.
Ein großer und vom Glück begünstigter Mann.
»Aufpassen! Aufpassen!« schreit er,
seinen Erfolg
an den Stumpf eines Maulbeerbaumes bindend.

Innerhalb des festen, unbeugsamen, statischen und formlosen Lebens ist das Potential für Wachstum und Kreativität zu finden. Aber zuerst: Selbstbewußtheit, Selbsterkenntnis.

6 —⊖— Leiden und Zerstörung sind besiegt.
Von jetzt an werden Glück und Freude zunehmen.

Irgend etwas, ganz gleich was, ist besser für Sie als die Situation, die durch dieses Hexagramm ausgedrückt wird. Seien Sie froh. Sie sind durchgekommen.

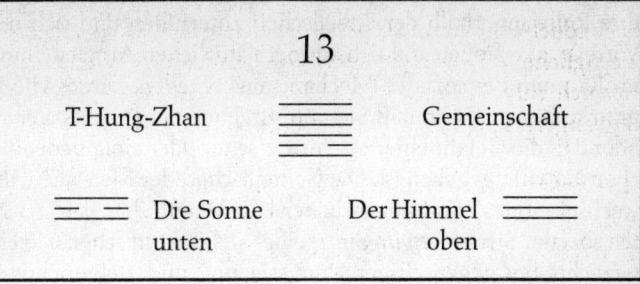

Orakel

Ein Feuer unterhalb des offenen Himmels.
Der hervorragende Mann unterscheidet die Dinge
gemäß ihren Arten und Klassen.

Erfolg,
wenn Sie auf Ihrem Weg bleiben.
Sie können das große Wasser überqueren.

Deutung

Artha   Die Prinzipien, denen das soziale Miteinander der Menschen unterliegt, sind die gleichen Prinzipien, die auch Ihr Leben bestimmen. Sie halten die Definition des Aristoteles, daß der Mensch ein »politisches Tier« sei, für völlig richtig. Obgleich Sie das Vorhandensein gewisser Ungerechtigkeiten innerhalb der menschlichen Gesellschaft erkennen, betrachten Sie diese als notwendigerweise zur Struktur der Gesellschaft gehörend. Alles, was Sie tun, geschieht aus diesem Sachverständnis heraus, getragen vom Vertrauen und von der Sympathie zu der sozialen Struktur. Die zwischen Individualität und Gemeinschaftssinn hin und her schwankenden, allgemein vorherrschenden Tendenzen und Interessen beunruhigen Sie nicht. Sie sind in der Lage,

Ihre Rolle innerhalb der Gesellschaft zu erfüllen und sich der Vorteile zu erfreuen, die sich aus der natürlichen Arbeitsteilung im Rahmen des sozialen Mechanismus ergeben. Dieses Hexagramm besagt nicht, daß Sie unter irgendeinem Druck stehen oder daß die Gefahr einer »Gehirnwäsche« oder einer bedenklichen Naivität gegeben ist. Die Gemeinschaft der Menschen, ihr wechselseitiges Zusammenarbeiten zum Wohle aller, das Errichten sozialer Strukturen im Sinne eines architektonischen Gleichgewichts bei gegenseitiger Unterstützung und zielgerichteter Finalität sind Widerspiegelungen des Zusammenwirkens im Universum innerhalb des Alleinen.

Kama   Sie und Ihr Partner sehen Ihre Beziehungen zueinander als eine Art archetypischer Verbindung. Wenn Sie sich lieben, betrachten Sie sich als »der Mann und die Frau«. Sind Sie blutsverwandt, sehen Sie sich als »die Mutter und die Tochter« oder als »Geschwister«, vielleicht auch als »der Lehrer und der Schüler« oder als »gute Kameraden«, als »Seele und Körper« und so weiter. Ihr Verhältnis zueinander ist nicht einfach eins von der Art, wie es normalerweise zwischen zwei Individuen besteht. Sie fühlen sich auf natürliche Weise mit der Idee Ihrer Typenzusammengehörigkeit verbunden, wobei jedes Mitglied bestimmte Regeln und traditionelle Konfliktmöglichkeiten zu beachten hat, wie sie im Rahmen einer Kultur gegeben sind. Es kann sein, daß Sie an dem Werk C. G. Jungs interessiert sind. Diese gleichlaufenden Interessen machen das Zusammenleben zwischen Ihnen und Ihrem Partner stark und dauerhaft. Sie verstehen einander bestens. Wenn Sie sich manchmal auch etwas lehrhaft benehmen, sind Sie doch beide weder egoistisch noch unaufrichtig. Sie haben beide ein Gefühl für historische Verantwortlichkeit dem andern gegenüber, möchten Ihre Rolle als archetypisch zusammengehörige Partner in würdevoller Weise erfüllen.

Moksha   Die Gemeinschaft aller Dinge, wie sie von der turbulenten menschlichen Gesellschaft gleichsam widergespiegelt wird, ist die Idee, die Sie auf Ihrem Pfad zur Erleuchtung beflügelt. Die Geschichte inspiriert Sie. In diesem Zustand der Inspiration beginnen Sie, die Geschichte selbst als Mythos zu betrachten, von dem die göttlichen Urbilder reflektiert werden und Sie erleuchten. Das Lesen ist für Sie ein Ritual, zum Beispiel das Lesen der Bhagavad-Gita, die inhaltlich Ihrem spirituellen Ideal sehr nahe kommt, die Werke Homers und *Der goldene Zweig*. Die scheinbar endlose Liste von Namen im Alten Testament hat einen Reiz und eine Bedeutung für Sie, die sie für andere nicht haben. Sie halten sich möglichst fern von den Aufregungen und Verkrampfungen Ihrer eigenen sozialen Umwelt und betrachten die Lage, in der sich die Menschheit befindet, von oben her. Sie sehen den Menschen als Teil der Schöpfungsvielfalt, hervorgegangen aus dem All-Einen, jenseits von Gut und Böse.

Die Linien

1 —o— Er schließt sich mit anderen Menschen zusammen in seinem eigenen Hauseingang.
Keine Fehler.
Ihr Anschluß an andere ist nicht das Ergebnis einer plötzlichen aufrichtigen Würdigung und richtiger Einschätzung gemeinschaftlicher Freuden und Vergnügen. Eine für Sie und die anderen recht alltägliche Situation hat Sie veranlaßt, sich dieser Gruppe anzuschließen. Obwohl Ihre Zugehörigkeit auf recht unbedachte Weise zustande gekommen ist, sollten Sie doch dabei bleiben und mitarbeiten.

2 —x— Er verbündet sich mit Mitgliedern seiner eigenen Familie.
Sie werden das bereuen.
Ihre soziale Umwelt ist zu beschränkt. In Ihrer Situation, die Partnerschaft mit allen fordert, haben Sie sich nur mit einigen wenigen zusammengeschlossen. Das ist dünkelhaft und engstirnig und wird von den anderen auch so beurteilt.

3 —O— Er versteckt seine Waffen im Gras
und schleicht sich geduckt auf die Höhe des Hügels.
Er macht drei Jahre lang keine Bewegung.

Sie haben die ersten Schritte unternommen, die Sie zum Anschluß an eine bestimmte Gesellschaft, Gruppe oder Organisation bringen werden, die sich aus einer Anzahl hilfswilliger Menschen mit gemeinsamen Zielvorstellungen zusammensetzt. Aber Sie glauben nicht recht an die Ernsthaftigkeit und Lauterkeit dieser Gruppe. Sie sind mißtrauisch. Sie haben die Fesseln der persönlichkeitsgebundenen Ideen noch nicht voll abgestreift und können einfach nicht glauben, daß andere das bereits getan haben. Sie halten sich fern von den anderen. Sie haben sich darauf vorbereitet, zurückzuschlagen, wenn jemand versuchen sollte, Sie auszunützen oder zu übervorteilen. Es wird noch eine lange Zeit vergehen, bis es Ihnen gelingt, sich voll und ganz in diese Gemeinschaft einzuordnen, und ebenso lange Zeit, bis Sie von den Mitgliedern akzeptiert werden.

4 —O— Er klettert auf die Mauer, um die Schlacht zu eröffnen;
dann sieht er keine Notwendigkeit, sich zu verteidigen.
Günstig.

Sie sind im Begriff, von sich aus den Eintritt in eine uneigennützige Gemeinschaft von Menschen zu vollziehen. Sie haben in sich noch einige Gefühle des Konkurrenzdenkens und der Vorsicht zurückbehalten, doch es wird Ihnen langsam klar, daß solche Gefühle eigentlich absurd sind.

5 —O— Er wird zur Vereinigung gedrängt.
Zuerst jammert er und beklagt sich;
später lacht er über seinen eigenen Kummer
und tritt mit seinem Besieger in Verbindung.

Sie haben sich einer starken Vereinigung angeschlossen. Sie stellt hohe Ansprüche an Sie und bereitet Ihnen anfänglich mancherlei Schwierigkeiten. Man zieht Sie jetzt noch nicht zu den neuen Pflichten und Verantwortlichkeiten heran, die die Mitgliedschaft mit sich bringt. Wenn Sie sich aber daran gewöhnt haben, werden Sie feststellen, daß Ihr Leben leichter ist als zuvor, Ihnen jetzt weniger Sorgen und weniger praktische Schwierigkeiten macht, dafür aber mehr Freude.

6 —⊖— Er vereinigt sich mit den Leuten,
 die im weiteren Umkreis seiner Stadt wohnen.
 Keine Schuld.

Die Außenbezirke einer Stadt sind eine Art »vernachlässigte Rumpelkammer«. Diese Linie drückt die Kameradschaft unter jenen Menschen aus, die in diesen abseitigen Gebieten wohnen, ohne gemeinsame Ziele, ohne gemeinsame Vergangenheit, mit nichts Übereinstimmendem als dem gleichen Verlorensein; außerdem abgeschnitten von anderen Menschen, haben Sie sich mit anderen verbündet, die in den gleichen Schwierigkeiten leben.

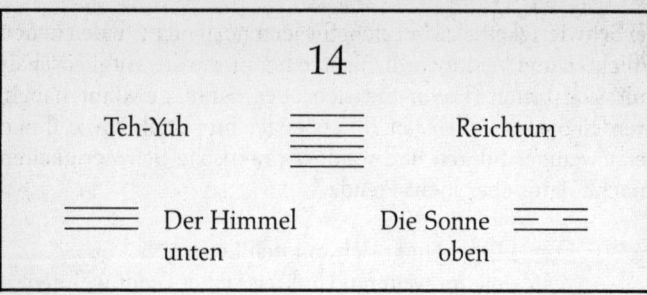

Orakel

Feuer oberhalb des Himmels.
Der reiche Mann unterdrückt das Böse
und ehrt das Gute
im Geiste der göttlichen Gesetze.

Großer Erfolg

Deutung

Artha Dies ist das Hexagramm des Wohlstandes ohne Habgier, des Besitzes ohne Wünsche, materieller Erfüllung ohne besondere Hochschätzung derselben. »Gesegnet sind die Sanftmütigen, denn sie werden das Erdreich besitzen.« Ihre Sanftmut, Ihre Friedfertigkeit, Ihr Mangel an Konkurrenzdenken, Ihr umsichtiges und vorsichtiges Ego, Ihre einfache und realistische Bewertung der Dinge, all das macht Sie lieb und teuer für jene, die Sie kennen. Verglichen mit Ihnen sind die anderen mehr oder weniger aggressiv. Für Ihre Sanftmut, die niemandes Ehrgeiz und Machtstreben bedroht, sind Sie mit Reichtum gesegnet. Aber materieller Reichtum ist nicht das, was Sie wünschen. Sie weisen Wünsche nach irgend etwas zurück, obwohl Sie sich dessen im allgemeinen gar nicht bewußt sind. In Ihrer Sanftmut sind Sie sich über die Art und Form Ihrer eigenen Wunscherfüllung gar nicht im klaren (siehe die Aussagen unter Moksha). So bildet sich gleichsam um Sie herum eine Kruste, bestehend aus all den Dingen, die aus den Reichtümern anderer für Sie abgefallen oder an Sie abgeliefert worden sind.

Kama   Ihr Partner ist ein perfekt Liebender. Er ist schön, selbstlos, erregend, zärtlich. Es scheint fast, als seien Sie außer sich vor Glück. Doch dem ist nicht so. Sie haben das Gefühl, als ob in Ihren Beziehungen zueinander doch irgend etwas fehle, vielleicht eine gewisse Art von Sympathie, ein bestimmter, noch engerer Kontakt, eine gewisse Tiefe in Ihren Liebesbeziehungen. Aber die Ursache für diesen Mangel dürfen Sie nicht Ihrem Partner zuschreiben; es ist Ihre Schuld. Sie sind so sanftmütig und zartbesaitet, scheuen sich so, Ihre Gefühle zu zeigen, daß die Liebesbeziehungen zwischen Ihnen und Ihrem Partner eigentlich eine Einbahnstraße darstellen, bei der Sie allein der Empfangende sind. Ihr Partner wünscht jedenfalls, Ihnen gegenüber ein perfekter Liebhaber zu sein. Sie Ihrerseits müssen nun herausbekommen, was Sie noch weiter von Ihrem Partner wünschen und erwarten, und Sie müssen das auch zum Ausdruck bringen.

Moksha   »Gesegnet sind die Sanftmütigen, denn sie werden das Erdreich besitzen.« Aber was ist mit dem Himmel? Ihr materieller Erfolg ist eine Begleiterscheinung Ihrer spirituellen Sanftmut. Eine Konsequenz höherer Art ist, daß Sie keine Gelegenheit haben, religiöses Entzücken an sich selbst zu erfahren. Das Befragen dieses I Ging-Orakels dürfte das erste Mal sein, daß Sie sich überhaupt auf spirituelles Gebiet vorwagen. Sie ignorieren im allgemeinen Ihr Moksha, das heißt, die spirituelle Seite Ihres Lebens. Sie behaupten, so etwas existiere nicht. Aber die Antwort auf Ihr Problem, die Befreiung von Ihren Unzufriedenheitsgefühlen, ist genau da zu finden. Es ist die Art, wie sich Ihre nicht wahrgenommene, unerkannte Erfüllung ausdrückt, wie schon im Absatz Artha erwähnt. Es ist die Furcht vor Fehlern in dieser äußerst wichtigen Sache, die Sie davon abhält, sich darin zu vertiefen und gründlich nachzuforschen. Aber im Moksha gibt es nichts zu befürchten. Alle und alles ist gütig und freundlich. Es wird Zeit, daß Sie entdecken, wo Sie in Ihrer geistigen Entwicklung stehen.

Die Linien

1 —⊖— *Keine Fehler,*
wenn Sie nichts und niemanden schädigen.
Keine Fehler zum Schluß,
wenn Sie die Gefahren und Schwierigkeiten erkennen.
Gerade jetzt fallen Ihnen Besitztümer zu, ohne daß Sie Ihre Lebensprinzipien verletzen müßten. Wenn Sie in dieser Weise fortfahren, werden Sie früher oder später aufgefordert werden, Kompromisse mit sich selbst zu schließen. Tun Sie das nicht.

2 —⊖— Der große Wagen
ist vollbeladen.
Keine Fehler,
auch wenn Sie in irgendeine beliebige Richtung
vorangehen.
Lassen Sie sich nicht gefangennehmen von materiellen Besitztümern und von irgendeiner Art von Eigentum, das Kummer und Sorgen bringt, weil es Ihre Aktivitäten beeinträchtigen würde. Wenn Sie sich von derartigen Neigungen und Bindungen freihalten, können Sie nach Belieben alles unternehmen.

3 —⊖— Ein Prinz bietet sich selbst als Opfer an.
Ein kleinerer Mann könnte das nicht tun.
Wenn Sie bewahren, was Sie besitzen, wird Ihr Reichtum zu einer Last für Sie werden. Wenn Sie aber das, was Sie haben, weggeben, wird Ihnen Ihr Reichtum große Freude bereiten.

4 —⊖— Er schützt und bewahrt seine Hilfsquellen.
Keine Fehler.

Wenn Sie versuchen, den Reichtum anderer zu erreichen oder zu übertreffen, werden Stolz und Neid Sie in einen Fehler nach dem anderen stürzen, sowohl in geschäftlicher als auch in gesellschaftlicher Hinsicht. Sie müssen leben, ohne sich von Vergleichsmaßstäben mit anderen auch nur im geringsten beeinflussen zu lassen.

5 —×— Wechselseitige Ehrlichkeit und Aufrichtigkeit.
Günstig,
wenn Sie sich großzügig und hochherzig verhalten.
Weil Sie selbstlos und human sind, gleichzeitig aber auch freigebig, handeln Sie mit einer bestimmten selbstsicheren Leichtigkeit und Vertrautheit, die sich um soziale Gepflogenheiten nicht kümmert und einige Ihrer Freunde und Kollegen verletzt. Wenn Sie derartige Konflikte vermeiden wollen, müssen Sie gewisse Verhaltensregeln akzeptieren. Wenn das auch für Sie keinen Wert hat – für andere ist es von Bedeutung.

6 —o— Der Himmel hilft ihm.
Günstig.
Verbesserung in jeder Hinsicht.
Sie anerkennen einen Heiligen; Sie helfen ihm. Sie nehmen an seiner Weisheit teil. Viel Glück.

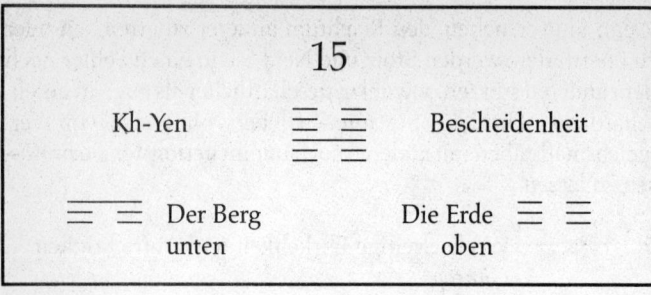

Orakel

Der Berg verschwindet hinter dem Horizont.
Der bescheidene Mensch ist von Natur aus erfolgreich.

*Bringen Sie Ihre Impulse ins Gleichgewicht
zugunsten Ihrer objektiven Beurteilungsfähigkeit.*

Deutung

Artha In erster Linie sollten Sie sich bemühen, in Ihrem ganzen Benehmen Bescheidenheit zu zeigen. Es gibt nur wenig Menschen, deren unbescheidenes Auftreten von den anderen verziehen und akzeptiert wird; Sie gehören nicht dazu. Aber es gibt tiefer liegende Ursachen für Bescheidenheit und Unbescheidenheit, und die letztere ist verantwortlich für die Fallgruben, mit denen Sie auf Ihren Wegen rechnen müssen. Gewisse Aspekte des Selbstbewußtseins kann man als unbescheiden, um nicht zu sagen als anmaßend oder frech bezeichnen. Vielleicht sind Sie so erfüllt von den Ihnen äußerst wichtig erscheinenden Plänen und Aktivitäten, daß Sie alle Ihre Erfahrungen und alle Ihre persönlichen Kontakte dazu in Beziehung setzen. Außer Mißverständnissen und sogar Verstimmungen und Verärgerungen auf seiten Ihrer Partner und Bekannten dürfte Ihre Ehrlichkeit und Vertrauensseligkeit mit die Ursache sein, die Sie von Ihren Anstrengungen, Ihre großen Projekte zu verwirklichen, ablenkt. Es beeinträchtigt Ihre Unmittelbarkeit und Spontaneität, die für eine produktive Verhaltensweise erforderlich sind. Es könnte auch sein, daß Sie Ihre Zeit damit verbringen, sich in allen Einzelheiten auszumalen, wie der schließliche Erfolg Ihrer Bemühungen aussehen wird, daß Sie sich Tagträumereien unter der Maske von »Planungsüberlegungen« hingeben. Auch das ist Unbescheidenheit. Es ist auch unbescheiden, wenn Sie sich selbst auf eine höhere Ebene über Ihren Handlungen versetzen und sich dem Gefühl hingeben, als könnten Sie aus der Vogelperspektive auf Ihre Tätigkeiten herabsehen. Wenn Sie sich umdrehen, um Ihre Handlungen zu beobachten, wenn Sie über das sprechen, was Sie zu tun im Begriff sind, und wenn Sie darüber nachdenken, dann beobachten, sprechen und denken Sie, tun aber nichts. Was Sie tun, ist nicht länger ein Teil dessen, was Sie wirklich sind, sondern eine bloße Idee. Es ist das dunkle Glas, durch das Sie sich selbst betrachten. Wenn es eine Arbeit gibt, die ganz speziell für Sie geeignet ist, dann starren Sie nicht tatenlos darauf, grübeln und phantasieren Sie nicht darüber. Eine solche Arbeit ist ein Geschenk Gottes für Sie. Es schadet Ihnen nichts, wenn Sie zu dieser Arbeit herabsteigen.

Kama   Sie haben das Gefühl, als würden Sie das Verhältnis zu Ihrem Partner völlig verstehen, und Sie versuchen, dieses Verhältnis Ihrem Verständnis gemäß zu beeinflussen und zu bestimmen. Möglicherweise ist das ein bewußter Vorgang, von Ihnen weitschweifig und rationell begründet, indem Sie die Niveauunterschiede und Veränderungen in Ihren Beziehungen zueinander Ihren Idealvorstellungen anzupassen versuchen und sich selbst und Ihren Partner zu diesem Zweck unter Druck setzen. Vielleicht ist Ihnen dieser Vorgang auch nicht bewußt. Sie mögen stolz darauf sein, daß Sie versuchen, die Dinge praktisch in den Griff zu bekommen, indem Sie das, was und wie Sie es tun, für imposant-neurotisch und sentimental-erwartungsvoll in bezug auf Ihre Verbindungen halten. Liebe ist etwas Absolutes, aber gleich anderen Absolutismen verliert sie ihre absolute Bedeutung für die Liebenden, sobald sie zerredet wird. Liebe ist etwas Allumfassendes, doch sobald man ihr einen Namen gibt, begrenzt man sie. Sobald Liebende über ihre Liebe zueinander zu diskutieren anfangen, setzen sie ihrer Liebe Grenzen, indem sie zumindest an die Möglichkeit des Nicht-Liebens im Gespräch denken. Wenn Liebende über sich selbst als Liebende nachdenken, betrachten sie sich eben als »Liebende« anstatt als reale Menschen. Diese Situation ist bis zu einem gewissen Grad unvermeidbar. Aber diese Art von Unbescheidenheit ist gerade gut geeignet zur Überwindung der Liebenden-Ideologie im Interesse der beiden Partner.

Moksha   Wenn Sie sich selbst als erleuchtet betrachten, werden Sie auch von anderen für erleuchtet gehalten. Beide irren sich. Wenn Sie sich nicht als erleuchtet ansehen, dann werden Sie auch von anderen nicht als erleuchtet betrachtet. Auch hier irren beide. Wie dem auch sei – Sie sind sich Ihrer Anomalität bewußt.

Die Linien

1 —×—   Bescheidenheit und abermals Bescheidenheit.
Günstig.
Sie dürfen das große Wasser überqueren.
Wenn Sie ein ruhiges, zweck- und zielbewußtes Leben führen und sich Ihren Mitmenschen gegenüber ehrlich und friedlich verhalten, können Sie damit rechnen, daß Ihnen ein großer Schritt vorwärts und ein erfolgreicher Wechsel in Richtung Ihrer Wünsche gelingt. Wenn Sie aber in einem Konfliktverhältnis zu irgendwelchen Menschen stehen und sich über einige Aspekte in Ihrem eigenen Leben nicht klar sind, dann sind Sie für diesen Schritt noch nicht genügend vorbereitet.

2 —x— Offensichtliche Bescheidenheit.
Günstig,
wenn Sie auf Ihrem Weg bleiben.
Sie sind frei von falscher oder selbstsicherer Bescheidenheit und versuchen nicht, Äußerungen Ihrer ehrlichen und aufrichtigen Bescheidenheit zu unterdrücken. Wahrhafte Bescheidenheit ist Ihr hauptsächlicher Charakterzug. Jeder erkennt das an. Deshalb bringt man Ihnen Vertrauen entgegen durch Übertragung von Verantwortlichkeiten.

3 —x— Anerkannte Bescheidenheit.
Günstig.
Fortdauernder Erfolg.
Sie haben etwas geleistet, sowohl nach Ihrer Ansicht als auch in der Sicht anderer. Gemeinsam mit anderen Eigenschaften spielt die Art von Bescheidenheit, die im Absatz Artha beschrieben ist, mit ihren Folgen eine wesentliche Rolle. Jetzt, da Ihre Leistung auch von anderen anerkannt wird, könnten Sie eigentlich Ihre Meinung über sich selbst etwas revidieren. Es besteht eine gewisse Gefahr, daß in Ihren Kontakten mit Freunden und Kollegen eine scheinbare Unbescheidenheit eine Rolle spielt. Ebenso besteht die Gefahr, daß Ihre fruchtbare Tätigkeit durch unbescheidene, grandiose Ideen unterminiert oder gar zerstört wird. Gerade eben hat ein kleiner Schritt im Rahmen Ihrer ständigen Arbeit Ihnen den Erfolg gebracht, über den Sie sich jetzt freuen. Vergessen Sie nicht, daß der nächste Schritt, den Sie unternehmen, ein ebenso kleiner sein wird.

4 —x— Aktive Bescheidenheit.
Verbesserung.
Bescheidenheit sollte nicht eine Rechtfertigung für unentschlossenes Zögern, Zurückhaltung oder Nichterfüllung Ihrer Verpflichtungen sein. Sie haben das Gefühl, als ob Sie eine zu unbedeutende, zu gewöhnliche Person seien, als daß man Ihnen bestimmte Verantwortungen übertragen könne, die zu Ihrer angeborenen Rolle in der Gesellschaft gehören. Das ist aber nur

eine verstandesmäßige Begründung Ihres Ausweichens und Kneifens. Sie leben nun mal innerhalb eines sozialen Systems, ob Ihnen das nun gefällt oder nicht, und Sie haben Verantwortlichkeiten und Verpflichtungen, die sich aus der Zugehörigkeit zu diesem System ergeben.

5 —×— Bescheidenheit verschafft Einfluß.
Sein Nachbar unterstützt ihn.
Seien Sie aggressiv.
Verbesserung, was Sie auch tun.

Sie sind im Grunde genommen eine bescheidene Person, aber es ist jetzt erforderlich, daß Sie einmal unbescheiden handeln. Sie mögen dazu aufgerufen sein, irgendeine Art von Führerrolle zu übernehmen. Sie werden möglicherweise ganz offen und rückhaltlos mit Ihrem Freund sprechen müssen, und es kann nötig sein, daß Sie Teilgebiete Ihres Lebens von der Öffentlichkeit überprüfen lassen, wenn Sie Ihrem Tao folgen wollen. Welche Prinzipien es auch sind, die Sie zu unbescheidenen Handlungen veranlassen, sie sind von grundsätzlicher Art und für Sie wichtiger, als den Prinzipien der Bescheidenheit zu folgen.

6 —×— Bescheidenheit erzeugt Bescheidenheit.
Verbesserung,
was Sie auch unternehmen,
selbst dann, wenn es scheint,
als verstießen Sie gegen Ihre eigenen Interessen.

Konflikte, die zwischen Ihnen und Ihren engen Freunden entstanden sind, sind die Folgen von Unbescheidenheit beider Seiten. Davon abzusehen, gegenseitig Ihre Fehler zu bekennen, ist nur eine scheinbare Bescheidenheit und eigentlich unverantwortlich. Sie müssen Ihre Bescheidenheit unter Beweis stellen, müssen sich auf Ihre eigenen Fehler konzentrieren, müssen zu einem Beispiel für andere werden, dabei die Betonung auf die Rückkehr zur echten Liebe legen, auf das Gemeinschaftsgefühl und jenen Zweckmäßigkeitssinn, der der Prüfstein für Ihre Kontakte zu anderen ist.

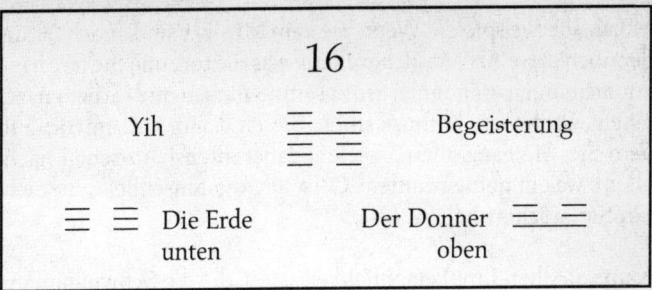

Orakel

Der Donner ist Musik für die Erde.
Die alten Könige komponierten Musik
zu Ehren ihrer eigenen Tugend
und präsentierten sie ihrem Gott,
ihre Vorfahren einladend,
dabei anwesend zu sein.

*Sammeln Sie Ihre Kräfte
und setzen Sie diese in Bewegung.*

Deutung

Artha Dies ist das Hexagramm für ergreifende, mitreißende Musik. Es handelt sich um die Art von Musik, die zur innerlichen Sammlung beiträgt und Gefühle von Brüderlichkeit und Zusammengehörigkeit erweckt, um eine Musik, die nicht den Anspruch erhebt, dem Hörer das zu bieten, was er sucht, wünscht und liebt. Man kann sie nicht intellektuelle oder klassische Musik nennen, eher spontane Musik, deren Formen aus der Tradition spontaner, intuitiver Musik abgeleitet sind. Es ist eine Musik, die jene, die sie ausüben und anhören, vereinigt, sie innerlich erhebt. Wenn Sie ein Musiker sind, ist dies die Art von

Musik, die Sie spielen. Wenn Sie kein Musiker sind, machen Sie dennoch diese Art Musik bei allem, was Sie tun, und Sie inspirieren diejenigen, mit denen Sie zusammenleben und -arbeiten, zu einem ähnlichen Enthusiasmus. Sie sind ein Instrument, auf dem Sie, Sie ganz allein, spielen, dabei intensiv forschen nach allem, was in gemeinsamem Geist alle die umschließt, die sich um Sie geschart haben.

Kama   Allein Ihre Persönlichkeit ist es, die die Schwingungen von Liebe und Leidenschaft erzeugt, von denen Ihre Beziehungen inspiriert werden. Ihre Partner lassen sich – für sie unbewußt und stark benommen – einfach mitreißen. Dies ist das Hexagramm von Rudolph Valentino.

Moksha   Musik ist eine Art Schwingungsmatrix der Zeit, der Tanz eine solche von Zeit und Raum. Musik und Tanz können Zustände ekstatischer Erleuchtung hervorbringen, was auf andere Weise nicht erreichbar ist. Es gibt einen bestimmten Punkt, wo in einigen Arten von Musik und bei einigen besonderen Spielweisen der Musiker aufhört, Schwingungen innerhalb der Zeitmatrix zu erzeugen und anfängt, die Vielfalt der Vibrationsmuster und -möglichkeiten des universellen Wechselgeschehens zu reflektieren. Das Hören solcher Musik und das Verschmelzen mit ihr kann zur Vereinigung mit dem All-Einen führen. Der Tanz wiederum kann ebenfalls Erleuchtung bewirken durch eine Reflektion der Vielfalt der Geschehensabläufe im Raum. In dem Musik-Tanz-Ritual des alten China, zu dem die Vorfahren eingeladen wurden und bei dem man sich in den Rhythmus und die Formen der großen kosmischen Schwingungen einstimmte, konnte man die Barrieren der Zeit durchdringen und in die Vergangenheit zurückwirken. Verbunden mit ihren wieder in Erscheinung getretenen Ahnen, mit denen zusammen man sich dem transzendenten Vergnügen des Anhörens der gleichen Musik hingab, gelang den Teilnehmern die Vereinigung mit dem All-Einen. Achten Sie besonders auf diese Dinge. Dies ist das Hexagramm des Dalai Lama.

Die Linien

1 —×— Er tanzt zu seiner eigenen Melodie.
Unheilverkündend.
Sie handeln, als ob die Welt von Ihren Worten und Taten abhinge, als ob sie bereit wäre, Ihnen auf allen Wegen zu folgen. Tatsächlich ist es ebenso beschwerlich wie quälend, Ihre Rüpelhaftigkeit zu überwinden, wenn Sie von ihr »überfallen« werden.

2 —×— Er ist so standfest wie ein Felsen.
Er hat die Gabe der Vorschau.
Günstig,
wenn Sie auf Ihrem Weg bleiben.
Obwohl jeder andere in Ihrer Situation von einem neuen Element mit fortgerissen worden wäre, hat Ihnen persönlich das nichts ausgemacht. Nur Sie allein haben erkannt, daß es nur zu leicht ist, den wirklichen Wert dieser Energie richtig einzuschätzen; deshalb halten Sie sich zurück. Das ist eine korrekte Verhaltensweise. Sobald Sie etwas nicht ganz Korrektes wahrnehmen, sobald ein Mißklang Ihnen zu Ohren kommt, müssen Sie sich unverzüglich von der Quelle abwenden, aus der der in die Irre geleitete Enthusiasmus der anderen stammt.

3 —×— Er singt für sein Abendessen.
Sie müssen das verstehen.
Schuldig,
wenn Ihr Verständnis zu spät kommt.
Anstatt daß Sie sich den heißen, innigen Gefühlen, die zur Zeit vorherrschen, überlassen, warten Sie auf ein Zeichen von jemandem, den Sie als überlegen und Ihnen übergeordnet betrachten, auf ein Zeichen von ihm, da er ebenso inbrünstig fühlt und von Eifer erfüllt ist wie Sie. Mittlerweile sind Sie überholt worden.

4 —○— Harmonie und Zufriedenheit kommen von seiner Musik.
Er erfreut sich großer Erfolge in großen Dingen.

Großer Erfolg.
Wenn Sie nicht an ihnen zweifeln,
sammeln sich Freunde um Sie.
Sie ganz persönlich sind die Quelle der vorherrschenden Begeisterung. Jedermann ist aufgrund Ihrer Bescheidenheit angesichts der Versuchung, in egoistisches Besitzstreben zu verfallen, stark beeindruckt.

5 —×— Er ist chronisch krank.
       Er lebt lange Zeit am Rande des Todes.
Wegen bestimmter Probleme und Hindernisse sind Sie unfähig, die vorherrschende Begeisterung mitzumachen. Aber es ist besser, in Schwierigkeiten verstrickt zu sein, wenn andere sich wohlfühlen, als mit den gleichen Schwierigkeiten zusammen mit anderen im selben Boot zu sitzen.

6 —×— Er macht Musik, unbekümmert und freiweg.
       Keine Fehler,
       wenn Sie nicht darauf bestehen, auch nach dem
       Ende Ihres Weges auf diesem weiterzugehen.
Sie sind vom Erfolg Ihres eigenen schicksalhaften Charismas mitgerissen worden. Sie sind mit Ihrem ganzen Ego, ohne vernünftigen Grund, gepackt worden von einem Eifer und Fanatismus, dessen Urheber Sie selbst sind. Das ist religiöse Übersteigerung, ist ein ekstatischer Tanz nach der Musik der Sphären. Solange Sie sich genug Gegenwartsbewußtsein erhalten, nachdem die Trance- und Ekstasezustände vorüber sind, solange kann dieses Erleben eine wertvolle, Sie reifer machende Erfahrung sein.

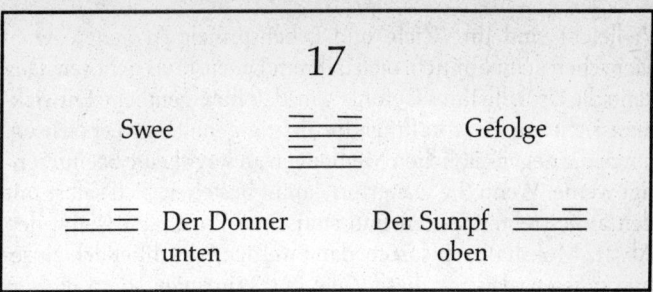

Orakel

Der Donner ruht im Sumpf.
Abends geht der hervorragende Mann
nach Hause, um sich auszuruhen.

Großer Erfolg.
Keine Fehler,
wenn Sie auf Ihrem Weg bleiben.

Deutung

Artha   Sie sind keine Person, die sich in der Einsamkeit wohlfühlt. Um Ihren Lebensweg zur Erfüllung zu führen, brauchen Sie andere Menschen. Sie glauben, daß Ihre Mißerfolge die Auswirkungen des Versagens anderer sind, und Sie schieben Ihre eigenen Fehler anderen in die Schuhe. Dieses egozentrische Verhalten führt zu Feindseligkeiten und Mißverständnissen. Sie glauben, daß es für Sie das beste sei, einfach und unbekümmert den einmal gewählten Weg weiterzugehen, obwohl Sie dauernd durch die Taten anderer Menschen behindert und abgelenkt werden. Aber diese Menschen tun auch nur ihr Bestes; sie haben ebenfalls ihre Prinzipien und ihre Sehnsüchte, genau wie Sie, begleitet von Erfolgen und Fehlschlägen unterschiedlicher Grade.

Vielleicht sind Ihre Ziele und Lebensprinzipien denen jener Menschen zu unähnlich, die zu Ihrem Lebenskreis gehören. Das kann die Ursache Ihres Gefühls sein, daß Ihr eigentliche Entwicklungsrichtung, Ihr von Ihnen für richtig gehaltener Lebensweg, durch die gegensätzlichen Meinungen anderer Leute beeinträchtigt werde. Wenn Sie weiterhin darauf bestehen, sich selbst mit den angestrebten Zielen und statischen Prinzipien (siehe den Absatz Moksha) zu belasten, dann werden Sie schließlich einsehen müssen, daß Sie diese Ziele und Prinzipien so an die der anderen anpassen müssen, daß Sie nicht länger mit den allgemeinen Zielvorstellungen und Prinzipien Ihres Milieus in Konflikt geraten. Wenn Sie Enttäuschungen nicht als unvermeidbar zu akzeptieren vermögen, dann bleibt Ihnen nichts anderes übrig, als Ihre Prinzipien mit den Wertvorstellungen Ihrer engeren Umgebung besser in Übereinstimmung zu bringen.

Kama Wenn es zur Verbindung mit Ihrem Partner kommt, dann ist das wichtigste und entscheidende Prinzip dieser Verbindung und aller gegenseitigen Beziehungen an sich die Liebe zwischen Ihnen. Bei allen Angelegenheiten, an denen Ihr Partner beteiligt ist – und das kann alles sein, was in Ihrem Leben geschieht – wird der hauptsächlichste Gesichtspunkt, die Grundbetrachtung und -bewertung aller Vorgänge bestimmt von der Ehrlichkeit, Offenheit, Vertrautheit und Liebe zwischen Ihnen. Es gibt außerhalb des engen Vertrauens- und Liebesverhältnisses zwischen Ihnen auch einige unterschiedliche Wertvorstellungen und Prinzipien, die miteinander in Konflikt geraten können. Doch wo Ihr Partner beteiligt ist, gibt es für Sie dennoch nur eine klare Betrachtungsweise: die Ihrige. Es wäre gut, wenn Sie sich entschlössen, in kleineren, geringfügigeren Dingen nachzugeben. Sie müssen die Erwartungen und Hoffnungen aufgeben, die zu denen Ihres Partners in Widerspruch stehen. Sie dürfen keinen Groll in sich aufkommen lassen, sollten nicht Ihren Unmut verdrängen wollen, wenn Ihr Partner – motiviert von seinen eigenen Zielen und Prinzipien, die so gültig und triftig sind wie die Ihrigen – Einspruch erhebt gegen zu phantastische Pläne und wenn er wertlose, unsinnige Hoffnungen energisch zurückweist. Versuchen Sie, weniger Wert auf Ihre eigenen Wünsche und Sehnsüchte zu legen, die zu Meinungsverschiedenheiten oder gar Zusammenstößen zwischen Ihnen und Ihrem Partner führen können. Die Enttäuschungen, die solche unerfüllbaren Wünsche mit sich bringen, sollten Sie im Vergleich zu der Wichtigkeit und bereits erreichten Zufriedenheit und Freude in Ihrem gegenseitigen Verhältnis als unbedeutend betrachten.

Moksha   Sie sind sich über die illusorische Natur Ihrer Ziele und Lebensprinzipien im klaren; Sie haben sich geistig freigemacht. Aber die Erleuchtung werden Sie solange nicht erreichen, bis es Ihnen gelungen ist, auch Ihre Aktivitäten, Ihre ganze Verhaltensweise und Lebensanschauung freizumachen. Um den wahren Erleuchtungszustand zu erreichen, müssen Sie sich vollständig freimachen von allen Ideologien, ganz gleich, welche Bedeutung ihnen beigemessen wird, freimachen von allen Prinzipien, ganz gleich, wie humanitär sie zu sein scheinen, und von allen Wertvorstellungen, sogar von den höchsten. Ist die Erleuchtung einmal erreicht, kann der Bodhisattva zu den alltäglichen Verrichtungen zurückkehren, die auf gewissen Prinzipien beruhen. Weil er völlig frei ist von eigenen Prinzipien und Wertbegriffen, kann er rückhaltslos und spontan auf die Belange, Ziele und Prinzipien der menschlichen Gesellschaft eingehen.

Die Linien

1 —◯— Der Mann wendet seiner bisherigen Tätigkeit den Rücken und geht in eine andere Richtung.
Wenn er seine ihm gesetzten Schranken auf der Suche nach Anhängern und Gefolgsleuten überschreitet,
wird er geehrt werden.
Günstig,
wenn Sie so weitermachen.

Sie haben harmonische Beziehungen zu Ihren Angehörigen und engsten Freunden und Bekannten. Alle anderen schließen Sie aus, ihnen mit den Bewertungsvorurteilen Ihrer Clique gegenüberstehend. Alle Ihre Konflikte entstehen nur mit jenen Menschen, die nicht zu Ihrem engeren Freundeskreis gehören. Die Erreichung Ihrer Ziele hängt von Ihren angenehmen Beziehungen zu den außerhalb Ihres Kreises Stehenden ab. Anstatt diese Menschen vor den Kopf zu stoßen, wäre es besser, Sie würden sich von Ihrem engstirnigen Gesichtspunkt freimachen und sich den Außenstehenden gegenüber mehr öffnen. Durch Verständigungsbereitschaft und gerechte Würdigung jener, über die Sie jetzt geringschätzige Bemerkungen machen, können Sie am besten Ihre Ziele erreichen, die auch für die Ihnen Nahestehenden, an deren Wohl und Wehe Ihnen so viel liegt, die besten Ziele sind.

2 —×— Er folgt dem kleinen Jungen
und läßt den alten und erfahrenen Mann gehen.
Die Prinzipien, auf denen Sie Ihre Freundschaften gegründet haben, sollten die gleichen sein wie die Prinzipien, nach denen Sie allgemein die Humanität bewerten. Tun Sie das nicht, besteht für Sie Gefahr.

3 —×— Er folgt dem alten und erfahrenen Mann und
läßt den kleinen Buben seines Weges gehen.
Er wird finden, was er sucht.
Bleiben Sie auf Ihrem Weg.
Auf Ihrem Lebensweg haben Sie sich mit konfliktreichen Prinzipien und ebensolchen Wertbegriffen auseinanderzusetzen. Sie müssen sich für eine Richtung entscheiden und dabei bleiben. Lassen Sie die andern ihres Weges ziehen. Ein vorübergehendes Gefühl des Verlustes ist unvermeidbar. Finden Sie sich damit ab.

4 —o— Er wirkt anziehend auf Gefolgsleute.
Unheilverkündend,
wenn Sie in dieser Richtung weitergehen.

Wenn Sie sich über Ihre Absichten völlig im klaren sind –
wie sollten Sie dann einen Fehler machen können?
Ohne besondere Absicht Ihrerseits wirken Sie anziehend auf andere. Was Sie tun und wie Sie es tun, findet bei den Menschen Anklang. Sie sind ein Mensch, dem nachzueifern man sich bemüht. Obgleich Ihr »Ruhm« im Moment nur eine Nebenerscheinung Ihrer Lebensweise und der Sie bestimmenden Motive ist, wird es für Sie aufregend und anstrengend werden, wenn Sie gewisse Gefahren nicht vorher erkennen. Obwohl Sie sich über die Tatsache, daß Sie auf andere Leute Eindruck machen, nicht den Kopf zerbrechen, sind Sie nicht frei von der Verantwortung, die Sie unabsichtlich dennoch übernommen haben. Handeln Sie freimütig, ganz Ihren Wünschen gemäß, machen Sie aber zweckmäßigerweise Ihre Absichten und Ziele, soweit das möglich ist, für Ihre Bewunderer im voraus klar durchschaubar.

5 —O— Er ermutigt zu hervorragenden Leistungen.
Günstig.
Die natürliche Wahrhaftigkeit Ihres Lebensweges und die Treue und Beständigkeit Ihrer Prinzipien versichern Sie eines angenehmen und glücklichen Lebens.

6 —×— Er hält an seinem Vorhaben fest,
klammert sich direkt daran;
er ist quasi daran festgebunden.
Der König präsentiert Vorschläge auf den westlichen Bergen.

Ihr Leben wird bestimmt von den Erwartungen jener, die Ihre Gefolgsleute sind. Man kann sich in der Tat auch die Frage stellen, wer eigentlich wem Gefolgschaft leistet. Er ist ein richtig regierender König, der gemäß seiner Rolle denkt und handelt. Er trifft keine Personalentscheidungen aus persönlichen Motiven heraus. Er entscheidet ganz und gar so, wie es seine von der Tradition vorgeschriebene Rolle erfordert, dabei auch die Ratschläge seines Hofes und den Druck der öffentlichen Volksmeinung mit berücksichtigend. Eine moderne Entsprechung zu dieser seiner Königsrolle wäre etwa: führende Häupter einer Verwaltung, die aber keine Entscheidungen ohne die Zustimmung der Gesamtverwaltung treffen können; ein Politiker, dessen Erfolg von der Unterstützung abhängt, die ihm seine Freunde gewähren.

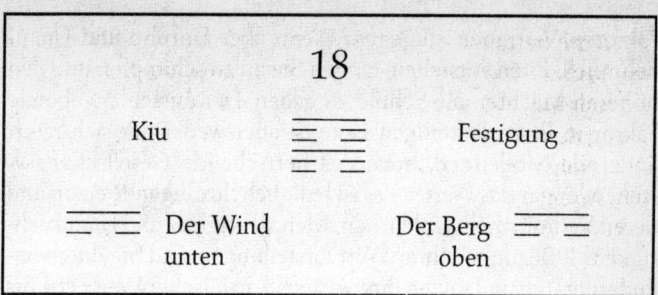

Orakel

Wind am Fuße des Berges.
Der hervorragende Mann hilft anderen
und festigt seine eigene Lage.

Erfolg,
wenn Sie auf Ihrem Weg bleiben.
Überqueren Sie das große Wasser;
aber drei Tage vor Antritt der Fahrt
durchdenken Sie das Vorhaben sorgfältig;
und während der drei Tage danach
prüfen und überdenken Sie die Sache noch einmal.

Deutung

Artha   Unheil bedroht Sie. Zu irgendeiner Zeit wird es geschehen, daß eine gewisse Situation sich als Teilgeschehen einer größeren, übergeordneten Situation herausstellt, die ihrerseits wiederum von Entwicklungen und Veränderungen von noch größerer Bedeutung beeinflußt wird, etwa von sozialen Gegebenheiten, politischen Faktoren, dem Klima oder dergleichen. Die eigene Persönlichkeit spielt dabei auch eine Rolle. Wenn die Dinge gut vorangehen, bringen Sie diesen jeweils größeren

Faktoren Vertrauen entgegen. Wenn aber Unruhe und Unannehmlichkeiten entstehen, fangen Sie an zu schimpfen und den höheren Mächten die Schuld zu geben. Der ausschlaggebende Faktor in Ihrer derzeitigen Lage ist aber weder der sich rasch ändernde Modetrend, noch das herrschende Gesellschaftssystem oder gar das Wetter – es ist lediglich Ihre eigene Person und deren Verbohrtheit, Unklarheit, Mehrdeutigkeit und Unaufrichtigkeit. 1. Bezüglich Ihrer Wertvorstellungen sind Sie durcheinandergeraten und setzen Ihre Vorrechte in falscher Weise ein. Bis jetzt haben Sie die sich vor Ihnen erhebenden Schwierigkeiten auf die leichte Schulter genommen und sich kaum den Kopf darüber zerbrochen, jetzt aber haben diese Schwierigkeiten »ganz plötzlich« den Charakter der Unüberwindbarkeit und der erdrückenden Gewalt angenommen. 2. Hin und her schwankend und zweideutig in Ihren Prinzipien gelingt es Ihnen nicht, Standfestigkeit zu erlangen. Ihr Urteil ist immer nur provisorisch, fragwürdig, mehrdeutig, und die sich daraus ableitenden Handlungen sind deshalb auch unklar. 3. Am meisten unaufrichtig und unreell sind Sie gegenüber den Ihnen am engsten verbundenen Menschen. Sie sollten niemand anders die Schuld für den sich bereits abzeichnenden Ruin geben als nur sich selbst. Das ist der Grund, weshalb dies ein so sehr günstiges Hexagramm ist. Da es, abgesehen von Ihrer eigenen Schwäche und Fehlerhaftigkeit, keine anderen Faktoren gibt, die einen nachhaltigen Einfluß auf die Situation nehmen könnten, liegt es im Bereich Ihrer eigenen Kräfte, Ihren bisherigen Lebensweg total zu ändern. Ohne sich quälenden Gedanken über von außen kommende feindliche und zerstörerische Mächte hinzugeben, können Sie die Fehler und Irrtümer, die Sie in den Ruin gebracht haben, selbst wieder in Ordnung bringen. Keine halbherzigen Maßnahmen, kein Schwätzen und Zerreden und keine manipulierbaren Kompromisse mit sich selbst können Ihnen helfen. 1. Erkennen Sie, wie ernsthaft Ihr Problem ist und mit welchen extremen Folgen der zu erwartende Ruin verbunden ist. 2. Versuchen Sie herauszubekommen, welches Ihre wahren und tiefinneren Lebensprinzipien sind. Wenden Sie die gewonnene Einsicht praktisch an, ganz gleich, wie unbehaglich, unkonventionell oder peinlich es zunächst erscheinen mag. 3. Richten Sie sich im Umgang mit anderen nach der Goldenen Regel. Das kann allerdings in Ihrem Leben eine große Wandlung, ja einen Umsturz bedeuten. Aber jetzt ist die Zeit dafür gekommen, jetzt ist es Zeit, die »Überquerung des großen Wassers« anzutreten. Die Gefahr dabei: Ungeduld. Werden Sie auch nicht gleich ungeduldig mit sich selber, wenn es den Eindruck erwecken sollte, als würden Sie Ihren Vorsätzen untreu werden. Werden Sie auch anderen gegenüber nicht ungeduldig, wenn Sie den Eindruck haben sollten, daß diese auf Ihre neuen Verhältnisse nicht sofort in der erwarteten Weise reagieren. Die gegenwärtige Situation hat ihre Wurzeln in vergangenen Geschehnissen und wird sich nicht über Nacht ändern. Aber mit Geduld, Gelassenheit und Zielbewußtheit wird zum Schluß alles gut werden.

Kama Das unter Artha Gesagte ist ohne weiteres auch auf Ihr Gefühlsleben anwendbar. Ihr Partner ist in der Lage, sich Ihnen gegenüber voll zu öffnen, Ihnen bei der Umwandlung der gegenwärtigen undurchsichtigen, angstgeschwängerten Atmosphäre in eine der Rechtschaffenheit, Ehrlichkeit und verständnisvoller Liebe zu helfen. Aber im Grunde genommen sind Sie an all Ihren Schwierigkeiten selbst schuld, hätten sich selbst Vorwürfe zu machen. Es ist an der Zeit, daß Sie die Initiative ergreifen. Um es zu wiederholen: nicht ungeduldig werden!

Moksha Sie haben den gewählten spirituellen Pfad noch nicht ganz betreten. Sie haben es zugelassen, daß sich egoistische Triebe in Ihre spirituellen Praktiken eingeschlichen haben. Nicht etwa, daß Sie wie Buddha ganz und gar wunschlos sein müßten – so weit sind Sie noch nicht. Das Paradoxe beim Beschreiten des spirituellen Weges ist, daß der Wunsch, das Wünschen an sich zu vernichten, eben auch ein Wunsch ist, wenn auch ein »Ausrottungswunsch«. Es gibt aber noch andere Faktoren weniger paradoxer und mehr weltlicher Art, die sich immer wieder in Ihre spirituellen Bestrebungen einmischen. Sie haben immer noch

Ideale und Wünsche, die in direktem Gegensatz zu ihren spirituellen Prinzipien stehen. Sie können keine spirituellen Fortschritte erzielen, so lange Sie sich nicht von Ihrer respektlosen und prinzipienlosen Geisteshaltung und von Ihrem üblem Karma freigemacht haben. Die von Ihren Konflikten ausgelösten Gefühle lassen deutlich die Elemente in Ihrem Leben erkennen, die Sie zum Verschwinden bringen müssen. Wenn Sie etwas tun, das in Ihnen ein Schuldgefühl erweckt, dann halten Sie sofort damit ein. Verursacht irgendein in Ihnen entstehender Wunsch seelischen Schmerz oder ernste Besorgnis, verjagen Sie den Wunsch. Wenn sich während des Redens ein Gefühl der Schwäche und Überempfindlichkeit bemerkbar macht, dann halten Sie lieber den Mund. Die Praktizierung von Moksha muß immer im Geiste der Friedfertigkeit und Konfliktlosigkeit vor sich gehen. Die Erfolge auf Ihrem spirituellen Weg hängen ganz allein von Ihnen selbst ab.

Die Linien

1 —×— Der Mann bringt das wieder in Ordnung, was sein Vater ruiniert hat.
Wenn er dabei erfolgreich ist,
entgeht der Vater den Schuldvorwürfen.
Günstig zum Schluß
nach Überwindung von Risiken.

Sie verlassen sich zu sehr auf der Vergangenheit angehörende Prinzipien. Sie reagieren nicht unmittelbar und in angemessener Weise auf die derzeitige Situation. Im Laufe der Zeit haben Sie sich, ohne Ihr Zutun, ganz unmerklich verändert. Jetzt müssen Sie aktiv eine Veränderung herbeiführen. Sie müssen Ihre Prinzipien reformieren, ihnen frisches Leben einhauchen. Gemäß den neuen Tätigkeitsprinzipien, die Sie sich vorgenommen haben, müssen Sie nunmehr auch konkret tätig werden. Am Anfang steht die Umstrukturierung Ihres Lebens. Eine unbedingte Notwendigkeit für Sie, wenn auch eine riskante. Die Gefahr dabei:

Sorglosigkeit und Nachlässigkeit. Die durchgeführten Änderungen werden weitreichender Natur sein. Die Folgen einer ungeeigneten, gedankenlos durchgeführten Umwandlung können verheerend sein.

2 —o— Der Mann macht wieder fest und sicher,
was von seiner Mutter ruiniert worden ist.
Verfallen Sie nicht in Extreme.
wenn Sie Ihren Weg weitergehen.

Einige ganz spezifische, sehr schwerwiegende Fehler haben zu Ihrem Ruin geführt. Außer einer Veränderung Ihrer ganzen Anschauungsweise müssen Sie auch die Folgen der begangenen Fehler nach Möglichkeit wieder ausbügeln. Das benötigt Zeit und Geduld. Wenn Sie mit anderen Leuten zusammenarbeiten, müssen Sie deren Problemen und Schwierigkeiten Verständnis entgegenbringen und dürfen nicht zu befehlend und anspruchsvoll auftreten. Noch eine Zeitlang sind die Menschen geneigt, Ihnen zu mißtrauen – verständlicherweise.

3 —o— Der Mann bringt wieder in Ordnung,
was sein Vater ruiniert hat.
Teilweise schuldig.
aber keine größeren Fehler.

Das durch die erforderlichen Aktivitäten zur Stabilisierung der Dinge ausgelöste Durcheinander mag von anderen als störend empfunden werden. Bei Ihrer Eilfertigkeit werden Sie es nicht vermeiden können, einigen Leuten auf die Hühneraugen zu treten. Aber das erfolgreiche Ende Ihrer turbulenten Aktivität wird Ihre Gedankenlosigkeiten nachträglich rechtfertigen.

4 —x— Der Mann überschaut prüfend,
was sein Vater ruiniert hat.
Wenn Sie auf Ihrem eingeschlagenen Weg bleiben,
werden Sie es bereuen.

Ihre Lage hat gerade begonnen, sich zu verschlechtern; Ihre Schwierigkeiten haben gerade Gestalt angenommen. Sie sind aber von der Schwere der auf Sie zukommenden Dinge noch nicht überzeugt und können sich noch nicht zu jenen Veränderungen entschließen, zu denen dieses Hexagramm aufruft. Unglücklicherweise werden die Dinge sich noch bedeutend schlechter entwickelt haben, bevor Sie im buchstäblichen Sinne gezwungen sein werden, die erforderlichen Maßnahmen zu ergreifen.

5 —×— Der Mann bringt das von seinem Vater
Hinterlassene wieder in Ordnung.
Seine Tüchtigkeit, die er dabei zeigt,
bringt ihm Lob ein.

Ihre falsche Einstellung zu den Dingen und die Fehler, die Sie gemacht und die den Ruin herbeigeführt haben, liegen für die anderen Menschen, die gleich Ihnen in die Sache verwickelt sind, klar auf der Hand. Die Menschen geben Ihnen die Schuld, und das ist auch richtig. Seit sie wachsam Ihnen und Ihren Handlungen gegenüber sind, werden Ihre Reaktionen einen günstigeren Charakter annehmen, wird man Ihnen Erleichterungen gewähren und sogar Zustimmung entgegenbringen, wenn Sie sich ernsthaft bemühen, die gemachten Fehler nicht zu wiederholen oder sie wiedergutzumachen.

6 —⊖— Der Mann sieht nichts,
was in Ordnung gebracht werden müßte.
Er hält sich abseits
und pflegt nur seine eigene Spiritualität.

Sie legen wenig Wert auf die Situationen und die Dinge, die ruiniert worden sind. Versuchen Sie auch nicht, sich damit abzugeben. Beschränken Sie sich bewußt auf die Situationen und Bestrebungen, bei denen Konflikte zwischen Ihnen und anderen von vornherein ausgeschlossen sind.

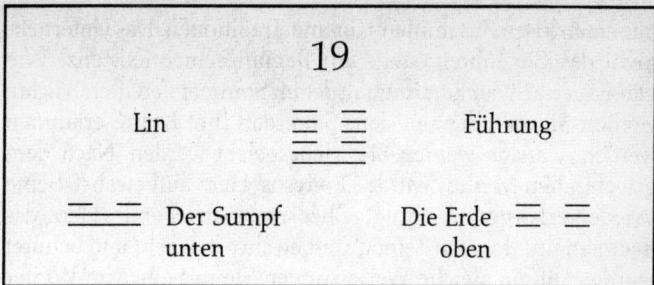

Orakel

Der Sumpf innerhalb der Erde.
Fruchtbarer Boden.
Der hervorragende Mann wird immer unterstützt,
hegt und pflegt auch immer andere.

Erfolg,
wenn Sie auf Ihrem Weg bleiben.
Unheilverkündend
für den achten Monat.

Deutung

Artha Irgend etwas, das rein zufällig Ihre gefaßten Pläne unterstützte, hat Ihnen Autorität über andere Menschen gegeben. Es kann sich um jene Art von Autorität handeln, die sich aus der Kontrolle der Vermögenswerte anderer wie von selbst ergibt, oder um jene Autorität, die aus der allgemeinen Anerkennung Ihrer Weisheit und Ehrbarkeit herrührt. Es kann auch eine von oben oder unten verliehene Autorität sein. Handeln Sie immer im vollen Bewußtsein Ihrer Kraft. Üben Sie sie väterlich, großzügig und freigebig aus. Der Zweck und Sinngehalt Ihrer Autoritätsausübung hat mit Erneuerung und Auffrischung zu tun, hat nur einen losen Zusammenhang mit Traditionen. Das Unternehmen, das Sie führen, steht am Beginn seiner Existenz. Wie Dionysus nach der Einbringung der im Sommer gereiften Früchte werden Sie »sterben« in dem Sinn, daß Ihre Kräfte erlahmen werden. Danach werden Sie wiederbelebt werden. Nach dem griechischen Mythos wurde Dionysos' Herz aufbewahrt. Seine Wiederverkörperung erfolgte über sein noch lebendes Herz, das in einem prunkvollen Tempel aufbewahrt, bewacht und behütet wurde. Auf die gleiche Weise können Sie mit einer im Winter vor sich gehenden Wiedereinsetzung auf einen Ehrenplatz rechnen – diesmal aber ohne Autorität.

Kama Sie beherrschen Ihren Partner, der sich wiederum Ihnen unterwirft. Das ist keineswegs neurotisch, denn Sie beide wissen über sich Bescheid und haben Ihre Freude daran. Diese Übereinkunft öffnet Ihnen Wege zu außerordentlichen Höhen der Leidenschaft und des Vergnügens. Doch Ihr Partner wird eher als Sie ermüden. Die sich daraus ergebenden Konflikte sind offensichtlich. Aus Liebe geschlossene Kompromisse werden aber schließlich zur Versöhnung führen. Es wird aber nicht mehr ganz das gleiche wie früher sein.

Moksha Sie haben Ihren eigenen Weg gefunden. Sie haben Offenbarungen erlebt. Ihre Auffassung vom Universum ist noch wechselhaft, noch zu schwankend. Jedes Erlebnis gleicht einer Tür in einen neuen Raum, und in jedem neuen Raum übernehmen Sie eine harmonische Rolle. Dies ist das Keimen, das Heranwachsen zu etwas ganz Neuem, das zur Blüte führen wird, ist eine natürliche, intellektuelle Gestaltwerdung, keine biologische. Es ist der Übergang von einer Gestalt zu einer anderen. Es dauert nicht lange, und nachdem alles vorbei ist, wird sich Ihre weitere spirituelle Entwicklung innerhalb der Grenzen Ihrer neuen, statischen Form vollziehen.

Die Linien

1 —◯— Er teilt die Verantwortlichkeit
mit dem Mann, der ihm folgt.
Günstig,
wenn Sie auf Ihrem Weg bleiben.

Sie haben sich dem Tempo der Zeit gut angepaßt. Alles das, was Ihr Gedankenleben ausmacht, findet sich bald in gleicher Weise auch in den Köpfen der anderen. Es schickt sich fast alles recht gut mit nur unbedeutenden Konflikten. Seien Sie aber vorsichtig und lassen Sie sich nicht zu sehr von momentanen Impulsen mitreißen.

2 —◯— Er teilt die Verantwortlichkeit mit
dem Mann, der ihm folgt.
Günstig.
Voranschreiten.
Verbesserung bei allem, was Sie tun.

Sie führen ein harmonisches und erfolgreiches Leben in der materiellen Welt, weil Sie gleichzeitig den erleuchtenden und demütigen Glauben an die vergängliche Natur aller irdischen Dinge haben.

3 —×— Er ist eifrig bestrebt zu handeln,
doch seine Betätigung wird nutzlos sein.
Sorgen und Befürchtungen,
aber keine Fehler.

Sie haben sich freigemacht von den Zwängen und Kummergedanken, denen andere noch unterworfen sind. Ihre leichtsinnige Haltung empfinden die andern als Anmaßung. Gleichen Sie das durch ein wenig Freundlichkeit und Zurückhaltung aus.

4 —×— Er verhält sich richtig.
Keine Fehler.

Sie leben in einer Atmosphäre von Ehrbarkeit und sympathischer Zusammenarbeit.

5 —×— Er verhält sich klug und weise
wie ein großer Chef.
Günstig.

Wenn Sie andere in Ihrem Lebenskreis mit hereinziehen, vergessen Sie nicht, daran zu denken, daß die andern auch Sie in ihr Leben mit eingeschlossen haben.

6 —×— Er handelt aufrichtig und ehrlich mit
Großzügigkeit.
Günstig.
Keine Fehler.

Sie haben sich in spiritueller Isolierung befunden. Sie sollten jetzt in das Getriebe der Welt zurückkehren und den andern Menschen das übermitteln, was Ihre Erleuchtung bewirkt hat.

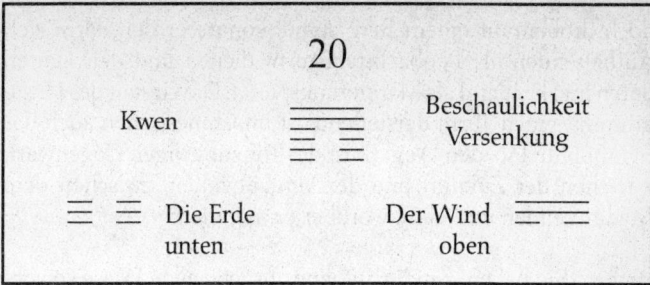

Orakel

Der Wind weht über die Erde.
Die alten Könige stimmten ihre Anordnungen ab
mit den Bräuchen der verschiedenen Regionen.
Der Anbeter hat seine Hände gewaschen,
hat aber noch nicht das Opfer dargebracht.

Bleiben Sie auf Ihrem Weg,
und zwar mit einem würdevollen Benehmen,
das Respekt erheischt.

Deutung

(Anmerkung. Eine kleine Veränderung im Tonfall gibt im Chinesischen dem Wort Kwen eine doppelte Bedeutung: Nachsinnen, meditieren und zur Schau stellen. Dadurch bezieht sich das Hexagramm sowohl auf den Meditierenden als auch auf das, worüber meditiert wird. Es bedeutet aber nicht etwa entweder das eine oder das andere, sondern das Hexagramm ist allumfassend. Die Gestalt des Hexagramms an sich hat eine angemessen ergänzende Bedeutung [worauf auch Richard Wilhelm in seiner Übersetzung hinweist], da seine Form an einen Turm erinnert, wie ihn die alten Chinesen kannten. Wenn ein solcher Turm hoch droben auf einem Berg stand, konnte er den darin sich Aufhaltenden als Beobachtungsturm dienen und den Leuten unten im Flachland als Markierungspunkt. Die Gestalt des Hexagramms, einen Turm darstellend, ist im Chinesischen auch das Symbol für Tao, den Weg: Es ist das Tor zur ewigen Gegenwart, zwischen der Zukunft und der Vergangenheit, zwischen dem Meditierenden und dem, worüber er meditiert.

Artha Sie haben ständig auf eine ausgewogene Weise sowohl mit der Vergangenheit als auch mit der Zukunft zu tun. Sie leben voll in der Gegenwart, nicht wie ein Heiliger, befreit von den Illusionen der Zeit, aber doch fähig, die Illusionen der Vergangenheit und Zukunft in der korrekten Perspektive zu sehen. Sie verlassen sich nicht allzu sehr auf Erfahrungen, noch geben Sie sich gedanklich zu sehr mit der Vergangenheit ab. Sie sind immer auf etwaige Veränderungen vorbereitet, und Unvorhergesehenes überrascht Sie nicht sonderlich. Sie sind sich klar über die Richtung, die Sie zu gehen haben und wissen Bescheid über bestimmte Ziele, Wünsche und Erwartungen, betrachten diese aber durchaus realistisch, wohl wissend, daß die Realitäten niemals mit den idealen Vorstellungen voll übereinstimmen. Weder die Vergangenheit noch die Zukunft sind so bedeutungsvoll für Sie wie die Gegenwart. Sie bewegen sich frei, nicht gehemmt von Zeitbegriffen. Sie haben Ähnlichkeit mit dem Symbol, das von den Trigrammen abgeleitet wurde: dem über die Erde wehenden Wind. Sie sind ein ständig Reisender – aber weder auf der Jagd nach etwas, noch auf der Flucht vor etwas. Sie reisen umher, weil Sie nicht an feste Gegebenheiten und Gewohnheiten gebunden sind, sich nicht von Befürchtungen und Bedenken stören lassen und sich nicht von irgendwelchen strategischen Plänen einschränken lassen. Wenn Sie kein Reisender im geographischen Sinne sind, sind Sie es in dem Sinne, daß Sie von einem Erlebnis zum anderen eilen. Ihr ausgeglichener Charakter hat als ideales Beispiel einen guten Einfluß auf diejenigen, die noch dem Karma von Vergangenheit und Zukunft verhaftet sind.

Kama   Sie haben ein gut ausgeglichenes Verhältnis zu Ihrem Partner. Egoistische und selbstlose, herrschende und folgsame, aggressive und passive Impulse erregen Sie nur leicht, Sie durchschauen alle diese Impulse klar und deutlich aus der passenden Perspektive. Die Folge ist – vom Standpunkt Ihres Partners aus –, daß Sie eine wundervolle Verständnisbereitschaft haben, sowohl was die Erfüllung der Wünsche Ihres Partners angeht als auch in bezug auf das, womit Ihr Partner Sie erfreuen möchte.

Moksha   Es liegt in ihrem Tao, daß Sie durch meditative Versenkung in die Bedeutung dieses Hexagramms Erleuchtung erlangen.

Die Linien

1   —×—   Er schaut auf die Dinge
wie ein barfüßiger Junge.
Ohne Tadel,
wenn Sie klein bleiben;
wenn Sie groß sind,
werden Sie es bereuen.

Ihre ausgeglichene meditative Betrachtungsweise der Vergangenheit und Zukunft wird etwas negativ beeinflußt von Ihrer Neigung zum Phantasieren, die sich in beiden Richtungen bemerkbar macht. Wenn Sie eine Position bekleiden, wo Sie für andere Vorbild sein müssen, wird dieses Phantasieren manche Schwierigkeiten und Aufregungen nach sich ziehen. Andernfalls ist es ziemlich bedeutungslos.

2   —×—   Sie guckt verstohlen hinter der
Tür hervor.
Bleiben Sie auf Ihrem Weg, wenn Sie Yin sind.

Sie haben einen ausgeglichenen Gesichtspunkt in bezug auf die Bewertung der Vergangenheit und der Zukunft, der aber gleichwohl ziemlich eng und begrenzt ist. Wenn Sie mit einem eingeschränkten und einfachen Leben zufrieden sind, wird Ihnen das gut bekommen. Wenn Sie sich aber zur Führung eines umfassenden, vollen, ausgesprochen aktiven Lebens entschlossen haben, wird Ihnen die Enge Ihres Fühlens und Denkens hinderlich sein.

3 —×— Er überprüft sein eigenes Leben und wählt dementsprechend den Fortschritt oder den Rückzug.

Treten Sie aus sich selbst heraus und blicken Sie von dort aus auf Ihr Leben. Nehmen Sie Ihr vergangenes Leben objektiv unter die Lupe, so wie es ein unwissender Fremder tun würde, prüfen und bewerten Sie Ihre Ideale, Wünsche und Hoffnungen, wie es ein völlig objektiver Fachberater tun würde, den Sie deshalb konsultieren. Dann werden Sie die richtige Entscheidung treffen.

4 —×— Er unterzieht die Aufgaben der Politik einer Prüfung.
Er sollte versuchen, den Gesetzgeber kennenzulernen.

Ihre ausgeglichene Betrachtungsweise der Vergangenheit und Zukunft hat Ihnen ganz spezielle Einsichten in die sozialen Prozesse vermittelt. Mit diesem Talent sollten Sie sich bemühen, eine einflußreiche soziale oder politische Position zu erringen.

5 —O— Er überprüft sein eigenes Leben.
Keine Fehler.

Ihre Gedanken sind nach innen gerichtet. Sie sehen die Vergangenheit und die Zukunft im Gleichgewicht, aber lediglich als eine Widerspiegelung Ihres eigenen Denkens. Für einen Menschen ohne alle Illusionen, der sich über seine eigenen Absurditäten völlig im klaren ist, ist diese Haltung durchaus in Ordnung. Für einen Menschen ohne Humor jedoch, der sich noch Illusionen über sich selbst hingibt, ist diese Einstellung schlecht. Sie macht seine Lebensrealität gefährlich und ist auf die alltäglichen Geschehnisse nicht anwendbar.

6 —⊖— Er meditiert über seinen Charakter
und beurteilt sich selbst.
Keine Fehler.

Ihre Gedanken sind nach außen gerichtet. Sie sehen die Vergangenheit und die Zukunft als gleichgewichtig, aber wie aus der Ferne, als nicht reale Archetypen, etwa in der Art von Kunstwerken oder als Ausstrahlungen eines fernen Gottes, zu dem Sie keinerlei Beziehungen haben. Sie ziehen nicht die Auswirkungen in Betracht, die Sie aus der Vergangenheit immer noch beeinflussen. Sie erkennen nicht Ihre Funktion als Verursacher dessen, was in Zukunft geschehen wird. Für einen Menschen ohne Illusionen, der sich über seine eigene Absurdität im klaren ist, ist diese Haltung in Ordnung. Für einen Menschen ohne Humor aber, der sich immer noch Illusionen über sich selbst hingibt, ist diese Einstellung sehr schlecht. Sie macht seine Lebensrealität gefährlich und ist auf die alltäglichen Geschehnisse um ihn herum nicht anzuwenden.

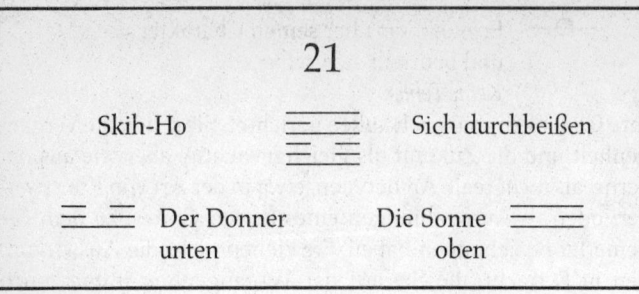

Orakel

Die Zähne des Blitzes
beleuchten die Majestät des Donners.
Durch das Anpassen des Strafmaßes
an die Art des Vergehens haben die
alten Könige ihre Gesetze verständlich gemacht.

Erfolg.
Folgen Sie dem gesetzlich vorgeschriebenen Kurs.

Deutung

Artha Jemand hat Ihnen unrecht getan; jemand handelt unaufrichtig Ihnen gegenüber, vielleicht sogar kriminell. Es könnte sich um eine heuchlerische Irreführung hinsichtlich einer sehr wichtigen persönlichen Beziehung handeln, vielleicht um ein an Ihnen begangenes hochstaplerisches Verbrechen seitens eines Käufers oder Verkäufers, eventuell sogar um eine illegale Benachteiligung oder Verleumdung bei einer Regierungsperson mit hoher Autorität. Sie müssen die Vorteile der gesetzlichen Regelungen und Bestimmungen in Anspruch nehmen, den Schutz Ihres mächtigen sozialen Systems, zu dem Sie gehören. Sie haben das garantierte Recht, eine polizeiliche Aktion gegen irgend etwas oder irgend jemanden zu fordern, wenn Ihre legalen Rechte verletzt oder unterdrückt werden. Wenn die ehrlosen Handlungen auf einer mehr persönlichen Ebene stattfinden, dann brechen Sie die Beziehungen zu den Betreffenden ein für allemal ab. Seien Sie aber vorsichtig, tun Sie nichts aus bloßem Vergeltungsdrang heraus, lassen Sie sich nicht zu Handlungen hinreißen, die Sie später bereuen müßten. Alles was Sie tun, tun Sie offen und aufrichtig, entweder gemäß dem Buchstaben des Gesetzes oder gemäß den Prinzipien Ihres persönlichen Ehrenkodex. Wenn die Gesetze zu unklar sind und ihre Durchsetzung der Willkür unterliegt, wird das gesamte soziale Gebäude erschüttert und kann auseinanderbrechen. Das ist auch so in Ihrer persönlichen Lebensführung. Wenn Ihre eigenen Handlungsprinzipien verschwommen und schwankend sind, neigen Sie dazu, widersprüchliche Situationen zu tolerieren.

Kama Sie benehmen sich oder Ihr Partner oder eine dritte Person benimmt sich anderen gegenüber absichtlich unkorrekt, dadurch Kummer und Leid verursachend. Wenn Sie der Urheber sind, müssen Sie damit Schluß machen. Wenn Sie Ihrem Partner nicht mit Offenheit und Ehrlichkeit gegenübertreten können, brechen Sie besser die Verbindung mit ihm ab. Ist Ihr Partner der Schuldige, müssen Sie herausfinden, worin die Irreführung besteht, und dann Ihren Partner zur Rede stellen. Wenn Ihr Partner nicht freimütig und liebevoll darauf reagiert, müssen Sie die Beziehungen zu ihm abbrechen. Geht die ganze Sache aber von einer dritten Person aus, ist deren unredliches Verhalten Ihnen und Ihrem Partner gegenüber ein bewußt angelegter Wunsch, Ihre Beziehungen zueinander zu zerstören.

Moksha Was Sie von Ihrem spirituellen Leben wahrnehmen, ist ein Schleier, eine Tarnung. Irgend jemand – vielleicht sogar Sie selbst – ist dabei, Sie in bezug auf die Natur Ihres spirituellen Weges zu täuschen. Es mag sein, daß Sie sich selbst für eng verbunden mit dem Ewigen All-Einen halten, während in Wirklichkeit eine grundlegende Unaufrichtigkeit Sie an das Rad des

Karma fesselt. Möglicherweise täuschen Sie sich selbst, indem Sie mit religiösen, frommen Argumenten Ihre Drogensucht, Ihre Zügellosigkeit und Habgier zu entschuldigen versuchen. Die Selbsttäuschung könnte auch darin bestehen, daß Sie Ihr irrtümliches Festhalten an Ihrer Meinung als eine Antwort auf das göttliche Charisma betrachten; oder es können Rituale sein, die, zur Gewohnheit geworden, Ihre Bemühungen in Richtung der Transzendenz untergraben.

Die Linien

1 —O— Seine Füße sind »in Reparatur«;
er verliert seine Zehen.
Keine Fehler.

Der Betrugsversuch an Ihnen hat sich noch nicht so weit entwickelt, daß man ihn als ernsthaft und nicht wieder gutzumachen bezeichnen könnte. Wenn Sie sofort dagegen vorgehen, ist eine friedliche Klärung der Angelegenheit noch möglich.

2 —x— Der Mann beißt durch weiches Fleisch.
Er verliert seine Nase.
Keine Fehler.

Das Unrecht, das man Ihnen zugefügt hat, ist derart offensichtlich und lautstark, daß es eine Überreaktion bei Ihnen auslösen könnte. Was zur Folge hätte, daß es die Täter sehr hart trifft. Ihr Zorn ist gerechtfertigt.

3 —x— Der Mann beißt durch trockenes Fleisch.
Sie begegnen unerwartet etwas Gräßlichem.
Ein bißchen weniger Reue und Bedauern.
Keine größeren Fehler.

Zeit ist etwas sehr Wichtiges. Sie können es sich nicht leisten, die von den üblichen Verbindungswegen und -möglichkeiten geforderten Zeitspannen außer acht zu lassen. Sie haben mehr Autorität an sich gerissen, als Sie in Wirklichkeit haben. Im entscheidenden Moment der Kraftprobe werden Sie energielos und verlegen dastehen. Sie werden dennoch nicht als der Schuldige bezeichnet werden. Die Tatsache, daß eine Notlage vorgelegen hat, macht Ihre Handlungsweise entschuldbar.

4 —o— Der Mann beißt durch trockenes Fleisch
bis auf die Knochen.
Geld und Waffen sind ihm verpflichtet.
*Günstig, wenn Sie auf Ihrem Weg bleiben
und die Schwierigkeiten erkennen.*

Ihr Peiniger hat gewaltige Kräfte. Bleiben Sie hart, unnachgiebig, eisern – und seien Sie auf der Hut. Zum Schluß werden Sie der Sieger sein.

5 —×— Der Mann beißt durch trockenes Fleisch.
Er trifft unvorhergesehen auf Gold.
*Bleiben Sie auf Ihrem Weg
und schätzen Sie die Risiken richtig ein.
Keine Fehler.*

Sie haben eine großzügige Natur und neigen dazu, Übeltätern gegenüber nachsichtig zu sein. Ob aufgrund gesetzlicher Vorschriften oder gemäß Ihren eigenen Prinzipien – die Durchführung bestimmter harter Maßnahmen ist unvermeidbar. Lassen Sie sich von Ihrer vergebungswilligen Natur nicht davon abbringen. Eine nicht konsequente Anwendung von Gesetzen in Form legaler Maßnahmen unterminiert das gesamte soziale Netz, macht die Prinzipien in persönlichen Angelegenheiten schwankend und dehnbar und untergräbt die Stabilität Ihres Lebensweges. Durch das Ansichreißen einer Rolle in der Gesellschaft und Vorgeben eines persönlichen Ethos haben Sie gewisse eingeschränkte Verantwortungen übernommen.

6 —o— Der Mann trägt ein Joch.
Er verliert seine Augen.
Unheilverkündend.

Wer auch der Feind ist – er ist unbelehrbar und eigenwillig und widerspenstig. Das könnten Sie selbst sein.

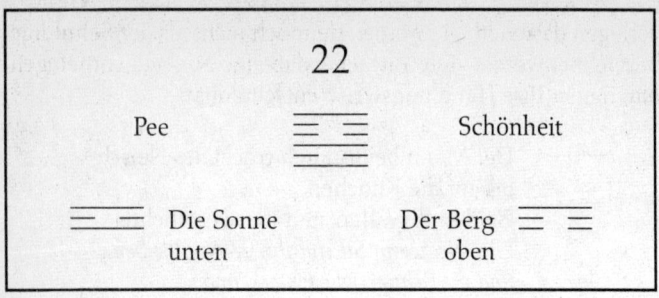

Orakel

Ein Feuer brennt am Fuße des Berges.
Der hervorragende Mann ist ein ausgezeichneter Verwalter,
wagt es aber nicht, sich als Richter zu betätigen.

Bleiben Sie auf Ihrem Weg,
lassen Sie sich aber nicht von ihm überwältigen.

Deutung

Artha   Sie sind ein Künstler. Sie haben die Fähigkeit, Formen und Muster von universeller Bedeutung zu entdecken und als Zeichnungen und Skizzen zu Papier zu bringen. Ihre Arbeit hängt mit der Arbeit anderer durch die allen verständliche Universalität der Formen zusammen, das heißt durch die Schönheit. Außer den schaffenden Künstlern gibt es noch andere, deren Lebensführung in gewisser Weise als schön bezeichnet werden kann. Diese stehen mit anderen Menschen durch ihre transzendenten Eigenschaften, durch die Universalität einiger Aspekte ihres Lebens in Kontakt. Die übliche, weltweit akzeptierte Ansicht, daß das Werk eines Künstlers im »Selbstausdruck« bestehe, ist irrig. In Ihrer Arbeit, in Ihrem Alltagsleben können Sie alles mögliche zum Ausdruck bringen: Ihre Hoffnungen, Befürchtungen, Ihren Stolz, Ihre Beschämung, Ihre politischen Meinungen, Ihre psychologischen Theorien, eine physische Tatsache. Sie können bei all diesen Kommunikationen mehr oder weniger erfolgreich sein. Was Sie aber– ganz gleich in welcher Beziehung– als Künstler zum Ausdruck bringen, hängt zusammen mit verschiedenen Stufen des Erfolges, ist lediglich ein Mittel für jenen Ausdruck der Schönheit, der mit Ihrer persönlichen Ansicht wenig zu tun hat. In dem, was Sie zum Ausdruck bringen, ist etwas Universelles enthalten, was andere unmittelbar anspricht – klar, direkt, nicht im übertragenen Sinne, sondern einmalig und nicht übertragbar. Wie das Sprichwort sagt, wird der Künstler oft mißverstanden. Ihre Kunst ist nicht Inhalt Ihrer Lebensarbeit, sondern deren Form. Die Schönheit der Isadora Duncan zum Beispiel ist das, was ihr Leben als Ganzes ausmacht, nicht dessen Inhalt im einzelnen. Ihre Lebensgeschichte ist wahrhaft ergreifend, ist ein graziöses Hin- und Herflattern zwischen Vergnügen und Tragödie. Eine Nachahmung von ihr in einer Tanzpose kann entweder Kopfschütteln oder Kichern bei den Betrachtern auslösen oder auch ein Gefühl der Ehrfurcht. Die Tanztheorien und die Tanzausbildungstheorie, die die bewundernswerteste Leistung in ihrem Leben darstellen, sind den meisten Menschen unbekannt. Sie benehmen sich anderen gegenüber irgendwie in einer Weise, die gar nicht in Ihrer Absicht liegt. Es mag sein, daß eine Tätigkeit von Ihnen, die Sie selbst als gewöhnlich und völlig natürlich betrachten, anderen Menschen als ein Musterbeispiel menschlicher Leistungsfähigkeit vorkommt, ja als eine Widerspiegelung der universellen Wahrheit – eben als ein Kunstwerk. Unternehmen Sie nichts, was Sie selbst ausdrücklich für bedeutend, ernst und schwerwiegend halten. Handlungen dieser Art würden unweigerlich von anderen mißverstanden werden. Halten Sie sich aber dennoch bei der Erledigung der kleinen Dinge des Alltags nicht zurück.

Kama Ihre Beziehung zu Ihrem Partner beruht auf Schönheit, die jeder am anderen wahrnimmt. Es besteht zwischen Ihnen ein besonderes gegenseitiges Verhältnis, eine Art »ästhetischer Äther«, der das, was jeder von sich selbst hält und empfindet, gleichsam in ein für den anderen bedeutungsvolles Symbol umwandelt. Sie verehren die physische Gestalt Ihres Partners oder genießen die Form, in der Ihr Partner zu Ihnen in Beziehung tritt (was im Gegensatz zu seinem Inneren steht), oder Sie erfreuen sich an der Art Ihrer sexuellen Vereinigung oder an dem Reiz der Spannung zwischen Ihnen. Wenn diese ästhetische Wertschätzung auf Gegenseitigkeit beruht und wenn die Beziehungen sich ausschließlich auf dieser Ebene abspielen, werden Sie ein guter, heiterer und angenehmer Kamerad sein. Aber wenn die ästhetische Würdigung nur einseitig ist, dann wird jeder von Ihnen sich benachteiligt und falsch verstanden fühlen.

Moksha   »Konfuzius war es gar nicht recht, als er eines Tages bei Befragung des I Ging-Orakels das Hexagramm der Schönheit und Anmut erhielt.« (*The I Ging,* übersetzt von Wilhelm/Baynes.) Wilhelm meint dazu, er vermute, daß der Grund von Konfuzius' Mißbehagen in der Kurzlebigkeit, der schnellen Wechselhaftigkeit des Zustandes der Heiterkeit und Seelenruhe zu suchen sei. Genauer gesagt dürfte es wohl Konfuzius' Erkenntnis gewesen sein, daß seine Lehren ihre Wirkung auf das Volk nicht durch die Wahrheit seiner Worte erzielten, sondern durch ihre Formulierung. Sein Leben erzielte die Überzeugungskraft durch seinen inneren Frieden, nicht durch seine Taten. Seine Lehren gewannen ihre Breitenwirkung durch ihre Gefühlsstärke und ihre Klarheit, nicht durch den beabsichtigten Sinn und Zweck. Das familienbezogene religiöse System, das er formulierte, wirkte auf das Volk nicht durch die Kraft der göttlichen Inspiration, die Konfuzius erfüllt hatte, sondern durch die im System enthaltene Logik, Ordnung, Umsicht und allgemeine Verwendbarkeit. Auf ästhetische Weise inspirativ empfangene religiöse Erfahrungen in Form eines Gesetzes oder eines Gebotes können nicht auf andere Menschen übertragen werden, wenn das ästhetische Erlebnis sein Ende gefunden hat. Es war die Kurzlebigkeit der wunderbaren Offenbarungen, die Konfuzius' Mißbilligung hervorrief. Wenn das in bezug auf Konfuzius angeführte Beispiel auf Sie nicht anwendbar sein sollte, dann vielleicht das Beispiel, das seine Anhänger und Nachfolger betrifft. Was Sie als ein spirituelles Erlebnis betrachten, ist seinem Wesen nach ein ästhetisches Erlebnis. Der Erlebniswert kann allerdings der gleiche sein, was den eigentlichen Unterschied ausmacht, ist die Quelle Ihrer ekstatischen Reaktion. Dies ist die Schönheit des Rituals oder die Schönheit des Ausdrucks der Lehren oder die Schönheit des zugrunde liegenden Mythos, der Sie ergreift, nicht eine einzelne strahlende Offenbarung auf dem von Ihnen gewählten Weg. Wenn Sie das nicht zu erkennen vermögen, besteht die Gefahr, daß schließlich Ihre Illusionen in sich zusammenfallen.

Die Linien

1 —O— Er schmückt seine Füße
und kann sein Gefährt wegschicken
und zu Fuß gehen.
Es ist die einfache und natürliche Eigenart Ihres Lebens, daß es von anderen Menschen in ganz spezieller Weise geschätzt und gewürdigt wird. Wenn Sie es darauf anlegen, zweck- und zielbestimmt, stur und eigenwillig zu erscheinen, würden Sie das Wohlwollen Ihrer Freunde und Kollegen verlieren. Alle Ihre Hoffnungen und Wünsche werden auf ganz natürliche Weise Gestalt annehmen, wenn Sie Ihrem Leben seinen bewundernswert mühelosen Lauf nehmen lassen.

2 —×— Er bringt seinen Bart in Ordnung.
Sie glauben erkannt zu haben, was dasjenige in Ihnen ist, was die Menschen ästhetisch ansprechend finden, und Sie haben versucht, dieses »gewisse Etwas« zu verfeiern, zu kultivieren. Natürlich wird dadurch die Form zerstört, die bis jetzt so angenehm gewirkt hat, weil sie eine ungewollte, unbewußt vorhandene und in Erscheinung getretene Eigenschaft war. Ihr Selbstbewußtsein, das Sie Ihrem persönlichen Benehmen aufzwingen, ist für andere bedeutungslos. Einbildung, nichts als Einbildung.

3 —o— Er ist elegant und wird bevorzugt.
Günstig,
wenn Sie auf Ihrem Weg bleiben.
Sie führen ein vergnügtes Leben. Wenn Sie es akzeptieren, ohne Gewinnstreben und Sorgen um die Zukunft, werden Sie auch weiterhin so glücklich leben können. Wenn Sie sich aber bewußt dafür einsetzen, es aufrechtzuerhalten, werden Unglück und Enttäuschung die Folge sein.

4 —x— Er ist elegant; alles in Weiß.
Auf einem Pferd mit weißen Flügeln
sucht er Vereinigung,
Nicht einen Räuber vorausschickend,
sondern einen selbstlosen Bittsteller.
Die Schönheit, die Sie schaffen, macht Sie anderen lieb und wert. Sie werden von anderen sehr geschätzt. Sie verfügen über eine gewisse geistige Strahlkraft, die Ihnen soziale Anerkennung einbringt. Sie verstehen es, diese Eigenschaft zu entwickeln und wissen, wie Sie Ihre Vorteile in selbstloser Weise einzusetzen haben. Sie fühlen, daß Sie, wenn Sie weiterhin Erfolg auf sozialem Gebiet anstreben, sich selbst verlieren könnten, ebenso Ihre Freiheit. Es ist eine Tatsache, daß in Ihnen ein Gefühl auftaucht, das auf die Gültigkeit Ihrer Zweifel hinweist, auf die sich daraus ergebende Schlußfolgerung, die Ihnen sagt, daß Sie sich von der achtbaren sozialen Stellung in ein Leben der Einfachheit und Wärme zurückziehen müssen, in dem Sie von wenigen engen Freunden umgeben sind, mit denen Sie in Freundschaft und Liebe verbunden sind.

5 —x— Er ist elegant unter jenen Leuten,
die auf Hügeln wohnen und Gärten haben.
Die Rolle von Seide, die er trägt, ist klein und dünn.
Obgleich Sie den Eindruck der Knausrigkeit erwecken,
wird das Ende günstig für Sie sein.
Enttäuscht und ernüchtert von Ihrer bisherigen Umgebung, ab-

gestoßen von deren materialistischen und egoistischen Ideologie, sind Sie im Begriff, aus diesem Milieu auszubrechen und in eine neue gesellschaftliche Sphäre vorzustoßen, in einen neuen Lebenskreis, dessen Grundsätze Ihnen sympathischer sind. Da Sie aber noch nicht vertraut sind mit den Symbolen und Gepflogenheiten jener Leute, denen Sie sich anschließen möchten, haben Sie Schwierigkeiten bei der Kontaktherstellung. Aber die Einfühlungsbereitschaft zwischen Ihnen und jenen, deren Gemeinschaft Sie suchen, wird schließlich, wenn auch langsam, zur Aufnahme in deren Kreise führen.

6 —⊖— Er kleidet sich nur in Weiß.
Keine Fehler.
Bei dem, was Sie tun, besteht kein Unterschied im Hinblick auf Form und Inhalt. Gleich dem Leben des Heiligen Franziskus oder der prompten Antwort in Gestalt eines Koans von einem Mönch im Satorizustand sind die Schönheit der Form und die Offenbarung des Sinngehaltes identisch. Das Grundelement bei dieser Übereinstimmung ist die Einfachheit, eine Vereinigung von Denken und Tun. Künstlerische Genialität. Glück.

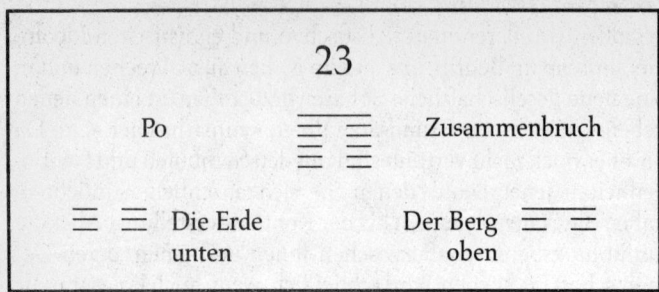

Orakel

Der Berg ruht auf der Erde.
Der hervorragende Mann verstärkt seine Bemühungen,
um seine Position aufrechtzuerhalten.

Unternehmen Sie nichts, was es auch sei.

Deutung

Artha Sie sind aus dem Gleichgewicht geraten. Die in Ihrem Leben vorherrschenden Kräfte wirken von außen auf Sie ein, stellen Sie von mehreren Seiten her unter Druck. Sie sind erdverbunden, materialistisch, sich aus sich selbst erneuernd. Alle Ihre Vorstellungskräfte, Ihre spirituellen, unabhängigen Energien, die Sie besitzen, werden von Tag zu Tag schwächer und schwächer. Das Bild des Berges auf der Erde symbolisiert die exakte Entsprechung zu Ihrer Situation: absolute Unbeweglichkeit. Gehen Sie nirgendwohin, tun Sie nichts. Nur wenn Sie andere bei der Durchführung ihrer materialistischen Ziele unterstützen können, dient das der Aufrechterhaltung Ihrer eigenen Situation.

Kama Mißklänge, verursacht durch konfliktgeladene egoistische Wünsche, haben Sie und Ihren Partner zu jenem Punkt gebracht, der Trennung bedeutet. Nur wenn Sie Ihre Gefühle und Ihre Erwartungen unterdrücken, besteht eine gewisse Möglichkeit, daß Sie die Verbindung weiterführen können.

Moksha Ihr spiritueller Pfad ist überwachsen vom Unkraut schlechten Karmas. Ihre Rituale, Opfer, Meditationen und Offenbarungen sind vermischt mit nicht-spirituellen Wünschen und materialistischen Idealen. Machen Sie Schluß mit diesen spirituellen Praktiken. Wenn Sie das tun, besteht die Chance, daß Sie Ihre egoistischen Bedürfnisse loswerden können, die sich von Ihren spirituellen Praktiken nähren.

Die Linien

1 —×— Das Ruhebett ist umgestürzt,
indem man ihm die Beine abgehackt hat.
Unheilverkündend.
Zerstörung,
wenn Sie Ihren Weg weiterhin so fortsetzen.

Wenn Sie sich bewegen oder aktiv handeln, werden Sie fallen und zum Opfer jener Kräfte werden, die Sie zu überwältigen drohen. Wenn Sie nichts tun, wie es das Orakel empfiehlt, werden Sie immer noch das Opfer dieser selbstsüchtigen Kräfte werden, weil Sie für diese Kräfte erreichbar und wehrlos sind. Sie sind verdammt, wenn Sie etwas tun, und verdammt, wenn Sie nichts tun.

2 —×— Das Ruhebett ist umgestürzt,
indem man sein Rahmengestell zerhackt hat.
Unheilverkündend.
Zerstörung,
wenn Sie Ihren Weg weiterhin so fortsetzen.

Sie haben versucht, aus der hoffnungslosen Lage, die von der ersten beweglichen Linie des Orakels angezeigt ist, herauszukommen. Sie haben sich dazu entschlossen, langsam und bedächtig voranzugehen, um die auf Sie zukommende Bedrohung zu vermeiden. Sie haben Ihr Gleichgewicht verloren und sind im Begriff, hinzufallen.

3 —×— Er befindet sich unter denen,
die das Ruhelager umwerfen.
Keine Fehler.

Sie erkennen die Gewalt der Kräfte, die Sie bedrohen, und Sie sind bereit, mit ihnen Kompromisse zu schließen. In Anbetracht der großen Schwierigkeiten, in denen Sie stecken, ist es zu entschuldigen, wenn Sie diesen versöhnlichen und entspannenden Weg wählen.

4 —×— Er kippt das Ruhebett um
und verprügelt den Mann, der darauf gelegen hat.
Unheilverkündend.

Totale Niederlage.

5 —×— Er führt andere an der Leine
wie einen Fisch an der Angelschnur.
und er erreicht für sie Vorteile, wie sie üblicherweise dem königlichen Haushalt vorbehalten sind.
*Verbesserung
in jeder Hinsicht.*

Sie handeln raubgierig und materialistisch. Wenn es Ihr Schicksal will, wird sich Ihr Charakter verbessern.

6 —⊖— Er ist gleich einer großen Frucht,
noch nicht aufgegessen.
Der Mann findet die Menschen,
die ihn wie auf einem Triumphwagen fahren.
Kleinere Menschen stellen ihre eigene Wohnung auf den Kopf.

Da gibt es nichts Endgültiges in Ihrer Lage. Wenn Sie auch aus dem Gleichgewicht geraten sind und Ihre ganze Lebensweise Schiffbruch erlitten hat – es ist noch mehr im Kommen. Das nächste zu erwartende Ereignis ist die »Frucht« des Orakels für diese Linie. Es ist eine »große Frucht«, weil Ihr Sturz so bedeutungsschwer war und so viele Veränderungen nach sich gezogen hat. Öffnen Sie sich dem Neuen, klammern Sie sich nicht vergeblich an die Ideale der Vergangenheit. Sie können inmitten des Zusammenbruchs durchaus ein Fahrzeug finden, das Sie in ein neues Leben tragen kann. Wenn Sie sich aber von den Idealen und Träumen der Vergangenheit nicht lösen können, wird die einzige Frucht Ihres Ruins im Unglücklichsein bestehen.

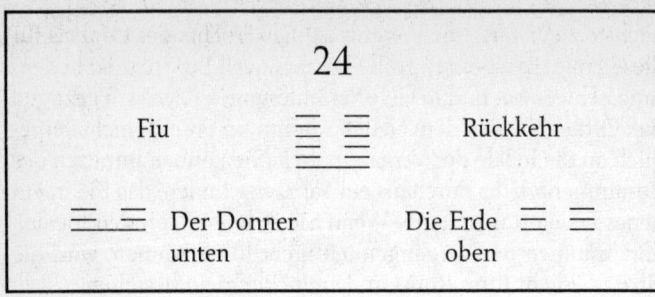

Orakel

Donner innerhalb der Erde.
Zur Wintersonnenwende
schlossen die alten Könige die Grenzen,
zwangen die Geschäftsleute, eine Pause einzulegen,
und die Inspektoren, Urlaub zu machen.
Der Mann kommt und geht nach Belieben,
er ist nicht im Irrtum.
In sieben Tagen kehrt er zurück,
und seine Freunde kommen, ihn zu begrüßen.

Verbesserung, was Sie auch tun.

Deutung

Anmerkung. Die Wintersonnenwende war bei den alten Chinesen eine Zeit der Ruhe. Der Donner des Frühlings liegt noch in der Kälte der Erde im Schlaf. Es ist der eigentliche wahre Beginn der jährlichen Wachstumsperiode. Es ist die jährliche Wende zum Besseren – nicht wahrnehmbar, natürlich, unwiderruflich.

Artha Sie haben den Tiefpunkt einer tatenlosen, stagnierenden Situation hinter sich. Verbesserung wird jetzt auf ganz natürliche Weise gemäß den kosmischen Rhythmen und Strömungen einsetzen, gerade jetzt, da die Yang-Linie an den untersten Platz im Hexagramm getreten ist und durch ihre Harmonie die gesamten Bewegungen der Linien von unten bis oben beeinflußt. Wie andere Menschen auch werden Sie eine Schicksalsveränderung erleben, eine Wende zum Besseren. Dies wird eintreten, ohne daß irgend jemand sie willentlich geplant oder arrangiert hat. Diese Wende geschieht voll und ganz aus sich selbst heraus, langsam zu der ihr gemäßen Zeit, auf die ihr eigene ruhige Weise. Nach und nach werden Sie feststellen, daß Ihr Leben ereignisreicher wird. Weil alle die Linien, die von der Yang-Linie aus erreicht werden, empfindliche Yin-Linien sind, stößt die Yang-Linie bei ihrer Wanderung nach oben auf keinerlei Widerstand. Aus dem gleichen Grund werden die neuen Kräfte, die in Ihr Leben einfließen, erfrischend anders und vitaler als vorher sein, werden keinerlei Konflikte und keine belastenden, komplizierten Verhältnisse mit sich bringen, keinerlei Unannehmlichkeiten für irgendwelche Menschen. Sie werden offenen Herzens willkommen geheißen. Der allgemeine Enthusiasmus für diese Veränderungen wird aus völlig Fremden Bekannte machen und aus Bekannten Freunde. Bemühen Sie sich nicht, diese Veränderungsvorgänge zu beschleunigen. Sie müssen ihnen erlauben, sich auf ihre schicksalhafte Art langsam und bedächtig zu entwickeln. Diese Kräfte willentlich anzutreiben, wäre ebenso unsinnig, wie die noch gefrorene Erde über dem noch schlafenden Samen aufzureißen.

Kama Dieses Hexagramm deutet auf einen neuen Antrieb bezüglich einer bereits bestehenden, alten Beziehung. Im natürlichen Verlauf der Zeit hat das Verhältnis zu Ihrem Partner eine auf Gegenseitigkeit beruhende passive, nicht mehr so stark gefühlsbetonte Note angenommen. Durch diese ganze Abschalt-Periode hindurch, während der die Leidenschaften stagnieren, sind Sie gelassen und entspannt geblieben, haben sich auch keine Sorgen gemacht. Sie haben einfach den Lauf der Dinge so hingenommen, wie er nun mal ist. Sie haben ein Stadium der gelassenen, dennoch liebevollen Empfänglichkeit erreicht, in dem Sie völlig natürlich und in gesunder Art und Weise auf das neue Erblühen Ihrer Liebe warten.

Moksha Sie haben auf Ihrem spirituellen Pfad eine Wende zum Besseren erreicht. Sie spüren das, obwohl Sie es nicht in Worten ausdrücken und die Quelle dieses Vorgangs nicht bestimmen können. Obwohl es sich offensichtlich um eine neue, frische, unerforschte Entwicklungsrichtung handelt, entfaltet sich diese direkt aus dem Pfad, dem Sie gegenwärtig folgen. Überlassen Sie das rhythmische Wogen der Veränderungen ihrem eigenen Gesetz, ihrer eigenen Zeit. Stürzen Sie sich nicht kopfüber in etwas Neues – Sie würden sich in diesem Falle nur hilflos strampelnd am Boden liegend finden. Was geschehen wird, hat zu geschehen begonnen. Sie spüren bereits diesen ersten Ansatz, und im Laufe seines Fortschreitens werden Sie es immer deutlicher fühlen. Bis dahin bleiben Sie der alte. Praktizieren Sie nur das, was Sie voll und ganz verstanden haben. Lassen Sie die Dinge geschehen, ganz so, wie es sich ergibt.

Die Linien

1 —O— Rückkehr nach einem geringfügigen Irrtum.
   Sehr günstig.
   Ohne Schuld.

Sie haben vor, einen Weg einzuschlagen, der Ihren wesenseigenen Prinzipien widerspricht. Bis jetzt haben Sie Ihre Gedanken noch nicht in die Tat umgesetzt. Weisen Sie Ideen, die Ihren Grundprinzipien zuwiderlaufen, energisch zurück, bevor Sie von ihnen gleichsam besessen werden und Sie jenen Punkt erreichen, da diese Ideen Ihr Handeln bestimmen. Noch besteht kein Grund für Sie, sich schuldig zu fühlen.

2 —×— Ehrenvolle Rückkehr.
   Günstig.

Sie spüren neue Ideen in der Luft liegen, eine neue Atmosphäre, einen neuen Anreiz. Sie stehen bereits im Begriff, diese Ideen zu akzeptieren und sich an ihnen zu erfreuen. Aber Sie haben sich nach und nach davon gelöst, als diese kreative Kraft langsam die Gesellschaft durchdrungen und Schritt für Schritt die Ihnen bekannten Leute berührt und beeinflußt hat.

3 —×— Wieder und wieder Rückkehr.
Ohne Schuld.
Vorsicht!
Sie haben die Neigung, wenn die Dinge gut vorwärtsgehen, den Lauf der Ereignisse plötzlich zu unterbrechen und sich von ihnen in negativer Weise abzuwenden. Wenn Sie weit genug zurückgegangen sind, drehen Sie sich wieder in die vorherige Richtung um und versuchen, das wiederzugewinnen, was Sie entschlossen und zielbewußt haben davonlaufen lassen. Diese Linie ist die Linie des Selbst-Defätismus und des Fliehens in den Pessimismus, nicht in seiner extremen Form, aber doch in einen Defätismus des beständigen Rückwärtsrutschens, eines Defätismus aus Angst vor der Gipfelhöhe und vor dem Vollendetsein, aus Furcht vor der eigenen Spitzenleistung. Sie sind schuldlos, weil die Impulse zu diesem Verhalten nicht von menschenunwürdigen Ideen herrühren und niemanden schädigten außer Sie selbst.

4 —×— Er entfernt sich zusammen mit anderen,
kehrt aber zu seinem Eigentum zurück.
Sie haben eine Veränderungsmöglichkeit wahrgenommen, eine Chance zur Auffrischung und geistigen Erneuerung, eine Wende zum Besseren in Ihrer Situation eingeleitet. Ihre Freunde und Kollegen haben das aber noch nicht bemerkt. Machen Sie in diesem Sinne freimütig und natürlich weiter, selbst wenn Sie sich dadurch anderen etwas entfremden.

5 —×— Würdige Rückkehr.
Ohne Schuld.

Sie sind der Dreh- und Angelpunkt der gerade stattfindenden Veränderungen. Genau wie Sie in die neue Richtung einschwenken, die in Widerspruch steht zu den allgemein anerkannten, traditionellen Ideen, wird alles und werden alle hinter Ihnen herlaufen.

6 —×— Verwirrung über die Rückkehr.
Er irrt vom rechten Weg ab.
Wenn er sich entschließt, aggressiv zu werden,
wird eine schwerwiegende Niederlage die Folge sein,
deren Auswirkungen noch zehn Jahre später
zu spüren sein werden.
Unheilverkündend.
Schuld.
Jammer und Trübsal.

Eine Wende zum Besseren war eingetreten und ist wieder verschwunden. Sie haben sie vorübergehen lassen. Konservativ und ängstlich besorgt, wie Sie sind, haben Sie sich in alte, längst überholte Ideen verbohrt, in eine stagnierende Lebensweise, in eine überlebte, völlig altmodische Routine. Sie glauben, Rückgrat zu zeigen, wenn Sie Veränderungen zurückweisen; Sie halten fälschlicherweise Ihre Ängste für Eigensinnigkeit und Hartnäckigkeit. Diese Vorstellung ist aber verhängnisvoll. Sie verneint das unvermeidbare, ständig wechselnde Fließen und Strömen im Universum, ein Vorgang, der Sie mit sich reißen wird, wenn nicht freiwillig und in aufrechter Haltung, dann eben kopfüber und gegen Ihren Willen. Aber der rechte Moment ist verpaßt. Deshalb können Sie derzeit gar nichts tun. Sie müssen geduldig darauf warten, daß und wie sich die Probleme von selbst lösen.

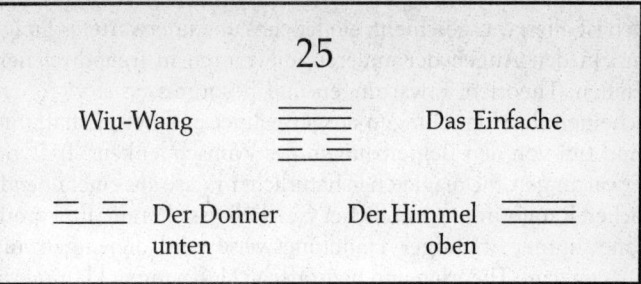

25

Wiu-Wang — Das Einfache

Der Donner unten — Der Himmel oben

Orakel

Der Donner rollt unter dem Himmel.
Das ist seine Natur.
Die alten Könige zollten, in Übereinstimmung mit der Natur,
dem Wechsel der Jahreszeiten die nötige Beachtung
bei ihren Regierungserlassen.
Sie hielten dadurch alle Dinge in Ordnung.

Erfolg,
wenn Sie auf Ihrem Weg bleiben.
Fehler und Irrtümer,
wenn Sie von Ihrem eingeschlagenen Weg abweichen;
unternehmen Sie so wenig wie möglich.

Deutung

Artha   Der Donner rollt unter dem Himmel: ein einfacher Vorgang, verbunden mit einfachen Bewegungen, die in Übereinstimmung stehen mit den sich wandelnden Strömungen und Einflüssen des Universums. Freie und harmonische, menschliche Betätigungen sind ebenso einfach, sind frei von bewußten Begründungen und Erwartungen. Wer nichts wünscht, empfindet alles, was er bekommt, als einen Segen. Wer nichts erwartet, für den ist alles, was geschieht, ein frisches und unerwartetes Ereignis. In den Augen der anderen, die mitten in irgendwelchen Plänen, Theorien, Erwartungen und Besorgnissen stecken, erscheinen Ihre Handlungen ausgezeichnet und beispielhaft. Sie sind frei von den Begrenzungen des Wunschdenkens, frei von Erwartungen. Sie reagieren in natürlicher Weise aus einer unendlichen Rangordnung möglicher Geschehnisse heraus. Ihre spontane, immer »richtige« Handlungsweise wird diejenigen, die sich an vage Theorien und neurotische Hoffnungen klammern, immer wieder überraschen. Gütige, dem Volkswohl dienende Monarchen, wie es die alten »Könige der Orakel« waren, sind in der mit Tyrannen vollgestopften Weltgeschichte rühmliche Ausnahmen, haben aber im Grunde genommen nichts anderes getan, als die Rolle der Herrscher, wie sie ihnen gemäß der traditionellen Ideale zustand, in ganz natürlicher Weise wahrzunehmen. Es ist möglich, scheinbar frei von irgendwelchem bewußten Zweckdenken, absolut spontan auch sich selbst gegenüber, sich bei allen Betätigungen in Übereinstimmung mit den natürlichen Gegebenheiten und Naturgesetzen zu verhalten, dennoch aber Schwierigkeiten zu haben bei der Bewältigung der Anforderungen, die der jeweilige Augenblick und der momentane Zustand der Umwelt verlangen. Handlungen, die rein aus dem Instinkt heraus geschehen, ohne Ausrichtung durch eine klare innere Vision, ohne eine direkte ununterbrochene Verbindung mit dem Fluß des Gegenwartsmoments, können verhängnisvoll werden und Unheil über Sie und andere bringen. Zwangsmaßnahmen zum Beispiel scheinen oft spontan und planlos zu sein, sind aber keine Reaktionen auf tatsächlich gegebene Verhältnisse, sondern nur flüchtige, durch Modellsituationen ausgelöste Reaktionsweisen: symbolische Handlungen, die untereinander in keinerlei Zusammenhang stehen. Gewohnheitsgebundene Reaktionen und Handlungsweisen, selbst wenn sie sich von höchsten Prinzipien herleiten, sind nicht ausreichend auf den jeweiligen gegenwärtigen Moment abgestimmt, um vollen Erfolg zu bringen. Speziell in Ihrem Fall, der Sie sich nicht bewußt sind, daß Ihre Reaktionsweisen festgelegt und statisch sind, werden reine Gewohnheitsverrichtungen oftmals recht unangenehme Ergebnisse mit sich bringen.

Kama Sie verhalten sich Ihrem Partner gegenüber spontan und unkompliziert; zumindest scheint es so zu sein. Das Vorhandensein einer Überraschungshaltung ist ein guter Test bezüglich der Natur Ihres Verhältnisses zu Ihrem Partner. Wenn Ihre Reaktionen auf das Verhalten Ihres Partners immer neu und unmittelbar zu sein scheinen und mit der momentanen Struktur und dem jeweiligen Gefühlszustand Ihres Partners übereinstimmen, dann verhalten Sie sich entsprechend Ihrem Tao, und die Verbindung zu Ihrem Partner wird eine glückliche sein. Wenn Ihre Reaktionen, ganz gleich wie aufmerksam und rücksichtsvoll sie sind oder zu sein scheinen, vorhersehbar sind, dann ist das ein Zeichen dafür, daß Sie gegenwärtig nicht in voller Übereinstimmung mit Ihrem Partner und mit Ihrer eigenen Wesenheit als der Hälfte eines zusammenlebenden Paares sind. Eine solche zarte, kaum bemerkbare Unaufrichtigkeit wird ebenso feine wie versteckte Konflikte nach sich ziehen.

Moksha Der Weg der Einfachheit in das Tao dieses Hexagramms – wie im ersten Teil des »Dharma« beschrieben – zeigt einen perfekten spirituellen Zustand an. Höchstwahrscheinlich ist dieser Zustand derart einfach, daß er nicht auf einen bestimmten spirituellen Pfad zurückzuführen ist; daß er nichts mit jenen magischen Vorstellungen zu tun hat, die man üblicherweise für nötig hält, um einen solchen Vollkommenheitszustand zu erlangen. Aber dieses Hexagramm weist auf eine bestimmte Gefahr hin: auf die bewußte Pflege und Dokumentation dieses Einfachen. Ihr weises Verständnis der Freiheit, der Spontaneität, das eine Begleiterscheinung des Erreichens wahrer spiritueller Erleuchtung ist, könnte Sie veranlassen, diesen Zustand göttlicher Erleuchtung bewußt und absichtlich halten und zeigen zu wollen, nicht etwa als Täuschungsversuch, sondern vielleicht als ein ernsthaftes, nach rückwärts gerichtetes Streben, auf diese Weise die Vereinigung mit der Gottheit zu erreichen. Einer, der vollkommenes Verständnis erlangt hat, hinsichtlich der Übertragung dieses Verständnisses in die Praxis aber noch nicht perfekt ist, mag in den Augen anderer als ein Muster für völlige »Korrektheit« im höchsten Sinne gelten; andere wiederum mögen alle seine Handlungen als anregend, überraschend und beispielhaft ansehen. Doch bei dem, der den Weg der Einfachheit ohne wahre Spontaneität betritt, kann es geschehen, daß er blind ist gegenüber der Spaltung in sich selbst, daß er unter seiner zur Schau gestellten gütigen und scheinbar glücklichen Haltung nach außen und unter der Tatsache leidet, daß er das erstrebte Endstadium des Friedens noch nicht hat erreichen können.

Die Linien

1 —O— Der natürliche Mensch handelt auch natürlich.
Günstig,
wenn Sie so weiter vorangehen.
Vertrauen Sie Ihren Instinkten.

2 —×— Der natürliche Mann pflügt sein Feld;
nicht wegen der zu erwartenden Ernte,
sondern deshalb,
weil die Zeit dafür gekommen ist.
Der natürliche Mann pflegt seinen Garten
drei Jahre lang;
nicht der größeren Schönheit wegen,
sondern weil die Pflege und Bestellung des Gartens
einfach ein ganz natürlicher Vorgang ist.
Verbesserung,
ganz gleich, was Sie tun.
Wenn das, was Sie sich zu unternehmen vorgenommen haben, unmittelbar als Reaktion auf die gegenwärtigen Gegebenheiten zu bewerten ist, dann machen Sie in dieser Richtung weiter! Wenn aber das, was Sie tun wollen, ein Teil Ihrer strategischen Planung ist, wenn bestimmte zukünftig erwartete Resultate da-

von abhängen, dann wäre es besser für Sie, wenn sie diesen Plan nicht weiter verfolgen würden.

3 —×— Ein Reisender stiehlt einen Ochsen,
der angebunden war, in der Nähe des Heimes,
in dem der natürliche Mann wohnt.
Der natürliche Mann ist angeklagt und gefangengenommen.
Jammer und Trübsal.

Der Volksmund würde sagen: Sie haben ausgesprochenes Pech und Unglück gehabt. Ihre Schlichtheit macht, daß dieses Mißgeschick Ihnen anscheinend unverdient zugestoßen ist. Sie selbst ertragen solche Zufälle mit philosophischer Gelassenheit. Da Sie frei sind von Erwartungen, sind Sie auch frei von Enttäuschungen und Verärgerungen. Ohne alle bestimmten Ziele, Zwecke und Motivationen sind Sie auch frei von Reue und Bedauern.

4 —⊖— Kein Fehler,
wenn Sie auf Ihrem Weg bleiben.

Sie stehen unter dem Druck, in einer ganz bestimmten Weise handeln zu müssen, weil Sie nach den Wertvorstellungen und Theorien anderer Menschen in einer solchen Situation anscheinend nur in dieser Weise handeln sollen. Kehren Sie zurück zu der natürlichen Art Ihrer Handlungsweisen und deren Ausdrucksformen und erlauben Sie nicht, daß irgendein Druck von außen Einfluß auf Ihr Tun und Ihre Entscheidungen gewinnt.

5 —⊖— Der natürliche Mann wird krank.
Er wendet sich aber nicht an die Mediziner
und wird auf natürliche Weise wieder gesund.

Sie sind von einem zufälligen Mißgeschick getroffen worden, größer und ernsthafter als ähnliche Geschehnisse, die mit dem Verlust materieller Dinge und einer gesellschaftlichen Zurückstufung verbunden sind, die Sie sowieso nicht sonderlich tief berühren. Eine Krankheit. Ein plötzliches Ausgehverbot, eine

Isolierung von der Außenwelt. Sie sind das schuldlose Opfer einer kriminellen Handlung. Obwohl Ihre ausgeglichene, philosophische Grundhaltung sich in melancholische Verzweiflung verwandeln könnte – geben Sie Ihre höchst wertvolle Einfachheit im Rahmen Ihrer Selbsthilfebemühungen ja nicht auf! Wenn Sie verwirrt sind und Pläne schmieden sollten, schaden Sie sich damit mehr als Sie sich nützen. Lassen Sie die Natur ihren Lauf nehmen. Akzeptieren Sie Ihre Lage so, wie sie nun mal ist, und reagieren Sie darauf spontan und freimütig, ohne sich verschönernden Phantasien oder furchtbaren Vorstellungen und Befürchtungen hinzugeben.

6 —⊖— Der natürliche Mann ist sich sicher,
daß er einen Fehler machen wird,
wenn er aktiv in Tätigkeit tritt.
Keine Verbesserung.

Verlassen Sie sich nicht auf Ihre Instinkte. Vertrauen Sie nicht auf Pläne oder Hoffnungen, die Sie vielleicht haben. Halten Sie sich von allem Tun zurück. Leben Sie schlicht und einfach.

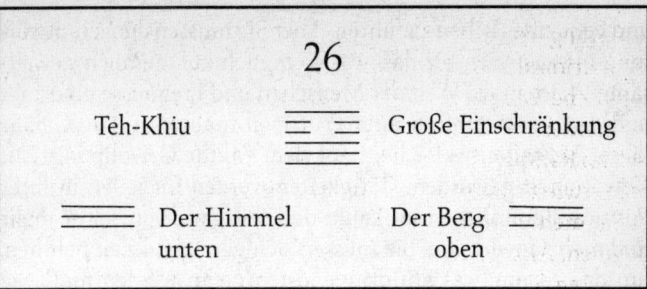

Orakel

Der Himmel innerhalb des Berges.
Der hervorragende Mann sammelt in seinem Geist
die Worte und Taten aus der Geschichte,
um zu wissen, was richtig ist.

Bleiben Sie auf Ihrem Weg,
Horten Sie nicht Ihre Gewinne.
Versuchen Sie, Ihre Pflichten gegenüber der
Gesellschaft gern zu erfüllen.
Sie dürfen das große Wasser überqueren.

Deutung

Artha   Ihr Einfluß auf andere ist stark und unmittelbar. Sie haben eine wirksame, offenkundige und autorisierte Kontrolle über viele Ereignisse im Leben vieler Menschen. Sie sind eine Person von Rang, sind zuversichtlich und haben auch einflußreiche Freunde. Selbst wenn Sie ein korrupter Typ sein sollten, haben Sie eine Machtposition inne. Sie haben Ihre jetzige Position auf legitime Weise erreicht, durch eine ehrliche und redliche Verhaltensweise, gute Werke und Anständigkeit. Aufgrund Ihrer Stellung haben Sie die Mittel, ein ruhiges, ausgeglichenes und bequemes Leben zu führen. Aber Sie müssen die Verantwortung übernehmen für das, was so täglich auf ziemlich gewaltsame Weise in die Welt der Menschen und Ereignisse eindringt und diese dem Einfluß ihrer Prinzipen unterwirft. Die Gefahr dieser Verhaltensweise liegt auf dem Faktor Gewöhnung. Zur Gewohnheit gewordene Tätigkeiten werden für jeden in Ihrer Position Befindlichen im Laufe der Zeit ganz von selbst mehr und mehr unwirksam. Sie müssen sich genügend Zeit nehmen, um das zu tun, was am dringendsten getan werden muß. Sie müssen die Art Ihrer Tätigkeit auf direkte und sachdienliche Weise den wechselnden Umständen anpassen. Sämtliche wichtigen und folgenschweren Schritte, die Sie zur Zeit zu unternehmen wünschen, werden von Erfolg begleitet sein.

Kama Mit Ihres Partners Liebe und Zustimmung haben Sie absolute Kontrolle über Ihre gegenseitigen Beziehungen. Ihr Partner ist in jeder Hinsicht mit Ihnen und Ihrem Tun einverstanden, ohne zu fragen und ohne Groll oder versteckten Widerstand. Das bedeutet, daß auch die absolute Verantwortung auf Ihnen lastet. Es besteht allerdings die Gefahr, daß das zu einem bequemen Routineverhalten Ihrerseits wird, zu einer regelrechten Gewohnheit. Sie müssen immer bereit und willens sein, auf die ständig wechselnden Verhältnisse Ihres Partners und auch auf die Ihrigen Rücksicht zu nehmen.

Moksha Welchen spirituellen Weg Sie auch gewählt haben mögen – wenden Sie sich ruhig den uralten Quellen wieder zu. Durch all die Illusionen der Maya-Welt hindurch, durch alles hohle Wortgeklingel, alle längst überholten Begriffe und alle in der Vergangenheit zu findenden Widersprüche hindurch werden Sie Offenbarungen haben, die Ihren Geist öffnen und erhellen und Sie freimachen werden.

Die Linien

1 —⊖— *Halt!*
Sie sind in Gefahr.

Sie müssen den starken Impuls, sofort und gewalttätig zu handeln, unterdrücken. Sie sehen die Hindernisse, die sich Ihnen in den Weg stellen. Wenn Sie deren Stärke erkennen, sehen Sie ein, daß Sie halt machen müssen. Sie müssen sich enttäuscht, aber unbesiegt, zurückhalten. Benutzen Sie jede sich bietende günstige Gelegenheit, um Ihre sich angestauten Energien abzulassen.

2 —⊖— Der Strick, mit dem der Wagen angebunden war, ist entfernt worden.

Sie finden sich einer Kraft und einem Einfluß gegenübergestellt, die größer sind als die Ihrigen. Fügen Sie sich. Bleiben Sie aber wachsam und achten Sie auf das sich immer wieder verändernde Gleichgewicht der Kräfte, halten Sie sich bereit, sofort aktiv zu handeln, sobald sich das Balanceverhältnis zu Ihren Gunsten verschiebt.

3 —⊖— Er hat gute Pferde und treibt sie selbst vorwärts.
Bleiben Sie auf Ihrem Weg und
erkennen Sie die damit zusammenhängenden Schwierigkeiten.
Üben Sie täglich Ihre Verteidigung
gegen diese Schwierigkeiten.
Sie können vorankommen,
in jeder beliebigen Richtung.

Sie haben Kontakte hergestellt mit anderen einflußreichen Persönlichkeiten, die die gleichen Prinzipien wie Sie haben und auch in die gleiche Richtung streben. Arbeiten Sie mit denen zusammen. Es besteht allerdings noch eine gewisse Gefahr durch die Hindernisse, was erforderlich macht, daß Sie wachsam bleiben. Während Sie offen und ehrlich denen gegenüber sind, mit denen Sie sich zwecks gemeinsamer Arbeit in Richtung gemeinsamer Ziele zusammengeschlossen haben, müssen Sie auf der

Hut sein und sogar mißtrauisch gegenüber potentiellen Gegnern werden. Bereiten Sie sich vor auf eventuelle Notfälle und sorgen Sie für die Möglichkeit eines freien Rückzuges in dem Fall, daß die Opposition stärker ist als Sie und Sie überwältigt.

4 —×— Ein Stück Holz ist auf den Kopf
des jungen Stieres gelegt worden,
dorthin, wo seine Hörner sein werden.
Sehr günstig.

Wenn ein Holzblock am Kopf eines jungen Stieres befestigt wird, werden seine Hörner harmlos bleiben. Wenn Sie die damit vergleichbare Fähigkeit der Voraussicht haben, können Sie sofort auf einfache und schmerzlose, aber wirkungsvolle Weise das unternehmen, was geeignet ist, ein für allemal jene Kräfte auszuschalten, die Sie bedrohen.

5 —×— Die Hauer eines kastrierten Wildschweines.
Günstig.

Die Hauer eines Keilers sind immer gefährlich. Wenn das Tier aber kastriert worden ist, hat es nicht mehr die Fähigkeit, die Hauer zu benutzen. Obwohl Sie die Kräfte und die damit verbundenen Gefahren, die Sie bedrohen, nicht einfach zum Verschwinden bringen können, haben Sie doch die Möglichkeit, durch sofortige wirkungsvolle Aktionen der Natur dieser Kräfte den bedrohlichen Charakter zu nehmen und ihnen ein freundlicheres Gesicht zu geben.

6 —o— Der Mann befiehlt dem Firmament.
Erfolg.

Sie haben großen Erfolg erzielt, haben großen Einfluß und nehmen in der Welt eine gehobene Position ein. Sie haben alles erreicht, was Sie sich gewünscht haben.

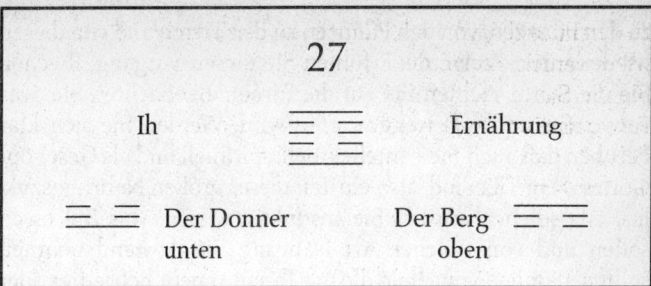

Orakel

Der Donner innerhalb des Berges
bricht aus dem Vulkan hervor.
Der hervorragende Mann kontrolliert seinen Mund
und das, was aus ihm herauskommt
und was er in ihn hineinsteckt.

Günstig,
wenn Sie auf Ihrem Weg bleiben.
Prüfen Sie aufmerksam und bedächtig das,
mit dem Sie sich zu ernähren wünschen;
machen Sie sich ernsthaft Gedanken darüber,
was die am besten für Sie geeignete Nahrung ist.

Deutung

Artha Die Bedeutung dieses Hexagramms liegt in etwa auf der Linie der Worte von Norman O. Brown: »Wir sind, was wir essen.« So bestehen wir eben aus Wurst oder aus zehn Mandarin-Glücksferkeln oder aus irgendwelchen organischen Nahrungsmitteln, die auf geeignete Weise vorbereitet wurden. Dies ist das Hexagramm der vernünftigen und passenden Ernährung. Betrachten Sie einmal den Zyklus der Nahrungskette von der Erde zu den Pflanzen, von den Pflanzen zu den Tieren und von diesen wieder zurück zur Erde. Erfühlen Sie diesen Vorgang. Riechen Sie die Düfte. Achten Sie auf die Farben. Beobachten Sie, was verwendet und was weggeworfen wird. Werden Sie sich klar darüber, daß auch Sie – intellektuell, spirituell und als Geschöpf Gottes – ein Tier sind, also ein Teil dieses großen Nahrungszyklus. Als solcher werden Sie instinktiv wissen, was Sie essen sollen und von welcher Art Nahrung Sie Abstand nehmen sollten, nämlich von jener, die nur Ihren Appetit befriedigt oder Ihre Geschmacksnerven reizt. Die Kommentatoren des I Ging haben sich sicherlich niemals vorstellen können, wie weit sich die Menschen von ihrer natürlichen Nahrungsquelle und Ernährungsweise entfernen würden. Abgesehen davon, daß das, was Sie tun, um sich Ihre Nahrungsmittel zu besorgen, sehr unüblich ist: es hat mit der Ernährungsweise an sich nichts zu tun. Die Beschaffung von Nahrungsmitteln ist für jeden von uns zu einer geschäftlichen Wechselbeziehung zwischen Konsument und Händler geworden, geschieht nicht mehr im Sinne einer direkten Beziehung zwischen Mensch und Erde. Die lebenserhaltenden und fördernden Eigenschaften der Nahrung wurden vergessen; Nahrung ist heute zu einer Art Symbol für wirtschaftlichen Erfolg geworden. Die Nahrungsmittel scheinen von nirgendwoher zu kommen und scheinen niemanden als Erzeuger zu haben. Achten und würdigen Sie Ihre Nahrungsmittel, wie Sie sich selbst achten, behandeln Sie sie, wie Sie sich selbst behandeln. Sie bestehen aus dem, was Sie essen. Sie können nicht Ihren Aufgaben und Ihrer Bestimmung gerecht werden, können nicht Ihrem Tao treu bleiben, wenn Sie nicht in ganz natürlicher Weise Ihr Leben den Zyklen der Erde anpassen.

Kama   Sie dürften in bezug auf Ihren Partner einen tiefinnerlichen Zustand der Wärme, der Verständnisbereitschaft und Festigkeit erreicht haben. Aber Sie verleugnen Ihre körperlichen Bedürfnisse zugunsten illusionärer Begriffe und Ideen von der Liebe. Sie negieren das Wesentliche in Ihren Beziehungen zueinander. Schließlich handelt es sich um ein Verhältnis zwischen zwei ganzheitlichen Persönlichkeiten, nicht nur zwischen zwei Meinungen. Sie müssen so selbstlos und liebevoll Ihrem Körper gegenüber werden, wie Sie generös und freundlich in Ihrem Denken sind.

Moksha Ihr Pfad zur spirituellen Erleuchtung erfordert ein asketisches Leben. Sie müssen sich auf die einfachsten Nahrungsmittel in kleinen Mengen beschränken, die ausreichen, Sie gesund und leistungsfähig zu erhalten, die aber nicht Ihren Geschmacksreizen oder der Befriedigung angenehmer Gewohnheiten dienen. In der gleichen Weise, wie Sie es vermeiden, sich unnötigen Gedanken und überflüssigen Redereien hinzugeben, müssen Sie in der Ernährung Ihres Körpers alles Unnötige und Überflüssige weglassen. Wenn eine Lebensweise Ihnen von Natur aus nicht genehm ist, dann entschließen Sie sich zur Einhaltung einer Diät auf philosophischer Basis, eventuell im Rahmen einer organisierten religiösen Sekte oder Vereinigung.

Die Linien

1 —O— »Sie mißachten das Beispiel von der Schildkröte und blicken auf mich mit einem langen Gesicht.« *Unheilverkündend.*
(Die Zeichnungen auf den Schildkrötenpanzern waren die ursprünglichen Quellen der Muster für Yin und Yang, aus denen heraus sich die Formen der Hexagramm-Orakel bildeten.) Sie haben alles, was Sie brauchen, sind aber mißgestimmt. Sie beneiden die Menschen, die ihr Leben mit mehr belastet haben, als Sie besitzen. Diese absurde Besitzbewertung ist für Sie so bedeutsam, daß sie auf Ihre ganze Lebensführung abfärbt und nicht zuletzt die Ursache ist, daß Sie das I Ging-Orakel deswegen befragen.

2 —x— Der Mann sucht nach von unten kommenden Nahrungsmitteln;

>   würdelos, schändlich.
>   Wenn der Mann nach von oben kommender
>   Nahrung sucht,
>   wird er in Schwierigkeiten und Aufregungen
>   verwickelt werden.

Sie wären durchaus in der Lage, selbst für Ihre Ernährung zu sorgen, fahren aber fort, aus anderen Quellen stammende entgegenzunehmen.

3   —×— Die Tätigkeiten des Mannes
         verhindern eine geeignete Ernährungsweise.
         Unheilverkündend,
         sogar dann, wenn Sie Ihren Weg weiter verfolgen.
         Unternehmen Sie nichts vor Ablauf von zehn Jahren.

Sie negieren völlig die Bedürfnisse Ihres Körpers. Sie haben kein reales Empfinden Ihres physischen Selbsts. Es gibt aber keine Umstände und Situationen, die eine solch vollkommene Ablehnung rechtfertigen könnten. Ihr gesamtes Tun und Lassen wird davon beeinflußt.

4   —×— Der Mann sucht, die »unten Befindlichen« zu
         versorgen.
         Gleich einem Tiger, der von einem Baum aus
         gespannt die Umgebung beobachtet.
         Er ist sprungbereit.
         Günstig.
         Keine Fehler.

Sie haben den starken Wunsch, sich selbst mit den wesentlichen Dingen des Lebens zu versorgen. Das ist ein ganz natürlicher Wunsch, der nicht auf Sinnesbefriedigung abzielt oder auf die Erleichterung einer sozialen Spannung. Wenn Sie die Gunst des Augenblicks zu erfassen in der Lage sind und sofort zugreifen, wenn Sie einen Vorteil erspähen, gehorchen Sie lediglich Ihrer natürlichen Veranlagung. Deshalb ist eine solche Handlung auch mit keinerlei schuldhaftem Verhalten Ihrerseits verbunden.

5 —×— Der Mann handelt formlos und unkonventionell.
Günstig,
wenn Sie auf Ihrem Weg bleiben.
Überqueren Sie nicht das große Wasser.

Ihre Einstellung zu einer passenden Ernährung ist ziemlich extrem. Ihre Diät spielt eindeutig eine zu große Rolle in Ihrem Leben. Versuchen Sie, Ihre Wertvorstellungen in ein ausgewogenes Verhältnis zueinander zu bringen. Sehen Sie von größeren Unternehmungen ab.

6 —o— Der Mensch ist der Erzeuger der Nahrungsmittel.
Günstig,
aber mit Risiken verbunden.
Sie dürfen das große Wasser überqueren.

Sie haben erkannt, daß die eigentliche Quelle aller Nahrung letztlich der All-Eine ist. Sie sind mit dem zufrieden, was Sie haben, wünschen nicht mehr. Solange Sie nicht Ihre tierischen Instinkte von Ihren transzendenten Bestrebungen isolieren – solange Sie sich nicht selbst zum Hungern verurteilen –, wird alles gutgehen, und Sie können, wenn Sie es wünschen, auch einige kräftige Schritte vorwärts tun.

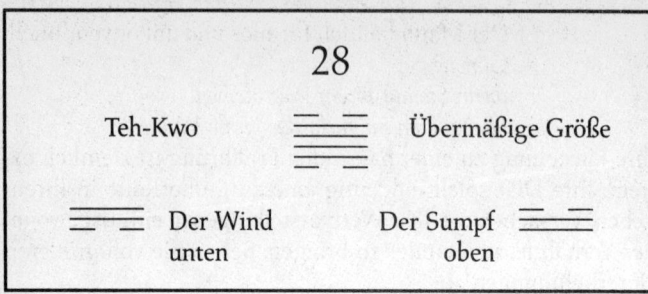

Orakel

Der Sumpf oberhalb der Bäume.
Der Tragbalken ist schwach;
er wird zusammenbrechen.
Der hervorragende Mann erhebt sich
allein und ohne alle Befürchtungen.
Er zieht sich ohne jedes Reugefühl von der Welt zurück.

Erfolg,
wenn Sie in irgendeiner Richtung aktiv werden.

Deutung

Artha Seien Sie auf der Hut! Das Dach ist im Begriff einzustürzen. Das Trigramm »Der Sumpf über dem Wind« läßt den Gedanken an eine unnatürliche Gewichtsverteilung aufkommen. Die ernsthaftesten Vorgänge in Ihrem Leben sind alle zur gleichen Zeit über Sie hergefallen. Man hat den Eindruck, als geschehe alles auf einmal. Ungewöhnlich starke Zwänge von außerhalb setzen Sie regelrecht unter Druck. Es gibt keinen Weg, auch nur eins dieser Ereignisse solange zurückzuhalten, bis die anderen erledigt sind: sie alle erfordern eine sofortige Entscheidung. Die Gegenwart ist für Sie außerordentlich bedrohlich, ja fast zum Verzweifeln. Ihre Probleme können nicht gelöst werden. Dennoch brauchen Sie sich von diesen Umständen nicht unterkriegen zu lassen. Der Baum überlebt die Überflutung, obwohl er in nächster Nähe der reißenden Fluten steht. Er läßt sich vom Wasser nicht umreißen, paßt sich den Strömungsverhältnissen nicht an, wie es das Gras und das Schilf tun müssen. Er bietet den Wassermassen die Stirn, stellt sich deren Kräften entgegen. Der Baum übersteht die Flut, der Baum bleibt ein Baum, während sich das Wasser durch sein Ansteigen seiner eigenen Natur zuwider verhält, die darin besteht, sich auf einheitlicher Ebene zu egalisieren. Sie können die Aufregungen und Schwierigkeiten nicht vermeiden, doch wenn Sie zuversichtlich bleiben, werden Sie unverletzt durchkommen.

Kama   Sie haben zu viele gefühlsmäßige Bindungen, zu viele Liebesbeziehungen zu gleicher Zeit. Sie haben sich in eine Reihe von anspruchsvollen, ziemlich intimen Situationen verstrickt, denen Sie nicht mehr gewachsen sind. Die verschiedenen, ursprünglich von einander getrennten Affären sind dabei, sich gegenseitig zu überschneiden und zu einer Eruption zu kommen. Sie sollten versuchen, sich ohne Ängste und Überheblichkeit, geduldig und ruhig von all diesen Verstrickungen freizumachen. Sie können keine davon einfach aus der Welt schaffen, keine auf angenehme Weise ungeschehen machen, keinem der zu erwartenden Konflikte und Gefühlsausbrüche durch Gegenmaßnahmen zuvorkommen, aber Sie können sich, wenn es dazu nicht schon zu spät ist, aus der ganzen Sache zurückziehen. Das erfordert eine von Verzicht und Resignation erfüllte Geisteshaltung, die zugleich von Selbstvertrauen und Selbstachtung getragen ist.

Moksha   Sie befinden sich in einer spirituellen Krise. Sie stecken in quälenden Zweifeln angesichts einer Reihe sich widersprechender Impulse. Diese drücken Sie gleichsam ins Abseits. Sie sind erfüllt von zahlreichen starken Glaubensimpulsen, die sich gegenseitig aufzuheben scheinen und sich dadurch gegenseitig wertlos machen. Ihr Pfad ist blockiert. Sie müssen alle diese einander widersprechenden Glaubensvorstellungen aufgeben, Ihr sogenanntes »Verständnis« vergessen, sich lösen von allen traditionsgebundenen ritualistischen Praktiken. Wie der Baum in der strömenden Flut müssen Sie allein in den Fluten des Karmas stehen, allein ohne metaphysische Vorstellungen, allein inmitten der Illusionen von den materiellen Hilfsmitteln der Außenwelt. Wenn es Ihnen gelingt, auf alle die Sie belastenden, die Seele abstumpfenden, den Intellekt übersteigenden Offenbarungen zu verzichten, die Sie gehabt haben. Wenn es Ihnen gelingt, sich physisch fest auf beiden Beinen in die Welt zu stellen und sich lediglich auf sich selbst zu verlassen, dann wird Ihnen die Erlangung der Erleuchtung sehr viel näher sein als jetzt.

Die Linien

1 —×— Der Mann plaziert Matten aus weißem Gras unterhalb einiger auf dem Boden stehender Gegenstände.
Keine Fehler.

Sie sollten außergewöhnliche Vorsichtsmaßnahmen ergreifen, denn jetzt sind für Sie ausgesprochen gefährliche Zeiten. Obgleich Sie sich wachsam und vorsichtig benehmen, kann es sein, daß einige Leute daran Anstoß nehmen und daß man Ihnen Unglaubwürdigkeit vorwirft und aggressiv gegenübertritt. Sie tun aber tatsächlich nur das Beste für sich selbst und auch für die anderen, die davon betroffen sind.

2 —O— Eine dem Verwildern überlassene Weide produziert Unkraut.
Der alte Mann besitzt sein junges Weib.
Allgemeine Verbesserung.

Verjüngung: zeitlich unvorhersehbarer, völlig unerwarteter geschäftlicher Erfolg oder eine Wiederauferstehung und Verjüngung von Leidenschaft und Liebe; oder eine Erneuerung Ihrer Sie am tiefsten aufwühlenden spirituellen Offenbarungen. Tun Sie, was Sie wollen.

3 —O— Der Strahl ist schwach.
Unheilverkündend.

Sie beachten nicht die von anderen Leuten ausgesprochenen Warnungen, auch nicht die deutlichen Anzeichen, die auf bevorstehenden Abbruch und Zerstörung hinweisen. Sie werden dem I Ging-Orakel nicht glauben. Die Folgen Ihrer Sturheit werden unheilvoll sein.

4 —O— Der Strahl hat sich verstärkt.
Günstig.
Wenn Sie nach mehr Hilfe und Unterstützung Ausschau halten,
werden Sie das bereuen.

Jemand ist Ihnen zu Hilfe gekommen. Die Gefahren Ihrer derzeitigen Situation haben sich dadurch abgeschwächt. Jetzt sind Sie imstande, erfolgreich tätig zu werden. Gefahr: Versuchen Sie nicht, die Zuneigung und die Hilfsbereitschaft Ihres Wohltäters und Förderers auszunutzen, indem Sie weitere Forderungen an ihn stellen.

5 —O— Blumen sprießen auf einer verwilderten Wiese.
Die alte Frau besitzt ihren jungen Ehemann.
Kein Tadel.
Kein Lob.

Blumen erblühen auf einem abgestorbenen Baum; eine alte Frau »macht in Liebe«. Aber Blumen machen den toten Baum nicht wieder lebendig, ebensowenig wie ein junger Ehemann eine alte Frau verjüngt. Anzeichen von Vitalität und frühlingshafter Energie sind in Ihr Leben getreten. Diese werden aber Ihr Leben nicht verändern, das unter dem Druck des Gewichtes Ihrer eigenen Wesenheit das bleibt, was es war.

6 —×— Der Mann steigt geradewegs in die strömenden Fluten hinein
und hält sich dabei aufrecht, bis er
schließlich unter der Wasseroberfläche verschwindet.
Unheilverkündend,
aber keine Schuld.

Sie sind wie ein Blinder in das Unheil hineingerannt, Sie hätten das vermeiden können, aber im Geiste waren Sie mit anderen Dingen beschäftigt. Halten Sie sich aufrecht, so gut es eben geht, obwohl Sie sich hilflos in einer hoffnungslosen Lage befinden. Letztlich wäre es das Gescheiteste, wenn Sie sich mit der Erkenntnis zufriedengeben, daß Sie außer sich selbst niemand anderem Schaden zugefügt und nichts Böses getan haben.

Orakel

Die Tiefe innerhalb der Tiefe.
Der hervorragende Mann ist ein Lehrer
und praktiziert das, was er predigt.
Aufgrund seiner Offenherzigkeit und Ehrlichkeit sagt man,
er habe einen scharfen, durchdringenden Geist.

Jedwede Handlung
ist gut und richtig.

Deutung

Artha   Das Trigramm K'an, die Tiefe, deutet auf Gefahr. Das Hexagramm Khan weist auf wiederholte Gefahr, auf Gefahr als Lebensinhalt. Sie befinden sich dann in bester Verfassung, wenn Ihr Leben mit Gefahren vollgestopft ist. Sie haben diese Lebensweise gewählt als Reaktion auf die Sie ständig bedrohenden Gefahren. Ohne diese Gefahren wären Sie ein unentschlossener, schlapper und nachlässiger Mensch. Da Sie am leistungsfähigsten sind, wenn Sie unter Druck stehen, empfinden Sie die Gefahrenelemente als eine Steigerung Ihres Lebensgefühls. Da diese Vorliebe für Gefahrensituationen Ihre Spannung erhöht, handelt es sich in Ihrem Falle um positive, kreative Energien, die eine geistige Herausforderungshaltung, ein ständiges Auf-der-Hut-sein ohne Angst, Feigheit und Unentschlossenheit verlangen. Wenn diese Haltung begleitet wird von einer Ausgeglichenheit zwischen Ihren Prinzipien und Ihrer Tätigkeit, kann es sein, daß Sie allzugroßen Aufregungen aus dem Weg gehen können.

Kama   Sie sind ständig dabei, Ihre Beziehungen zu Ihrem Partner einer Krise entgegenzuführen, um die Liebe zu ihm zu erneuern, wiederzubeleben. Ohne die Drohung eines immer gegenwärtigen Auseinanderbrechens Ihrer Beziehungen ist es Ihnen möglich, ein zufriedenstellendes emotionales Verhältnis zu Ihrem Partner aufrechtzuerhalten. Sie unterziehen wiederholt Ihre eigene Liebe und die Ihres Partners einem Test. Je schwieriger und gefährlicher der Test ist, je stärker er Sie gefühlsmäßig berührt, je mehr Sie fordern, um so intensiver lieben Sie. Wenn sich die psychologische Einstellung Ihres Partners nicht in Ihr System der wiederholten Krisen bequem einfügen läßt, betrachten Sie diese Krisen und Konflikte nicht als von Ihnen selbst hervorgerufen und daher als reizvoller und extremer als diejenigen, die zwangsläufig Sie selbst bewirkt haben.

Moksha   Ihre spirituelle Praxis beruht auf der ständigen Gegenwart des Todes. Sie gelangen zu Ihren spirituellen Einsichten und Offenbarungen und zu Ihren religiösen Erfahrungen durch Konfrontation mit dem Tode, nicht im abstrakten, philosophischen Sinn, sondern direkt, körperlich, in Raum und Zeit. Es ist wahrscheinlich, daß Sie Ihre erste spirituelle Erfahrung hatten, als Sie sich in unmittelbarer Gefahr physischer Art befanden, vielleicht auch während einer schweren Erkrankung oder bei einem beinahe tödlichen Unfall, oder auch während einer Schlacht. Das spirituelle Erlebnis einer Konfrontation mit dem Tod ist nicht unbedingt gleichbedeutend mit den tollkühnen, lebensgefährlichen Spitzenleistungen von Rennfahrern, artistischen Todesspringern und bezahlten Sensationsdarstellern. In Ihrem Falle handelt es sich um ein bewußtes Suchen nach solch erleuchtenden Gefahrensituationen, um ein Bedürfnis, vielleicht sogar um eine Art Gefahren-Süchtigkeit, die Sie immer wieder in neue Gefahrensituationen stürzt. Eine Konfrontation mit dem Tod ist eine Konfrontation mit dem Unendlichen, eine strahlende, reinigende, erleuchtende Erfahrung. Ernest Hemingway war einer der in dieser Beziehung durchaus erfahrenen Praktiker dieser abenteuerlichen Art von Moksha.

Die Linien

1 —×— Bereits unterhalb der Tiefe
stolpert er in den Abgrund.
Unheilverkündend.

Sie haben schon zu lange inmitten von Gefahren gelebt. Sie wurden dadurch abgestumpft. Die Anwesenheit von Gefahr erhöht in keiner Weise Ihre Wachsamkeit und veranlaßt Sie nicht, sich in zweckmäßigerer Weise zu schützen. Sie können die Gefahren nicht dadurch aus der Welt schaffen, daß Sie ihnen gegenüber den Blasierten spielen.

2 —o— Alle Gefahren der Tiefe stellen sich ihm entgegen.
Etwas Erleichterung und Linderung.

Die Gefahren, die Ihnen vor Augen stehen, sind real und kraftvoll. Sie sollten Ihre Tätigkeit nur auf ein paar kleine Unternehmungen beschränken, die Sie gut unter Kontrolle haben.

3 —×— Er sieht sich auf allen Seiten von Tiefen umgeben.
Alles ist gefahrvoll; er ist niemals in Ruhestellung.
Sein kämpferisches Verhalten wird ihn
in den Abgrund der Tiefe stürzen.
Unternehmen Sie nichts.

Sie haben sich selbst in eine Lage gebracht, in der Ihre Reaktionen auf Gefahren Sie nur in immer schwerwiegendere und unerwartete Gefahren bringen werden. Ganz gleich, wie geschmacklos und riskant Ihr Nichtstun auch zu sein scheint, Sie dürfen jetzt nichts unternehmen. Lassen Sie den Dingen einfach ihren Lauf und versuchen Sie nicht, den Sie bedrohenden Gefahren aus dem Wege zu gehen oder gar sie zu überwinden.

4 —×— Der Mann ist auf einer Festlichkeit:
Soeben gibt es Wein in einer irdenen Tasse
und Reis in einer Schüssel aus Lehm.
Er paßt seine Bemühungen
der Intelligenz seines Wirtes an.
Keine Fehler
zum Schluß.

Sie haben vor den Gefahren, die Sie bedrohen, eine Zufluchtsstätte gefunden. Es ist ein sehr schlechter Ort, weit unter Ihren Erwartungen, wo Sie außerstande sind, Ihre Talente voll zu entfalten. Obwohl Ihre Fähigkeiten und Möglichkeiten ungenutzt bleiben, können Sie für sich selbst auch in dieser eingeschränkten Situation eine gewisse Erfüllung finden, indem Sie sich Ihren Wohltätern voll und ganz in der Weise zur Verfügung stellen, daß Ihre Hilfe von denjenigen, die Ihnen die sehr bescheidene Unterkunft überlassen haben, auch verstanden, akzeptiert und benutzt werden kann.

5 —O— Die Wasser der Tiefe sind fast am Überfließen.
Es muß Ordnung geschaffen werden.
Keine Fehler.

Die Gefahren, die Sie bedrängen, sind schwer und zahlreich. Konzentrieren Sie sich ausschließlich auf deren Überwindung. Tun Sie nicht mehr, als sich ganz einfach vor den gegenwärtigen aktuellen Gefahren zu schützen. Leiten Sie keine neuen Aktivitäten ein. Übernehmen Sie keine neuen Verantwortlichkeiten. Lassen Sie sich nicht in irgendwelche Dinge verwickeln außer in die, in denen Sie bereits drinstecken. Um wirkungsvoll den vor Ihnen stehenden Gefahren begegnen zu können, sind Ihre Kräfte bereits bis zu ihrem Maximum angespannt. Jede weitere zusätzliche Aktivität würde die Grenze Ihrer Leistungsfähigkeit überschreiten.

6   —×—   Er ist mit einem dicken Seil gebunden
und so in ein Dornendickicht geworfen worden.
Drei Jahre lang wird er den außen
vorbeiführenden Weg nicht sehen.
Unheilverkündend.

Alle Ihre Schwierigkeiten und Belästigungen haben ihren Gipfelpunkt erreicht. Die Zeit ist nicht günstig. Die Gefahren, die Sie bedrohen, sind so stark, daß Sie mit ihnen nicht fertig werden. Sie sind in eine Falle geraten und in deren Gewalt, haben für längere Zeit – aber nicht für immer – Unglück.

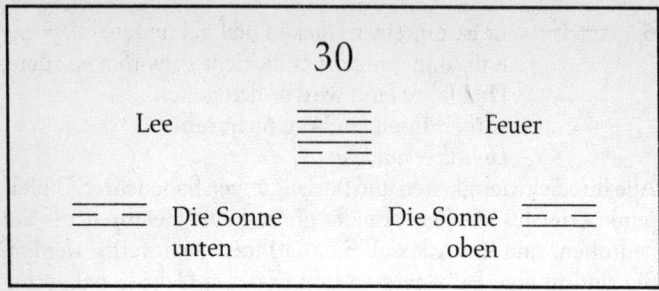

Orakel

Feuer auf Feuer.
Der hervorragende Mann verbessert seine Leuchtkraft.
Sein Licht kann von nah und fern gesehen werden.

Seien Sie standhaft.
Erfolg ohne Behinderung.
Günstig,
wenn Sie Ihre Fügsamkeit und Gelehrigkeit
in korrekter Weise einsetzen.

Deutung

Artha Gleich dem Feuer strahlen Sie Licht und Wärme aus; gleich dem Feuer müssen Sie etwas verzehren, um Ihre eigene Existenz aufrechtzuerhalten. Sie sind freudestrahlend tätig und dabei gesellig, aber Sie müssen sich wegen Ihrer Ernährung und Versorgung auch an etwas Dunkles, Verborgenes und Passives halten. Licht, Wärme und das Nach-oben-Streben der Flammen sind nur ein Aspekt des Feuers. Ein anderer ist seine Abhängigkeit von dunklem, totem Brennmaterial, das es verzehrt. Das ist die weniger spektakuläre Seite Ihrer Natur, die Sie beachten und pflegen sollten. Obgleich in der sprachlichen Ausdrucksweise das Aufflammen die am stärksten auffallende Eigenschaft jedes Feuers ist, ist vom Standpunkt des Feuers aus das Brennmaterial, das Voraussetzung für seine Existenz ist, das hauptsächliche Element. Größe und Form der Flammen werden gänzlich von der Form und Beschaffenheit des Brennmaterials bestimmt. Sie erwarten von Ihren Mitarbeitern Beachtung und Respekt, aber Sie sind Ihrerseits wiederum abhängig von den Prinzipien und von der Inspiration einer anderen Person, die auf öffentliches Interesse und Bewunderung keinerlei Wert legt. Lassen Sie sich nicht von Ihrem eigenen Glanz blenden, so daß Sie die Abhängigkeit und Folgsamkeit Ihrer Natur nicht mehr wahrnehmen.

Kama   Ihr Charakter, Ihre Gefühle, Ihre Ideen und Ihre Wünsche sind die das Verhältnis zu Ihrem Partner bestimmenden Faktoren. Ein Außenstehender hat den Eindruck, als sei Ihr Partner von Ihnen abhängig. Was das Verhältnis zwischen Ihnen angeht, wissen Sie, daß Ihr Partner der Former Ihres Charakters, der Brennstoff für Ihre Gefühle und die Quelle Ihrer Ideen und Wünsche ist. Es besteht für Sie keine Veranlassung, die Meinung anderer über Sie und Ihren Partner richtigzustellen, solange Sie sich selbst über die führende Rolle Ihres Partners im klaren sind, seine Herrschaft dankbar anerkennen und sich ihr unterordnen.

Moksha   Das Trigramm Li weist auf die Bewegung der Sonne während ihres Tageslaufs hin. Die Verdoppelung dieses Trigramms in dem Hexagramm bedeutet die sich Tag für Tag ständig wiederholende Sonnenbewegung. Ihre spirituelle Praxis muß in einem täglich durchgeführten Ritual bestehen. Sie sind für andere eine Quelle des Lichts. Um Ihrem Tao treu zu bleiben, sollten Sie regelmäßig und langdauernd Ihre spirituellen Übungen durchführen.

Die Linien
(In diesem Hexagramm symbolisieren die ersten drei Linien, das Li-Trigramm, die tägliche Bahn der Sonne. Die letzten drei

Linien, die wiederum das Li-Trigramm bilden, repräsentieren drei verschiedene Grade des Feuers.)

1 —o— Seine Schritte sind unsicher,
aber er bewegt sich ehrfurchtsvoll.
Ohne Fehler.

Die Morgensonne. Es ist eine Zeit des Eilens, der Geschäftigkeit und – in Ihrem Falle – der Konfusion. Die Unsicherheit der Schritte läßt Unwirksamkeit und Zeitverschwendung erkennen. Aber solange Ihre Absichten klar umrissen, folgerichtig und beständig bleiben, tun Sie nichts Falsches oder Schlechtes.

2 —x— Gelb.
Sehr günstig.

Die Mittagssonne. Die Farbe Gelb symbolisiert Ausgeglichenheit und Harmonie; es ist die Farbe der goldenen Mitte. Die Sonne befindet sich genau zwischen Morgen und Abend, zwischen Auf- und Untergang. Die Welt ist in Ordnung. Alles geht seinen rechten Lauf.

3 —o— Die untergehende Sonne.
Der alte Mann sollte an seinen Krug klopfen und singen,
anstatt sich vorworrenen Gedanken über den Tod hinzugeben.
Unheilverkündend.

Die Nachmittagssonne. Sie bringt Gedanken über die Sterblichkeit und die sich daraus ableitende Melancholie mit sich. Als des großen Mannes Weib starb, kamen seine Freunde zu Besuch und trauerten mit ihm. Sie fanden ihn vor seinem Haus sitzend, auf eine Weinkanne schlagend und dazu singend. Sie waren schockiert. Der große Mann sagte: »Mein Weib ist in das Reich der Ewigkeit eingetreten. Und ich sitze hier, schlage auf meine Kanne und singe. Ist das denn etwas Schlechtes?«

4 —⊖— Er kommt, brennend,
　　　　 lodert auf, stirbt und ist vergessen.
Das Aufflackern: Eine Flamme, die kurz hellglänzend auflodert, dann rasch stirbt. Sie brennt mit zu viel Kraft. Durch ihr gleißendes Auflodern wird der Brennstoff schnell verbraucht. Sie verschwenden Ihre Hilfsmittel und Reserven.

5 —×— Tränen fließen in Strömen.
　　　　 Jammern und Klagen.
　　　　 Günstig.
Großbrand: Ein außer Kontrolle geratenes Feuer. Obwohl nicht absichtlich, haben Sie doch anderen viel Mühe, Plage und Aufregung bereitet. Sie sollten nicht von Ihren beharrlichen Bemühungen Abstand nehmen, die Welt umzuwandeln.

6 —⊖— Der Mann ist ausgesandt als Repräsentant des Strafvollzugs.
　　　　 Klug und geschickt bringt er die Chefs aus der Fassung.
　　　　 Er unterscheidet in humaner Weise
　　　　 zwischen den schlechten und den guten Menschen,
　　　　 die übertölpelt worden sind.
　　　　 Keine Fehler.
Die Fackel: Eine Flamme, die unter Kontrolle steht und auch für andere nützlich ist. Sie bringen den egoistischen und oft gewaltsamen Absichten anderer Verständnis entgegen. Tun Sie aber besser nur das, was nötig ist, um die von Ihrem Meister gesetzten Ziele zu erreichen. Zerstören Sie nichts einfach nur deshalb, weil Ihnen die Ermächtigung dazu gegeben worden ist. Die Schuld für das, was andere angerichtet haben, indem sie Sie benutzten, ist nicht Ihnen zuzuschreiben.

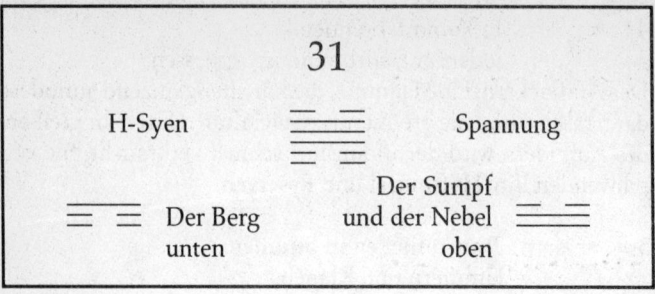

Orakel

Der Teich wird vom Berg umrahmt und gespeist.
Der hervorragende Mann fühlt sich friedlich und ritterlich.

Erfolg,
wenn Sie auf Ihrem Weg bleiben
und sich andern gegenüber empfänglich
und aufgeschlossen verhalten.

Deutung

Artha Sie allein sind in der Lage zu handeln; deshalb halten Sie alle Kraft in Ihren Händen. Sie müssen aktiv werden. Aber Ihr Tun sollte dazu dienen, sich selbst und Ihre Tatkraft den Bedürfnissen jener Menschen unterzuordnen, die selbst nicht zu handeln vermögen. Das setzt allerdings voraus, daß sowohl Sie als auch die anderen, mit denen Sie in dieser Situation unmittelbar zu tun haben, durch das gemeinsame Band gleicher Prinzipien und Ziele aufeinander eingestimmt sind. Wenn jedoch das Ihrer Hilfswilligkeit zugrunde liegende Motiv der zweckgerichtete Wille sein sollte, Ihre eigene Position innerhalb der Gruppe oder Gemeinschaft zu verbessern und zu stärken, werden Probleme und Konflikte die Folge sein.

Kama   Das Passive fügt sich dem Aktiven. Zur gleichen Zeit aber vollzieht sich eine Unterordnung und Anpassung der Handlungen des Aktiven an das Passive. Dies ist die grundsätzliche und vorrangige soziale Vereinbarung zwischen Mann und Frau. Die Familie war die erste soziale Einheit. Der Mann könnte allein schlafen, allein auf die Jagd gehen, allein singen und sterben, sich aber nicht allein fortpflanzen. Die sexuelle Vereinigung setzt eine gegenseitige Unterordnung mit dem Blick auf ein gemeinsames Ideal voraus – eben die sexuelle Vereinigung an sich. Keiner der Partner wäre allein dazu imstande und ist deshalb auch gezwungen, die Verantwortung mit dem anderen zu teilen. Das männliche Wesen ist verantwortlich für den aktiven Teil der Vereinigung, das weibliche für die Entgegennahme der aktiven Handlung. Diese Verantwortlichkeiten werden in das umfassendere Ideal der Ehegemeinschaft übertragen. Der männliche Teil war verantwortlich für das aktive Handeln zugunsten und zum Schutz des weiblichen Teils, der weibliche Teil war verantwortlich für das Nicht-Tun – die Ruhe, die Muße – im Interesse des männlichen Partners.

Wenn die Familie aus mehr als zwei Personen bestand, wurde die Situation allerdings schwieriger. In den meisten Kulturen werden die Familienbande ohne Rücksicht auf etwaige Schwierigkeiten – in einigen Kulturkreisen sind die Rollen des Mannes und der Frau austauschbar – als stabile soziale Institution und Grundlage der Kultur anerkannt und respektiert. Diese Erkenntnis war zum Beispiel im alten China so selbstverständlich, daß die Taoisten, die sich über die Übertragbarkeit der meisten sozialen Prinzipien und Ideale durchaus im klaren waren, in den Familienbanden einen der unveränderlichsten Grundsätze sahen und diese benutzten, um die Unterschiede zwischen den ewigen Yin- und Yang-Prinzipien begreiflich zu machen. Obwohl die Rollenverteilung und die gegenseitigen Beziehungen nicht einfach waren und einzelne Familienmitglieder in unterschiedlicher Weise für Tätigkeiten und Untätigkeiten in bestimmten, genau festgelegten Situationen zuständig waren, wurde die Struktur der Familie von allen voll und ganz akzeptiert und gewürdigt. Die religiöse Tiefe und Inspiration der Lehren des Konfuzius konnten ja nur von einem Volk erfüllt und verstanden werden, von dem die Prinzipien der Familiengemeinschaft als so unabänderlich betrachtet wurden wie die Richtung der Kompaßnadel. In unserer eigenen westlichen Kultur, besonders in den USA, ist die Familienzusammengehörigkeit so gut wie völlig zusammengebrochen. Nicht nur, daß die traditionellen Familienbande abgelehnt werden – man weiß darüber generell nicht einmal Bescheid und hat dafür auch keinerlei Verständnis. Bei den meisten Ehepaaren existiert die traditionelle Teilung der Rollen und Verantwortlichkeiten im Rahmen der Familie überhaupt nicht mehr. Die meisten der hoffnungslosen und unlösbaren Probleme in unserer Kultur gehen zurück auf Konflikte zwischen Mitgliedern derselben Familie, wohingegen in den meisten anderen Kulturen die Struktur der Familie eindeutig bestimmt und festgelegt ist. Sämtliche Konflikte, die innerhalb eines Familienverbandes entstehen können, sind in jedem Falle durch Anwendung allgemein anerkannter Prinzipien relativ leicht lösbar.

Der folgende Dialog dürfte wahrscheinlich eine bestimmte familieninterne Situation als Prototyp für den Verwirrungszustand erkennbar machen, der zwischen Ihnen und Ihrem Partner besteht. Mann und Frau achten darauf, daß sie nichts miteinander tun oder auch nur zusammen irgendwohin gehen. Der Mann: »Was möchtest du denn gern tun?« Die Frau: »Das liegt ganz und gar bei dir.« Der Mann: »Mir ist das völlig gleich; ich tue das, was du wünschst, daß ich es tun soll.« Die Frau: »Uh... uh... uh...« (einer schmerzlichen Verwirrung Ausdruck gebend). Zu Beginn übernimmt der Mann eine männlich betonte aktive Rolle, ergreift die Initiative. Seinen Worten nach scheint er seine Kraft den Bedürfnissen der Frau unterzuordnen. Er kommt sich ausgesprochen ritterlich vor. In Wirklichkeit steht er seiner Rolle, die Initiative in einer konstruktiven Weise zu übernehmen, ziemlich ratlos und verwirrt gegenüber. Was der Mann tatsächlich getan hat, ist, seine Verantwortung hinsichtlich der zu treffenden Entscheidung auf die Frau zu übertragen, an sie abzutreten. Die Frau weicht aus, indem sie in die traditionelle passive Rolle schlüpft. Insoweit entsprechen die Worte des Mannes den Grundsätzen der Höflichkeit und Ritterlichkeit, die der Frau den Prinzipien der Anerkennung der Herrschaft des Mannes. Diese Prinzipien sind konfliktgeladen. Indem er sagt: »Mir ist das völlig egal...« übernimmt der Mann die Rolle des Herrn und Meisters, die ihm von der Nachgiebigkeit und Unterordnung der Frau angeboten wird (was einem Zurückweisen ihrer Verantwortlichkeit entspricht). Jetzt geht der Mann einen Schritt weiter zurück bis zu jener Zeit in der französischen Geschichte, da der Übergang vom Zeitalter des Rittertums zu dem des »Adel verpflichtet« von Versailles geschah. Er setzt sich erfolgreich gegen die Initiative, die angefüllt ist mit Gefühlen von gönnerhafter Liebenswürdigkeit, zur Wehr. So haben die beiden ihre Verantwortlichkeit gleich einer heißen Kartoffel hin und her geworfen. Dieses gegenseitige Sichzuspielen kann sich durch viele Wortwechsel und Höflichkeitsfloskeln hindurch fortsetzen, angefangen bei verschiedenen beiderseitig akzeptierten Idealvorstellungen und sozialen Bindungen, bis schließlich einer der Partner im Zustand der Verblüffung und totalen Verwirrung angelangt ist. Wer zuerst aus der Fassung geraten ist, nimmt die Schuld für die Flucht vor der Entscheidung auf sich. Als Strafe dafür verzichtet er auf die Erfüllung seiner Wünsche zugunsten des anderen. In fast allen Fällen hat jeder der beiden ganz bestimmte Vorstellungen von dem, was er oder sie am liebsten tun möchten. Das Problem ist, daß keiner weiß, wem gemäß eines allgemein anerkannten, traditionellen und unausgesprochenen Gesetzes das Entscheidungsvorrecht in einer Angelegenheit zusteht. Die gemeinsame gegenseitige Anerkenntnis allgemeiner prinzipieller Verhaltensweisen durch Sie und Ihren Partner wird helfen, die Konflikte zwischen Ihnen beizulegen. Weil es aber leider keine unausgesprochenen Prinzipen gibt, die von jedem von Ihnen bedingungslos und jederzeit akzeptiert werden können, müssen Sie sich eben miteinander beraten und Ihre eigenen Prinzipien intellektuell und nach Möglichkeit Wort für Wort formulieren. Sie und Ihr Partner müssen sich einig werden über das, was von Ihnen bisher infolge Ihrer konfusen Vorstellungen über Werte und Verhältnisse, unter denen unsere Kultur leidet, verneint oder abgestritten worden ist. Sie müssen in beiderseitigem Einverständnis entscheiden, unter welchen Umständen die Initiative Ihnen obliegt und wann Sie diese Ihrem Partner zu überlassen haben.

Wenn Sie dazu aufgerufen sind, die Initiative zu ergreifen, müssen Sie alle Bedenken und Ängste bezüglich Ihrer Verantwortung und deren eventueller Folgen zurückweisen, dürfen sich dabei nicht um die Struktur und das Rahmenwerk unserer Kultur kümmern, sondern müssen Ihre Verantwortung voll akzeptieren, auch das, was die Folgen sein können und was sich nicht vorher festlegen und nicht vorhersagen läßt. Sie müssen einfach das akzeptieren und durchführen, was Ihnen im Moment des Tuns richtig erscheint. Sie müssen der Vereinbarung vertrauen, die zwischen Ihnen und Ihrem Partner abgeschlossen worden ist, genau wie die alten Chinesen volles Vertrauen zu ihrer klaren und nicht in Frage zu stellenden Tradition der Familienverhältnisse hatten. Da dieses Hexagramm speziell auf die Anschauungen der alten Chinesen zugeschnitten war, ist die Erlangung des Taos auf diesem Wege für den modernen Abendländer eines der schwierigsten und brennendsten Probleme.

Moksha Sie müssen Ihr Leben Ihren spirituellen Praktiken unterordnen. Wie die Dinge im Augenblick stehen, mißbrauchen Sie die spirituellen Offenbarungen, die Sie empfangen haben. Sie benutzen sie für Ihre Bequemlichkeit, zur Kräftigung oder für die Liebe, ohne ihnen aber zu erlauben, Sie tiefinnerlich zu beeinflussen und zu verändern. Um die Vereinigung mit dem All-Einen im Zustand der Erleuchtung zu erreichen, müssen Sie sich mit Ihrem ganzen Selbst, mit allen Ihren menschlichen Handlungen und Entscheidungen, mit all Ihrem Wollen und Wünschen ebenso vollkommen hingeben, wie Sie andererseits die göttlichen Gaben der Freiheit, des Vertrauens, der Freude und Schöpferkraft entgegennehmen.

Die Linien

1 —×— Mit der großen Zehe wackeln.
Sie sind willens, in sich selbst einiges zu verändern, um Ihre Situation zu verbessern. Aber die Veränderungen, die Sie vorzunehmen gedenken, sind so geringfügig und unwirksam, daß sie keinen merklichen Einfluß auf Ihre Lage ausüben können, die sehr schwierig ist und eine größere Anstrengung, eine größere Revolution in Ihrem Innern erfordert als das, was zu tun Sie willens sind.

2 —×— Den Unterschenkel beugen.
Unheilverkündend,
es sei denn, Sie bleiben ruhig stehen.
Sie wünschen sich zu verändern, haben aber keinerlei Grundsätze, denen Sie genug Vertrauen entgegenbringen, um Ihnen als Leitlinien auf dem Weg zu einer neuen Lebensweise dienen zu können. Wenn Sie jetzt überstürzt etwas unternehmen, wäre das ein Fehler. Wenn Sie aber alle Tätigkeitsimpulse unterdrücken und geduldig auf die in Entwicklung begriffenen Dinge so lange warten, bis sich Ihnen eine geeignete Chance bietet, werden Sie Erfolg haben.

3 —◦— Die Oberschenkel beugen,
Ungeduldig in Wartestellung bereitstehen.
Wenn Sie so weitermachen,
werden Sie es bereuen.
Sie gründen Ihre Handlungen auf das Prinzip der in Zukunft zu erwartenden Vorteile und Gewinne, anstatt sich auf Grundsätze zu verlassen, denen gegenwärtige Bedürfnisse zugrunde liegen. Aber Ihr Zukunftsdenken ist eine Illusion. Es existiert in diesem Moment, genau wie zu jeder anderen Zeit, nur in Ihrer Vorstellung. Die Jetzt-Situation wird in dieser Form niemals wiederkehren. Ihre Tätigkeiten im Hier und Jetzt sind in Unordnung geraten, bewegen sich nur im Rahmen Ihrer phantasievollen Erwartungen.

4 —o— Alles zwickt und zwackt.
Nur die Leute, die den Mann kennen,
werden von ihm beeinflußt.
Günstig,
wenn Sie auf Ihrem Weg bleiben.
Ohne Schuld.
Tiefste aus Ihrem Herzen kommende Motivationen gründen sich auf Ihre universellen Prinzipien. Wenn Sie in dieser Richtung weitergehen, entspricht das in jeder Hinsicht völlig Ihrem Tao. Aber Sie bringen diesen Ihren tiefsten Motivationen nicht das nötige Vertrauen entgegen. Sie sind davon überzeugt, daß Sie sich selbst in einer mehr gegenwärtigen, alltagsbezogenen Weise betrachten und zugleich versuchen sollten, die Menschen und die Ereignisse in Ihrer Umgebung zu Ihren Gunsten zu beeinflussen. Obwohl diese Versuche in begrenztem Umfange erfolgreich sind, haben Sie durch Mißachtung Ihrer aus dem Inneren stammenden Impulse das Rad des Karma zu einer Tretmühle gemacht.

5 —o— Der Rücken ist steif.
Ohne Schuld.
Sie haben die Kraft, etwas zu unternehmen. Sie haben einen starken Willen. Ihr Wille bindet alle zusammen; Ihre Taten werden von allen akzeptiert. Ihre Kraft ist rechtmäßig, legitim.

6 —×— Die Zunge bewegt sich heftig.
Sie sind sehr stark, wenn es darum geht, die Grundsätze zweckgerichteter Tätigkeit in Worten darzulegen, doch wenn Sie zweckbestimmt handeln sollen, werden Sie schwach. Daraus ergibt sich weder etwas Gutes noch etwas Schlechtes.

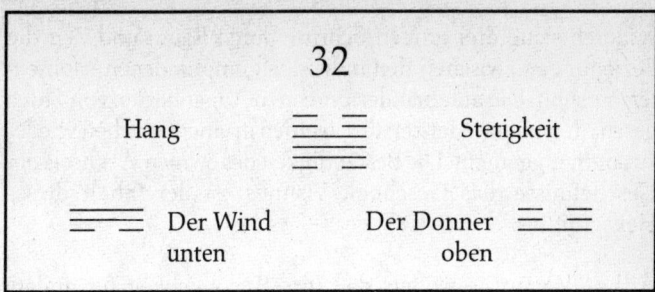

Orakel

Wind und Donner,
immerdar verläßlich.
Der hervorragende Mann bleibt fest
und ändert seine Methode nicht.

Erfolg
und keine Fehler,
wenn Sie auf Ihrem Weg bleiben.
Sie dürfen jede gewünschte Tätigkeit ausüben.

Deutung

Anmerkung: Dieses Hexagramm bringt die Kontinuität der Erfahrungen zum Ausdruck, symbolisiert die Brücke zwischen den aufeinanderfolgenden Augenblicken, die den universellen Fluß der Geschehnisse für uns begreiflich macht. Shiva wird hin und wieder auch »der Zerstörer« genannt, weil er durch sein unablässiges Tanzen, sein ständiges Sichbewegen – die universelle Allbewegung symbolisierend – keinem Augenblick ein Verweilen gestattet und weil man sich vorstellen kann, daß jeder neue Augenblick der Vernichter des vorangegangenen Augenblicks ist. Vishnu wird manchmal als »der Schöpfer« bezeichnet, weil er durch seine drei großen Schritte durch Raum und Zeit die Beziehungen zwischen den individuell empfundenen Momenten herstellt. Die aufeinanderfolgenden Augenblicke, von Shiva geschaffen und wieder zerstört, werden in einer Ganzheit wieder zusammengebracht. Die Beständigkeit des ewigen Wechsels der Geschehnisse, das Geschenk Vishnus, ist der Inhalt dieses Hexagramms.

Artha Wenn Sie wollen, daß Ihre Persönlichkeit für andere Menschen von Bedeutung ist, wenn Sie wollen, daß Sie als Persönlichkeit anerkannt, identifizierbar und ansprechbar sind und bleiben, dann muß Ihre Identität Beständigkeit haben. Sie existieren nicht nur als ein körperliches Wesen, sondern sind zugleich die Summe aller Ihrer Handlungen, Werte und Nützlichkeiten, die Sie zum Ausdruck bringen. Sie sind eine Widerspiegelung der Sie motivierenden Grundsätze. Diese Aspekte Ihrer Persönlichkeit müssen ebenso dauerhaft sein wie Ihre physischen Aspekte. Das will allerdings nicht besagen, daß Sie sich nicht verändern sollen. In Ihrem Körper gehen ununterbrochen Veränderungen vor sich. Jeder gegebene physikalische Zustand folgt im Zuge des natürlichen Fließens aller Dinge auf den vorhergehenden und geht selbst wieder in den nächsten über. Ihre Handlungen sollten sich in natürlicher Folge auseinander entwickeln, sich in eine klar abzeichnende Richtung bewegen, motiviert durch eine einzige Kraft. Weichen Sie nicht von dem einmal eingeschlagenen Weg ab. Erlauben Sie irgendwelchen zufälligen Vorgängen nicht, Ihre Aufmerksamkeit auf Abwege zu drängen. Springen Sie nicht von einer Sache zur anderen. Derartige Unterbrechungen Ihrer Kontinuität würden Konflikte mit anderen herbeiführen, die sich auf Sie und Ihre Beständigkeit verlassen. Wenn Sie beständig im wahren Sinne des Wortes bleiben, werden Ihre Verhältnisse und Beziehungen harmonisch sein. Veränderungen bei Ihnen werden in Zusammenhang stehen mit Veränderungen bei anderen. Darüber, wer Sie sind, werden keine Irrtümer und Trugschlüsse entstehen, so daß mögliche Feindseligkeiten gleich von Beginn an vermieden werden können. Beständigkeit ist nicht gleichbedeutend mit Konservativismus. Ganz im Gegenteil, es ist eine Qualität des an den Zeitverlauf gebundenen Bewegungsprinzips.

Kama   Dieses Hexagramm repräsentiert die Ehe als Institution. Von der Idee her hat ein verheiratetes Paar das gleiche Bedürfnis nach Dauer und Beständigkeit, wie es jedes einzelne Individuum auch hat. Die Grundlagen des Miteinanderlebens und -handelns von Eheleuten beruhen auf Dauerhaftigkeit, sind nicht das Ergebnis plötzlicher Launen und Einfälle. Der Ehemann und seine Frau sind für einander absolut durchschaubar und ihr Tun vorhersehbar. Ihr Partner verlangt nach einer solchen Vertrautheit, um sein Verhältnis zu Ihnen völlig frei und offen gestalten zu können, ohne irgendwelche Gefühle und Meinungen unausgesprochen unterdrücken zu müssen. Die Liebe Ihres Partners gründet sich auf die Beständigkeit all Ihrer Eigenschaften, nicht nur auf Ihr physisches Vorhandensein.

Moksha   Ihr spirituelles Leben muß Dauerhaftigkeit haben. Anstelle auf zehn verschiedenen Pfaden je zehn Schritte vorwärtszugehen, wären hundert Schritte auf einem Pfad besser. Ein Erleuchteter ist ein Mensch, der vollkommen geworden ist. Nur durch Beständigkeit und mit einer sich gleichbleibenden Zielvision des All-Einen und durch Festhalten an einer einheitlichen Version des Paradoxons können Sie die Vollkommenheit erlangen.

Die Linien

1   —×—   Der Mann strebt nach Beständigkeit.
Unheilverkündend für immer,
wenn Sie den eingeschlagenen Weg beibehalten.
Keine Verbesserung.
Um Beständigkeit in Ihr Leben zu bringen, haben Sie plötzlich und auf unnatürliche Weise Ihren Lebensweg geändert. Aber Sie

sind dadurch nur noch unbeständiger geworden. Sie haben weniger Beständigkeit als zuvor.

2 —⊖— Er hält sich an die goldene Mitte.
Schuld verschwindet.
Ihre Ambitionen sind ziemlich anspruchsvoll. Sie wissen das und sind sich über die Unwahrscheinlichkeit der Erreichung Ihres Zieles auch durchaus im klaren. Wenden Sie sich nach innen, zu dem in Ihnen ruhenden Unveränderlichen, zum Grundprinzip Ihres Lebens. Wenden Sie sich vertrauensvoll und zuversichtlich nach innen und entwickeln Sie das Wesen weiter, das Sie auf diese Weise entdecken.

3 —⊖— Der Mann ist in Ungnade gefallen,
weil er die Beständigkeit nicht aufrechterhielt.
Sie werden es bereuen,
wenn Sie auf diesem Weg weitergehen.
Sie neigen dazu, in der Öffentlichkeit unangenehme und peinliche Situationen hervorzurufen. Es gelingt Ihnen nicht recht, die Spannungen zwischen Ihrem eigenen Charakter und den Stimmungen und der Atmosphäre der Außenwelt in Übereinstimmung zu bringen. Sie sind unentschlossen, zögernd und unbeholfen. Infolgedessen sind Sie oft auf dem falschen Weg und reagieren auf andere in unangebrachter Weise.

4 —⊖— Ein Jagdrevier ohne Wild.
Sie denken, Sie seien dabei, Ihre Probleme zu lösen. In Wirklichkeit gehen Sie aber einem realen Ergebnis aus dem Weg. Ein Psychologe würde sagen: Sie verlagern, übertragen die Probleme. Schauen Sie dem, was die tatsächliche Ursache Ihres Problems ist, offen ins Auge, auch wenn es sich um einen Defekt in Ihnen selbst handeln sollte. Wenn es sich herausstellt, daß die Ursache in Ihnen liegt, kann die Sache relativ leicht in Ordnung gebracht werden.

5 —×— Der Mann bleibt seiner Beständigkeit treu.
*Günstig für die Ehefrau,
unheilverkündend für den Ehemann.*
Ist die Grundlage Ihres Lebens die Treue zu einem Staat oder Ihrem Vaterland, eine Loyalitätspflicht, ein sonstiges Treuegelöbnis oder die Anhänglichkeit an eine bestimmte Idee oder irgendeine Organisation? Wenn dem so wäre, sollten Sie sich ernsthaft bemühen, Ihren Charakter beständig und zuverlässig zu machen. Existieren Sie für sich selbst mit all Ihren Liebesbeziehungen und Loyalitäten, die auf der Verehrung durch andere beruhen? Dann versuchen Sie nicht, sich etwa auf gekünstelte Weise zu einem beständigen, identifizierbaren Charakter umzuformen.

6 —×— Der Mann versucht krampfhaft,
seine Beständigkeit festzuhalten.
Unheilverkündend.
Sie sind fortwährend in Eile. Sie sind immerzu ein paar Schritte vor und ein paar Schritte hinter sich selbst. Sie sind niemals ruhig und gelassen, niemals entspannt. Sie kommen immer zu spät und bringen nichts zu Ende. Beeilen Sie sich, ein Mittel und einen Weg zu finden, die Ihnen zu Gemütsruhe und Ausgeglichenheit verhelfen können.

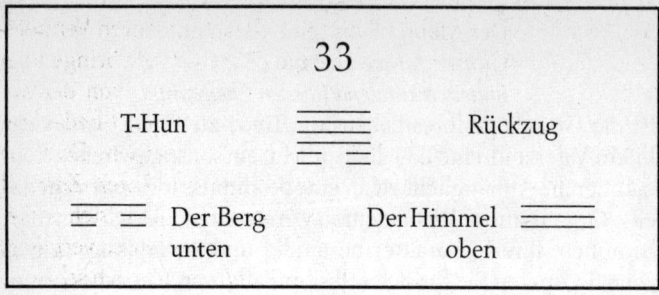

Orakel

Der Berg ragt über der Erde empor,
bleibt aber noch unterhalb der Wolken.
Der hervorragende Mann scheint,
aus der Ferne betrachtet, kleiner zu sein,
aber eine würdevolle Zurückhaltung aufrechterhaltend.
Er läßt die Leute nicht wissen, was er von ihnen denkt.

Verbesserung.
Bleiben Sie auf Ihrem Weg,
besonders was kleinere Dinge anbelangt.

Deutung

Artha Sie werden von derart starken aktiven Kräften angegriffen, daß Sie sich vor ihnen zurückziehen müssen. Dieser Rückzug bedeutet aber keine Kapitulation. Sie bleiben von Ihren Feinden ebenso unberührt, wie es der Himmel bleibt, wenn er von einer hohen Bergspitze aus betrachtet wird. Dieser Rückzug muß keineswegs eine verzweifelte Hals-über-Kopf-Flucht sein, sondern kann so selbstsicher und gefaßt vor sich gehen, wie sich der Vogel mit dem Namen Strandläufer vor der steigenden Flut zurückzieht. Alle Richtlinien und Instruktionen sind nur von relativer Bedeutung. Jedes Zurückweichen kann durch Veränderung und Anpassung an neue Ziele in einen Vorteile bringenden Fortschritt verwandelt werden. Die Verbesserung, von der der Orakeltext spricht, kann mittels eines ruhigen und bedächtig durchgeführten Sichzurückziehens erreicht werden. Daß Sie über Ihre derzeitige Entwicklungsrichtung und Ihren Zustand enttäuscht sind, läßt sich nicht vermeiden. Hüten Sie sich davor, in eine Groll- oder Haßstimmung jenen gegenüber zu verfallen, über die Sie enttäuscht sind. Haß ist eine ausgesprochen schwere, entnervende und kräftezehrende Belastung. Ein inspirierter Jogi kann sogar seine Feinde lieben. Der naturverbundene Mann, der »hervorragende Mann« laut Orakel, zieht sich einfach von jenen, die sich ihm entgegenstellen, zurück, weicht ihnen aus. Er kann sie nicht lieben, weigert sich aber, sie zu hassen. Er löst seine Gefühle von den alltäglichen banalen Geschehnissen. Er wendet sich nach innen, seinem eigenen Selbst und dem Kreis jener Menschen zu, die er zu lieben vermag.

Kama   Sie und Ihr Partner befinden sich in einer Konfliktsituation. Ihr Partner unterdrückt absichtlich seine sich auf Vereinigung und gegenseitigen Aktivitätsaustausch beziehenden Ausdrucksmöglichkeiten, die Sie gefühlsmäßig für Ihre Beziehungen zueinander als sehr wesentlich betrachten. Ihre fortgesetzten Bemühungen, Ihren Partner in Situationen hineinzuziehen, die er gerade zu vermeiden wünscht, sind die Ursache, daß er sich von Ihnen zurückzieht. Nehmen Sie mehr Rücksicht auf die Neigungen Ihres Partners – sofern Sie überhaupt Wert auf die Aufrechterhaltung der Beziehungen legen – und gehen Sie bewußt, zur Freude Ihres Partners, auf dessen Vorstellungen und Vorlieben ein. Hüten Sie sich vor der Entstehung negativer Gefühle Ihrem Partner gegenüber. Solche Gefühle eignen sich nicht als Grundlage einer erfolgreichen Neuordnung Ihrer Beziehungen. Sie müssen lernen, sich in den Dingen, die Ihr Partner Ihnen nicht geben will, auf sich selbst zu verlassen.

Moksha   In Ihrer Moksha-Praxis sollten Sie sich durch nichts, was Ihnen begegnet, behindern oder hemmen lassen. Ihre Erkenntnis des All-Einen verändert sich im Zuge Ihrer sich ebenfalls verändernden Erfahrungen. Ganz gleich, was geschieht: eine Kontinuität des Fortschritts ist gewährleistet. Ein wahrer Pfad zur Erleuchtung ist immer veränderlich und flexibel, niemals im voraus berechenbar und festzulegen, setzt das Offensein und den entschlossenen Willen zur Wandelbarkeit und Bewußtseinserweiterung voraus. Ihre Moksha-Praxis ist leider in einen statischen Zustand geraten. Sie lehnen es ab, Erfahrungen und Einsichten zu akzeptieren, die Ihres Erachtens nicht zu dem von Ihnen gewählten Weg passen. Sie fühlen, daß Ihnen Begegnungen mit feindlichen Kräften bevorstehen, weil Ihre gegenwärtigen spirituellen Erfahrungen nicht mehr mit den Idealen übereinstimmen, die aus Erfahrungen der Vergangenheit hervorgegangen sind. Die Gegnerschaft ist in diesem besonderen Falle in Ihrer eigenen Vergangenheit zu suchen. Ihre Voreingenommenheiten und Vorurteile und Ihr starres Festhalten an alten Glaubensvorstellungen stehen im Widerspruch zum Fluß der Zeit und der Ereignisse. Es gibt nur einen wahren Entwicklungspfad, und den können Sie nicht bewußt im voraus wählen. Sie können nur seinem Verlauf folgen, ohne wahrnehmbaren realen Fortschritt, ohne Einhaltung einer bestimmten Richtung und ohne sichtbares Wachstum. Was einzig und allein existiert, ist die unbeeinflußbare, ewige Bewegung des Jetzt.

Die Linien

1   —×—   Er nimmt Reißaus.
Gefahr.
Unternehmen Sie nichts, was es auch sei.
Sie haben sich nicht genügend Zeit genommen, um sich in eine geordnete, vernünftige Lebensweise zurückzuziehen. Versuchen Sie nicht, sich in irgendeiner Weise vorwärtszubewegen, und scheint dies auch noch so unbedeutend.

2 —×— Er hält an seinem Vorhaben fest,
als wenn er mit einem unzerreißbaren Riemen
aus gelbem Rindsleder daran festgebunden wäre.
Bei Ihrem Zurückweichen vor feindlichen Mächten haben Sie
Ihr Schicksal an einen Menschen gebunden, der stärker ist als
Sie, sich aber in gleicher Weise zurückzuziehen im Begriff ist.
Seine Stärke wird Ihnen zu Sicherheit verhelfen.

3 —○— Er ist verwirrt und verstrickt sich
durch sein Zurückweichen in Gefahr, in Not und
Schmerz.
Verhalten Sie sich Ihren Unterdrückern gegenüber
ebenso großzügig und edel,
wie Sie es einem Bediensteten oder einer
geliebten Person gegenüber tun würden.
Günstig.
Ihr Zurückweichen vor einer feindlichen Macht ist durch das
völlig unerwartete, urplötzliche Dazwischenkommen einer dritten Kraft gestoppt worden. Sie sind enttäuscht worden und
gleichzeitig in Gefahr geraten. Wenn es Ihnen gelingt, mit dem
neu in Ihren Lebenskreis Eingetretenen eine Art Interessengemeinschaft zu bilden, könnte es sein, daß er Ihnen, anstatt Sie zu
behindern, Ihren Rückzug fördert oder erleichtert.

4 —○— Er zieht sich zurück,
obgleich er das lieber hätte unterlassen sollen.
*Günstig für die Großen,
unerreichbar für die Kleinen.*
Ziehen Sie sich unerschrocken, zielbewußt und in naturgemäßer
Weise zurück, ohne Haßgefühle, ohne Reue und Bedauern, ohne
Verlust Ihrer Selbstachtung. Akzeptieren Sie das, was geschieht,
als von Gott kommend, nicht als Äußerung Ihrer Persönlichkeit.
Wenn Sie in Ihrem Innern Haßgefühlen Nahrung geben, vielleicht sogar mit Reuegedanken spielen und sich selbst zu hassen
anfangen, wird Ihnen auch ein gut geplanter und einwandfrei
durchgeführter Rückzug in psychologischer Hinsicht schaden.

5 ──○── Er zieht sich in kluger und verständiger Weise
zurück.
Günstig,
wenn Sie auf Ihrem Weg bleiben.
Alle diejenigen, die sich von derselben feindlichen Macht bedroht fühlen, erkennen ihre übereinstimmenden, gemeinsamen Zwecke und ihre Zusammengehörigkeit. Ohne lange Diskussionen hat sich jeder bereit erklärt, wegen eines erfolgreichen Rückzugs mit den anderen zusammenzuarbeiten. Solange diese Geisteshaltung fortdauert, solange wird alles gutgehen.

6 ──○── Er zieht sich in würdevoller Weise zurück.
Verbesserung in jeder Hinsicht.
Das ist die Zufluchtsstätte des erleuchteten Mannes, für den es weder ein Vorwärts noch ein Rückwärts gibt. Es ist das Sichzurückziehen des vor sich hin pfeifenden Bettlers oder Landstreichers. Er erreicht einen Fluß, doch da die Brücke zusammengebrochen ist, kann er nicht ans andere Ufer. Er geht deshalb den Weg zurück, den er gekommen ist. Nicht ein einziges Mal hat er das Pfeifen des Liedes unterbrochen oder auch nur einen falschen Ton gepfiffen.

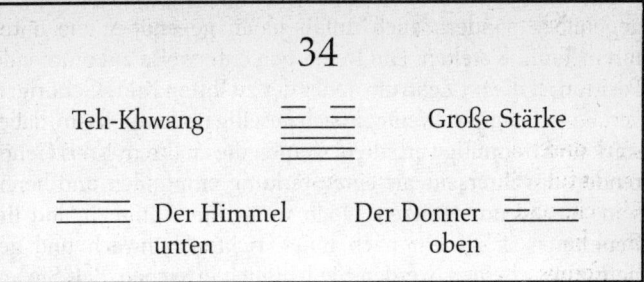

34

Teh-Khwang Große Stärke

Der Himmel unten Der Donner oben

Orakel

Der Donner tobt am Himmel droben.
Der hervorragende Mann ist bestens geeignet
für alles, was er tut.

Verbesserung,
wenn Sie auf Ihrem Weg bleiben.

Deutung

Artha Dies ist eine Zeit großer Beeinflussungsmöglichkeiten für Sie. Ihr Tao ist stark und wirkungsvoll. Es hat eine nach außen gerichtete Funktion und eine innere Kraft. Ihre Richtungsanweisungen werden von anderen geschätzt und befolgt. Vorsicht: Mißbrauchen Sie nicht Ihre Beeinflussungsmacht. Ein Mißbrauch würde einer bewußten Übervorteilung der unter Ihrem Einfluß Stehenden gleichkommen. Das wäre ganz klar und eindeutig eine korrupte Verhaltensweise. Doch Sie können Ihren Einfluß auch mißbrauchen, ohne daß Ihnen dieser Umstand überhaupt zu Bewußtsein kommt. Machen Sie nicht den Fehler, durch falsche Bescheidenheit, neurotische Selbstbezichtigung oder aus irgendeinem anderen Grund Ihre eigenen Kräfte zu ignorieren. Das wäre nicht nur eine Verweigerung Ihrem Tao gegenüber, sondern auch unfair jenen gegenüber, die unter Ihrem Einfluß stehen. Die Ihnen gerechterweise zukommende Position ist die im Zentrum. Jeder der zu Ihrem Kreis Gehörigen verläßt sich auf Sie. Wenn Sie sich gesellig und mitteilsam, dabei stark und freimütig verhalten, werden die zu Ihrem Kreis Gehörenden das ihrerseits als eine Stärkung empfinden und bereit sein, Sie zu unterstützen. Doch wenn Ihre Tätigkeit und Ihr Benehmen sich mehr nach innen richten, schwach und gehemmt erscheinen, werden Sie lediglich erreichen, daß Sie andere mit in das Chaos Ihres persönlichen Lebens hineinziehen und dadurch Enttäuschungen, Ängste und Konflikte bewirken. Dies ist ein besonders stark wirksames, schöpferisches Hexagramm und kann als gutes Vorzeichen gelten, solange man sich vor den Verantwortlichkeiten, die damit verbunden sind, nicht drückt, vor ihnen nicht kneift.

Kama   Ihr Partner ist von Ihnen besonders leicht zu beeinflussen. Wenn Sie mürrisch und niedergedrückt sind, wird Ihr Partner diese Stimmung übernehmen. Wenn Sie sich zu Albernheiten aufgelegt fühlen, wird es Ihr Partner Ihnen nachmachen. Wenn Sie Interesse an einer bestimmten Idee erkennen lassen, wird Ihr Partner schon bald sein Interesse der gleichen Sache zuwenden. Wenn Sie sich hingebungsvoll der Liebe zu Ihrem Partner widmen, wird er Ihnen gegenüber das gleiche tun. Das Paradoxon der Kraft stellt sich in dieser Situation selbst unter Beweis. Ihr Partner, der gänzlich unter ihrem Einfluß steht, kann frei und spontan nach eigenem Ermessen reagieren. Sie, der Sie keiner Beeinflussung von anderer Seite unterliegen, müssen sich liebevoll und bedächtig verhalten, weil Sie infolge Ihrer Beeinflussungskraft auf Ihren Partner auch die damit verbundenen Verantwortlichkeiten tragen. Gleich anderen Paradoxa ist das der Ausdruck des unvermeidlichen Gleichgewichtsstrebens der Yin- und Yangkräfte.

Moksha   Ihr Pfad zur Erleuchtung liegt in Ihrer Fähigkeit, anderen Menschen Erleuchtung zu bringen. Erleuchtung ist der Übergang von einem intellektuellen Glauben zu einer abstrakten, rein begrifflichen Wahrheitserkenntnis, zu einem existentiellen Sein an sich, ist ein Übergang von einer Idee zu einer allumfassenden Wesenseinheit. Sie im besonderen vollziehen diesen Übergang dadurch, daß Sie Ihr intellektuelles, begriffliches Verständnis an andere weitergeben, es für sie erfaßbar machen. In dem Maße, wie Ihr Geist sich mit dem anderer in gemeinsamem Verstehen zusammenfindet, werden Sie von der Universalität Ihres Glaubens in einen Bereich jenseits des Intellekts hineingestoßen, und der Inhalt Ihrer Belehrungen nimmt religiösen Charakter an. Eine Verweigerung dieser Berufung durch Sie selbst wäre heuchlerisch und spirituell verhängnisvoll.

Die Linien

1 ——⊖—— Der Mann sammelt seine Kräfte in seinen Zehen.
Ohne Zweifel unheilverkündend,
wenn Sie so weitermachen.
Sie fühlen sich enttäuscht und verdrossen. Aber – urteilen Sie nicht vorschnell!

2 ——⊖—— *Günstig,*
wenn Sie auf Ihrem Weg bleiben.
Sie stehen am Beginn einer neuen Angelegenheit. Sie fühlen sich ausgesprochen überschwenglich und optimistisch. Wenn Sie sich aber von dieser Einstellung zu weit vorwärtstragen lassen, werden Sie nicht in der Lage sein, mit irgendwelchen sich vor Ihnen erhebenden Widerständen erfolgreich fertigzuwerden, dürften wohl auch nicht imstande sein, sich eintretenden Veränderungen anzupassen. Halten Sie vor allem Ihr inneres Gleichgewicht aufrecht.

3 ——⊖—— Der kleine Mann verbraucht alle seine Kräfte,
der hervorragende Mann dagegen sammelt sie.

Der Widder stößt mit dem Kopf gegen die Einfriedung
und verfängt sich darin mit den Hörnern.
Gefahr,
wenn Sie in gleicher Weise wie bisher weitermachen.
Sie sind in der Vergangenheit so erfolgreich gewesen, daß Sie glauben, die richtige Einstellung auftauchenden Hindernissen gegenüber sei die, deren Existenz einfach zu ignorieren und weiter vorwärtszudrängen. Gefahr: zu großes Selbstvertrauen. Bleiben Sie offen der Möglichkeit gegenüber, daß Sie »kürzer treten« müssen, Kompromisse zu schließen haben und sogar genötigt sein könnten, einen Rückzug anzutreten, um Ihrem Tao gehorsam zu sein.

4 —O— Der Widder stößt mit dem Kopf gegen die Einfriedung.
Er bricht durch, ohne sich zu verheddern.
Die Tragfähigkeit eines großen Lastwagens hängt von der Stärke jeder einzelnen Radspeiche ab.
Günstig,
wenn Sie auf Ihrem Weg bleiben.
Schuld verschwindet.
Weil Sie es vermeiden können, Ihre Beeinflussungskraft zu mißbrauchen, wie oben im Absatz Artha dargestellt, ist Ihr Einfluß auf Ihre Umgebung ein durchaus konstruktiver und kreativer.

5 —×— Seine sorglose, leichtfertige Lebensführung zerstört seine Rammbock-ähnlichen Fähigkeiten.
Ohne Schuld.
Bestimmte Umstände in Ihrem vergangenen Leben haben Sie kriegerisch, eigensinnig und stur gemacht. Aber die Gegebenheiten haben sich geändert. Verändern Sie Ihre Verhaltensweise ebenso. Die Umwelt ist jetzt wesentlich freundlicher Ihnen gegenüber. Sie haben Einfluß auf sie. Fangen Sie gleich damit an. Seien Sie sympathisch und tolerant.

6 —×— Der Widder ist in der Einfriedung
steckengeblieben.
Er kann weder vorwärts noch zurück.
Keine Verbesserung in irgendeiner Weise.
Günstig,
wenn Sie Ihre Lage akzeptieren.

Sie befinden sich anscheinend inmitten unentrinnbarer Bindungen und Verpflichtungen. Jede Bewegung nach vorwärts, rückwärts oder seitwärts bringt Zank und Streit, Konflikte und immer kompliziertere Verstrickungen mit sich. Der einzige Ausweg ist, auf alles ehrgeizige Streben zu verzichten, sich keine festen Ziele zu setzen und sich von sämtlichen illusionären Hoffnungen und Erwartungen freizumachen.

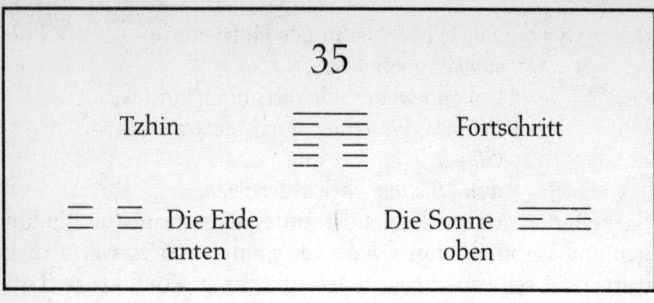

Orakel

Die Sonne scheint über der Erde.
Der hervorragende Mann vervollkommnet seine
Klugheit und seine geistige Wendigkeit.
Er bewahrt sich seine Gelassenheit und Heiterkeit
und wird dafür mit vielen Pferden belohnt.
Er wird dreimal pro Tag interviewt.

Verbesserung.

Deutung

Artha Dieses Hexagramm repräsentiert den Aufgang der Sonne über der Erde. Die Sonne strahlt Licht aus, indem Sie sich durch dieses Zerstrahlen selbst vernichtet. Die dunkle, empfangsbereite Erde verwandelt die Sonnenenergien in Leben und Wachstum. Die Bedeutung dieses Hexagramms bezieht sich gewissermaßen auf zwei Menschen: der eine ist leidenschaftlich, temperamentvoll, energisch, prophetisch und selbstzerstörerisch, der andere ist leicht zu beeindrucken, mehr passiv, logisch denkend und »aufblühend«. Höchstwahrscheinlich sind Sie mehr die letztgenannte Hälfte des Paares. Der leidenschaftlich, leicht erregbare und jähzornige Partner gehört normalerweise nicht zu jenen Personentypen, die das I Ging-Orakel befragen. Machen Sie sich auf die Suche nach einem Alter ego, einem »anderen Ich«, nach dem negativen Teil Ihres Selbstes, nach Ihrem Gegenpol, nach dem zu Ihrem Yin gehörenden Yang. Erkennen Sie die Tatsache, daß die Kraft, die hinter Ihrem Tun und Lassen steht, von diesem anderen Ich herrührt. Wenn Sie mit ihm zusammenarbeiten, werden Sie bedeutsame Fortschritte und neue Entdeckungen machen. Denken Sie immer an die engen Beziehungen zwischen der Erde und der Sonne. Richten Sie Ihr Hauptaugenmerk nicht auf die kleinlichen Alltagssorgen und auf die von egoistischen Interessen bestimmten Wertmaßstäbe. Schenken Sie Ihre Liebe ohne Einschränkung der Sonne, die Ihre Dunkelheit in Licht verwandelt. Sollten Sie der leidenschaftliche, leicht erregbare und energiegeladene Teil des Paares sein, vergleichbar der strahlenden Sonne, wird das in diesem Orakel Gesagte wohl kaum irgendwie Eindruck auf Sie machen: Ihr Geist ist zu stark. Der Fortschritt, von dem im Orakel für dieses Hexagramm die Rede ist, wird von keinem der beiden Hälften des Paares allein erreicht werden können, sondern wird die Frucht des Zusammenwirkens beider Teile sei.

Kama   Sie und Ihr Partner passen gut zusammen. Ihre Charaktere ergänzen einander. Zusammen verfügen Sie über das Kraftpotential, das für die Herstellung und Aufrechterhaltung kreativer, sich entfaltender und ständig erweiternder gegenseitiger Beziehungen erforderlich ist. Das einzige Problem, mit dem Sie zu tun haben, dürfte darin liegen, daß Sie sich zu sehr an altmodische, längst überholte Begriffe einer negativen Tradition klammern. Der leidenschaftliche, temperamentgeladene Partner (die Sonne) und der passive Partner (die Erde) werden nicht notwendigerweise vom Mann beziehungsweise der Frau repräsentiert. Sollte der Fall eintreten, daß sich die vorwärtsdrängenden, energiegeladenen Yang-Kräfte in einer Frau manifestieren und der passive Yin-Partner der Mann ist, dann wird letzterer wahrscheinlich das Gefühl haben, daß seine Rolle als »nicht ganz normal« bezeichnet werden kann. Falscher Stolz wird Ängste und Konflikte verursachen. Der Mann muß in diesem Fall die allgemein akzeptierten Begriffe bezüglich der menschlichen Rollenzuteilungen vergessen, seinen eigenen Charakter akzeptieren und sich damit abfinden. Er muß die Beziehungen auf die Gegebenheiten gründen, nicht auf seine Ideen, die meist nur die Ideen seiner kulturellen Umgebung sind, die nun einmal praktisch vorhanden sind und die gegenseitigen Beziehungen im Grundsätzlichen bestimmen. Wenn der energische, führende Teil der Mann ist und die Frau der passive, dann besteht die Gefahr, daß die Frau ihre politischen Überzeugungen dem Manne aufzudrängen versuchen wird. Obgleich sie fühlt, daß die Gesellschaft als Ganzes dem weiblichen Geschlecht gegenüber gewisse allgemeine Voreingenommenheiten hat entstehen lassen, bleibt ihr nichts anderes übrig, als ihre Rolle als weibliches Wesen zu akzeptieren und zu schätzen, ebenso die Passivität und Empfangsbereitschaft, die Grundbestandteile ihres Wesens sind und nicht allein mit der biologischen Geschlechtszugehörigkeit erklärt werden können.

Moksha Sie müssen nach dem einen suchen, der Sie erleuchten wird. Dieser eine ist kein Guru, kein Priester, kein Lehrer und auch kein Gelehrter. Er hat nicht die erklärte Absicht, Sie zu erleuchten, beabsichtigt in Wirklichkeit überhaupt nichts. Er strahlt klar und hell, ist erfüllt von Liebe und Begeisterung, die zweckbestimmt und zielgerichtet sind. Er ist ohne Sie verloren, wie auch Sie ohne ihn verloren sind. Sein Licht verlöscht, wenn es nicht von Ihnen reflektiert wird. Ihr Leben ist finster ohne sein Licht.

Die Linien

1 —×— Der Mann strebt vorwärts
und wird zurückgehalten.
Günstig,
wenn Sie auf Ihrem Weg bleiben.

Wenn Sie kein Vertrauen hervorrufen können,
akzeptieren Sie das zumindest mit wohlwollender
Gelassenheit.
Sie zögern noch, Kontakt aufzunehmen mit jener Person, deren Kreativität, Energie und Stärke das Schicksal von Ihnen beiden verbessern wird. Sie befürchten eine schroffe Zurückweisung. Aufgrund der leidenschaftlichen und leicht erregbaren Natur dieses anderen läge eine solche brüske Ablehnung sicherlich im Bereich der Möglichkeit. Doch lassen Sie diese Befürchtung nicht die Ursache sein, in Ihren Versuchen der Kontaktaufnahme nachzulassen. Selbst wenn Sie zurückgewiesen werden sollten, wäre die Bewahrung von Ruhe und Gelassenheit die richtige Reaktion.

2 —×— Der Mann kommt vorwärts,
ist aber voller Kummer und Sorgen.
Günstig,
wenn Sie auf Ihrem Weg bleiben,
durch das Entgegenkommen Ihrer Großmutter.
Sie können jene bestimmte Person nicht erreichen, von deren Kreativität, Energie und Stärke Ihre beiden Schicksale abhängen. Es sind gerade die Energie und Stärke des Betreffenden, den Sie suchen, die die Hindernisse bilden, die Ihnen die Verwirklichung Ihrer Absicht unmöglich machen. Ihr Leben ist erfüllt von typisch weiblichen Kümmernissen und Resignationen. Die weibliche Energie, die Yin-Kraft, die in Gestalt von Befürchtungen und Verzweiflung gleichsam von Ihnen ausstrahlt, nimmt den Platz der maskulinen Yang-Kraft ein, die Sie nicht zu erreichen vermögen. Wenn es Ihnen gelingt, Ihren Kummer in Ruhe und Gelassenheit zu verwandeln, werden sich auch in Ihrem Leben Glück und Erfüllung einstellen, allerdings auf einer anderen Ebene als der, die Sie sich vorgestellt haben.

3 —×— Alle vertrauen ihm.
Keine Schuld.
Obgleich Sie persönlich schwach und nicht leistungsfähig sind,

sind Sie Ihrer geistigen Verfassung und Ihrer Intelligenz gemäß in der Lage, an den Aktivitäten anderer teilzunehmen und mit diesen zusammen das Ihnen gemeinsam entgegengebrachte Vertrauen und Verständnis zu teilen. Yin und Yang befinden sich in Ihnen im Gleichgewicht.

4 —⊖— Sie gehen vorwärts wie ein Waldmurmeltier.
Risiko und Gefahr,
wenn Sie wie bisher weitermachen.

Sie sind gewohnt, sich heimlich, unbemerkt von anderen, zu bewegen, ähnlich einem jener kleinen Nagetiere, die nachts nach Nahrung suchen. Geheimhaltung ist für Ihr Vorwärtskommen wichtig. Aber Sie sind bereit, in den Lebenskreis einer Person einzutreten, deren Wahrnehmungsvermögen und Scharfsinn Sie bemerkt haben und die Ihre Bestrebungen durchschaut. Seien Sie auf der Hut.

5 —×— *Schuld verschwindet.*
Machen Sie sich keine Gedanken über Ihr Vorwärtskommen.
Günstig, wenn Sie weiter vorangehen.
Verbesserung in jeder Hinsicht,
ganz gleich, was Sie unternehmen.

Sie leben in voller Harmonie mit den kreativen Mächten in Ihrem Dasein. Sie kommen vorwärts durch das Zusammenwirken Ihres offenherzigen, empfänglichen Wesens mit einer anderen leidenschaftlichen, temperamentvollen Person. Der Erfolg und Fortschritt für Sie beide hängt davon ab, daß Ihre Zusammenarbeit fortgesetzt wird und in welche Richtung sie zielt. Da aber die Richtung, in die Sie sich vorwärtsbewegen, nicht nur von Ihnen allein, sondern auch von anderen abhängt, ist das anvisierte Ziel wohl nicht genau das, was Ihnen ursprünglich vorgeschwebt hat. Aber das ist der beste, der richtige und auch der einzige Weg für Sie. Jedes Bedauern und Bereuen, das vielleicht in Ihnen aufkommen sollte, beruht nur auf Illusionen. Diese werden sich schon bald in Nichts auflösen.

6 —◦— Er geht vorwärts
mit den Hörnern voran,
die er benutzt, um Rebellen zu bestrafen
innerhalb seiner eigenen Stadt.
Risiko.
Günstig.
Bleiben Sie auf Ihrem Weg,
etwaigen Reuegefühlen zum Trotz.
Obgleich Sie im allgemeinen eine mehr passive Person sind, müssen Sie jetzt zu einer positiven Handlungsweise übergehen. Die Hindernisse, die sich Ihnen entgegenstellen, sind das Ergebnis Ihrer eigenen mißgeleiteten Aktivität. Nur eine aktive und energische Beseitigung der Hindernisse wird Ihr Weiterkommen ermöglichen. Nur Sie allein können das tun. Achten Sie darauf, daß Sie mit Ihren aggressiven Energien nicht über das Ziel, das Sie sich vernünftigerweise gesetzt haben, hinausschießen. Versuchen Sie nicht, Einfluß auf andere Situationen zu nehmen als auf die speziell ins Auge gefaßte Angelegenheit.

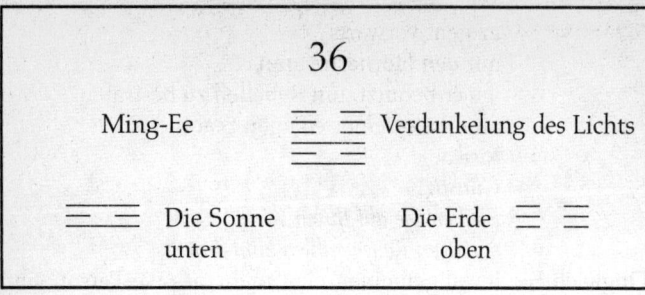

Orakel

Die Sonne geht hinter der Erde unter.
Der hervorragende Mann dirigiert andere Leute.
Er bestätigt seine Intelligenz,
indem er nicht darüber redet.

Behalten Sie Ihren Weg bei.
Achten Sie auf bevorstehende Schwierigkeiten.

Deutung

Artha Sie sind in einer schier unerträglichen Lage, weil Sie Kräften gehorchen müssen, die zu Ihren Prinzipien und Ihrem Glauben in Widerspruch stehen. Die Richtung der von außen einwirkenden Kräfte, denen Sie unterliegen und von denen die Entwicklungsrichtung, die Gestaltung und die Grenzen Ihrer Lebensumstände bestimmt werden, stehen im Gegensatz zu Ihrer eigenen Philosophie und Ideologie. Es gibt aber keine Möglichkeit für Sie, diese Situation zu ändern. Es bleibt Ihnen nichts anderes übrig, als die fortdauernde Existenz der Dunkelheit, die Ihr Leben einhüllt, zu akzeptieren. Sie werden diese Dunkelheit immer als Gegensatz zu Ihrem Licht wahrnehmen, als eine Lüge im Gegensatz zu Ihrer Wahrheit, als etwas Böses im Gegensatz zum Guten. Weil die Reichweite dieser dunklen Autorität so groß und ihr Einfluß so durchdringend ist, werden Sie gezwungen sein, auf allen Lebensebenen diesem Druck nachzugeben, mit Ausnahme der ganz persönlichen Belange. Sie stehen allein inmitten Ihrer Bekannten, die diese dunkle Macht, die Sie beherrscht, mißbilligen und verdammen. Diese Menschen reagieren darauf entweder mit Nichtbeachtung oder ziehen es vor, eine Laissez-faire-Haltung einzunehmen. Nicht einer wäre bereit, die Initiative zu einer Veränderung oder zur Zerstörung dieser Kräfte zu ergreifen, am wenigsten zum gegenwärtigen Zeitpunkt. Sie müssen sich damit abfinden, daß Sie, wenigstens für eine gewisse Zeit, eine Art Sklavendasein führen müssen. Sie müssen Ihre wirklichen Gefühle verbergen, müssen sich blind stellen für das Böse in Ihrer unmittelbaren Umgebung. Dies ist eine schreckliche Zeit für Sie. Aber obwohl Sie zur Begehung all dieser Unterlassungssünden gezwungen werden, dürfen Sie sich nicht erlauben, in aktive Tätigkeitssünden zu verfallen. Unterwerfen Sie sich auf keinen Fall Ihren Unterdrückern soweit, daß Sie zu deren Gunsten aktiv tätig werden. Wenn Sie auf etwas passiv reagieren müssen, haben Sie nachzugeben, doch wenn es sich um die Durchführung einer Aktion handelt, müssen Sie sauber und korrekt bleiben, müssen sich Ihren eigenen Grundsätzen gemäß verhalten, ganz gleich, was es Sie kosten mag.

Kama Ihr Verhältnis zu Ihrem Partner scheint grotesk und unglücklich zu sein. Es ist genau das Gegenteil von dem, was Sie wünschten, daß es wäre. Sie sind sich nicht darüber klar, ob nun Ihr Partner der Urheber dieser Verzerrungen ist oder ob Sie beide schuld daran haben. Während Sie den Eindruck haben, daß alle Impulse und Gefühle, die Sie beide zusammenhalten, in direktem Widerspruch zu Ihren Grundsätzen und Begriffen von der Liebe stehen, sieht Ihr Partner in all dem nichts Verkehrtes. Jeder Versuch Ihrerseits, die Gewalt Ihres Wünschens und Verlangens mit der Tiefe Ihrer Hoffnungslosigkeit zu verbinden, verletzt oder beleidigt lediglich Ihren Partner und bringt nur noch mehr Unfrieden. Ein möglicher Ursprung dieser negativen Gefühle könnte sein, daß Sie die Realitäten, wie Sie sie sehen, als in direktem Gegensatz zu Ihren Idealen stehend empfinden, nicht aber zu den Idealen Ihres Partners. Für Ihren Partner gibt es eigentlich überhaupt keine Probleme. Er akzeptiert Ihr gegenseitiges Verhältnis so, wie es eben ist. Sie leiden unter einem Komplex des »Sich-selbst-in-Frage-Stellens«, in dem Sie immerzu ausschauen nach Dingen, die gar nicht da sind, anstatt Ihre Aufmerksamkeit dem tatsächlich Vorhandenen zuzuwenden. Eine erfolgreiche Psychoanalyse würde diese verborgenen Ursachen Ihrer inneren Zerrissenheit ans Licht holen und an deren Vernichtung mitwirken. Religiöse Erleuchtung würde all diese Ideale und Erwartungen, die die Ursache aller menschlichen Leiden sind, völlig auslöschen.

Moksha   Durch Erleuchtung wird absolute Freiheit verwirklicht und das Ich zum Verschwinden gebracht. In dieser absoluten Freiheit wirkt der Erleuchtete in vollkommener Harmonie mit den universellen Gesetzen und Bewegungen. Das tiefste und dunkelste Böse, die Sünde Luzifers, ist das Erleben der absoluten Freiheit und gleichzeitiger Verweigerung der Ich-Auflösung, das heißt das Genießen der Freiheit ohne Demut und Bescheidenheit. Dies ist das Hexagramm des schwarzen Magiers, des Verräters und Ausbeuters der Weisheit.

Die Linien

1 —◯— Der Mann fliegt,
doch seine Flügel hängen schlaff herunter.
Wenn der hervorragende Mann beständig zu Hause bleibt,
sollte er drei Tage lang nichts essen.
Wo immer er auch geht,
wird er von den Leuten heftig kritisiert.

Da Sie sich unbeschwert und heiter dem Glauben hingegeben

haben, sie könnten Ihren Problemen durch einfache Nichtbeachtung aus dem Wege gehen, haben Sie sich selbst in eine unheilvolle Situation hineinmanövriert. Ihre Anschauungen stehen im Widerspruch zu den Leistungsbegriffen und Neigungen der Menschen im allgemeinen. Wenn Sie weiterhin starr auf Ihren Prinzipien beharren, wird man Sie schmähen und angreifen, sogar die Ihnen eng Verbundenen werden das tun. Lassen Sie sich aber nicht auf Kompromisse ein, damit Sie nicht die Achtung vor sich selbst verlieren. Ziehen Sie sich von allem zurück.

2 —×— Der Mann ist am linken Oberschenkel verwundet.
Er rettet sich auf einem flinken Pferd.
Günstig.

Der Übergriff der Dunkelheit ist noch nicht unwiderruflich und irreparabel. Sie können immer noch die Situation zum Guten wenden. Es gibt andere an Ihrer Seite, die die Gefahr erkennen. Schließen Sie sich mit diesen zusammen.

3 —O— Auf vertrautem Gelände des Nachts jagend,
schießt er auf den Herrn des Reiches der Finsternis.
Versuchen Sie nicht,
alles auf einmal richtigzustellen.

In Anbetracht der dunklen und gefährlichen Periode, in der Sie sich befinden, haben Sie sich entschlossen, den Menschen und den Ereignissen gegenüber eine gelassene, sorglose und distanzierte Haltung einzunehmen. Sie weigern sich, zuzugeben, daß die vorherrschende Dunkelheit für Sie von Bedeutung ist und gehen einfach weiter auf Ihrem altgewohnten Weg, direkt hinein in Schwierigkeiten und Aufregungen. Sie haben zufällig jemandem, der in dem sozialen System, das Sie so bedenkenlos ignorieren, eine wichtige Rolle spielt, unrecht getan. Es handelt sich um einen schwerwiegenderen Vorgang als um ein bloßes »Auf-die-Zehen-Treten«. Sie haben ernsthafte Schäden angerichtet und müssen mit Vergeltung rechnen.

4 　—×—　Er betritt den Unterleib der Dunkel-Regionen
durch deren linke Seite.
Sein Glanz läßt nach, er schlüpft
unauffällig und lautlos zum Tor hinaus.

Sie sind mitten in eine bedrückende, tyrannische Situation hineingestoßen worden. Aber Sie haben nichts zu befürchten. Sie passen so wenig in die Pläne und Absichten der Unterdrücker, daß man Sie völlig übersieht.

5 　—×—　Die finsteren Zeiten des Prinzen Chi.
Bleiben Sie auf Ihrem Weg.

Prinz Chi spielte an einem üblen Hofstaat die gleiche Rolle wie Hamlet es tat. Dadurch, daß er eine Geisteskrankheit vortäuschte, wurde seine offensichtliche Gegnerschaft dem König gegenüber einfach nicht zur Kenntnis genommen. Während jedoch Hamlet schließlich zum aktiven Handeln überging und Vergeltung übte, blieb Prinz Chi untätig und gab sich mit einem erfolgreichen Ausweichen und einem Anpassen seiner Prinzipien an die Gegebenheiten zufrieden.

6 　—×—　Weder Finsternis noch Licht,
nur Unklarheit und Halbdunkel.
Er steigt empor zum Dach des Himmels und wird
wieder herabsteigen unter die Erdoberfläche.

Die feindlichen Kräfte, die Ihr Leben beherrschen, haben an Ausdehnung und Gewalt derart zugenommen, haben in so schrecklicher Weise ihr Ziel erreicht, daß sie nach und nach sinnlos geworden sind. Als die Wandlung zur absoluten Finsternis vollendet war, erwiesen sich ihre Zwecke und Absichten als bedeutungslos und illusorisch, vergleichbar der Schlange, die sich selbst verschlingt. Ihr geduldiges Ertragen und Erleiden hat in gleicher Weise seinen Zweck erfüllt und wird schon bald durch das naturgemäße, unvermeidbare Eingreifen der Kräfte von Yin und Yang abgeschwächt werden, die das Negative zum Festen und Sicheren, das Finstere zum Lichten umwandeln.

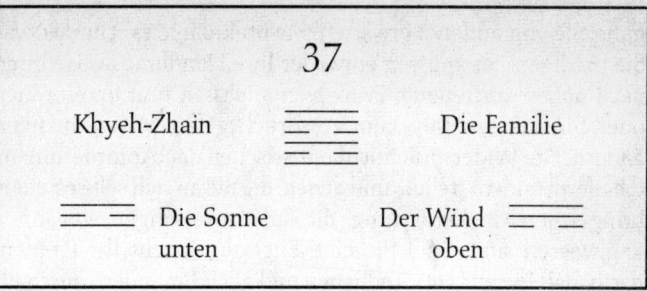

Orakel

Wind weht über das Feuer
und erwärmt die Familie.
Der hervorragende Mann bemüht sich, immer aufrichtig
und zuverlässig in seinem Verhalten zu sein.
Die Ehefrau bleibt bei ihrer Lebensweise.

Bleiben Sie auf Ihrem Weg.

Deutung

Artha   Gemäß den extremen patriarchalischen Ansichten im alten China erhebt sich die Frage, ob Sie in bezug auf die Situation, wegen der Sie das I Ging-Orakel befragen, die »Ehegattenfigur« oder die der »Ehefrau« repräsentieren. Kontrollieren Sie die Gegebenheiten oder werden Sie kontrolliert? Besitzen Sie Autorität oder sind Sie der Autorität einer anderen Person untergeordnet? Sind Sie in der Rolle des Lehrenden oder des Lernenden? Wird die Situation jeweils von Ihren Prinzipien bestimmt oder von denen eines anderen? Sind Sie ein Ehemann, dann sind Ihre Probleme auf Ihre eigene Heuchelei und Widersprüchlichkeit zurückzuführen: Sie reden so und handeln anders. Sie handeln selbst nicht nach den Grundsätzen, deren Befolgung Sie von anderen erwarten. Sie praktizieren nicht das, was Sie predigen. Sie müssen entweder Ihre Handlungsweise Ihren nach außen vertretenen Prinzipien anpassen und unterordnen oder Sie müssen Ihre zum Ausdruck gebrachten Prinzipien ändern. Die Widersprüchlichkeit zwischen den Anforderungen, die Sie an andere stellen, und denen, die Sie an sich selbst stellen, bringen jene in Verwirrung, die auf Anweisungen von Ihnen angewiesen sind. Sind Sie eine Ehefrau, besteht Ihr Problem darin, daß Sie aus verständlichen und auch für andere durchaus überzeugenden Gründen in dieser ganz besonderen Situation gegen die herrschende Autorität rebellieren. Sie haben vergessen, daß die Beziehungen zwischen Ihnen und der Autorität nicht auf der Kraftüberlegenheit eines Teils basieren, sondern auf einem freiwilligen Zusammenwirken. Zum Beispiel ist das Band, das Ehemann und Ehefrau verbindet, die Liebe; das zwischen Geschäftspartnern das gemeinsame Ziel, das in einem angemessenen Profit besteht, während das Band, das die Mitglieder einer gemeinnützigen Organisation vereint, die gemeinsame Hilfestellung bei sozialen Notfällen ist. Anstatt in destruktiver Weise gegen eine leider schwache und unkorrekte Autorität zu rebellieren, sollten Sie sich lieber klar werden über die Ursachen der Autoritätsmängel und sich zugleich so verhalten, daß Sie die vereinigende Kraft der Gemeinsamkeit und Zusammengehörigkeit nicht noch mehr schwächen.

Kama   Es besteht Unklarheit darüber, wer die Verantwortung übernimmt bei Entscheidungen, die Sie und Ihren Partner als Ehepaar angehen. Sie und ihr Partner sind nicht im Zustand jener tiefverwurzelten gemeinsamen Glückseligkeit, in der eine volle Übereinstimmung der Gedanken und Wünsche eine Selbstverständlichkeit ist. Andererseits sind Sie beide wiederum nicht unabhängig genug – weder im Praktischen noch im Psychologischen –, um Ihre eigenen Wege zu gehen. Sie müssen sich zusammensetzen und sich darüber klar werden, wer verantwortlich ist für welche Art von Entscheidungen in Angelegenheiten, die beide Teile betreffen. Wenn dann einer eine Entscheidung gefällt hat, sollte sie der andere nicht bekritteln, sollte nicht eingeschnappt oder beleidigt sein. Jeder von Ihnen beiden muß dazu beitragen, daß eine vollständige und ruhig-ausgeglichene Anerkennung des Willens des anderen zu einer Selbstverständlichkeit wird und daß in gegenseitiger Übereinstimmung klargelegt wird, in welchen Angelegenheiten der eine oder andere die Verantwortung zu übernehmen hat.

Moksha   Die Einheit allen Seins ist Ihnen geoffenbart worden. Alles, was existiert, ist Buddha – auch Sie. Sie wissen das erkenntnismäßig, leben diese Erkenntnis aber nicht. Wenn Sie eine Blume sehen und sie pflücken, haben Sie es eben mit einer Blume zu tun; wenn Sie eine Fliege sehen und sie totschlagen, dann töten Sie eben eine Fliege. Wenn Sie irgendeinem Wesen begegnen, behandeln Sie es, als wäre es eben dieses spezielle Wesen. Auf Ihrem Weg zur Erleuchtung müssen Sie aber mit den Unterscheidungen und Abgrenzungen Schluß machen. Die Unterschiede zwischen Blumen, Fliegen, irgendeinem Wesen und Ihnen selbst sind reine Illusion.

Die Linien

1 —O— Der Mann macht der Familie
bestimmte Vorschriften.
Schuld verschwindet.
Sie haben gerade eine Tätigkeit begonnen, bei der ausgesprochene Autorität und große Verantwortung auf Ihnen lasten. Wenn sich, gleich von Anfang an, Ihre Autorität als schwach und unsicher erweist, werden diejenigen, die in die Angelegenheit verwickelt sind, ebenfalls unsicher und verwirrt werden. Wenn Sie Ihre Verantwortlichkeit nicht voll und ganz akzeptieren, werden die Beziehungen zwischen Ihnen und Ihren Mitarbeitern immer unter gegenseitigem Mißtrauen und Heimlichtuereien zu leiden haben.

2 —×— Sie kümmert sich um das Kochen.
Günstig,
wenn Sie auf Ihrem Weg bleiben.
Ein reichliches Maß an Verantwortung hat immer schon auf Ihren Schultern gelegen. Sie sollten nicht nach noch mehr Verantwortung suchen, sondern sich lieber auf die perfekte Erfüllung jener Verantwortlichkeiten konzentrieren, die Sie im Moment haben.

3 —O— Der Mann ist sehr ernst und streng.
Wenn er seine Frau und seine Kindern
plappern und kichern läßt,
wird er es bereuen.
Günstig,
aber mit Schuld und Gefahr verbunden.
In vielen Ihrer Lebensbereiche stehen noch weitere Tätigkeitsgebiete für Sie offen. Auf anderen Gebieten wiederum sind Sie an strikte Begrenzungen gebunden. Es ist leichter und empfehlenswert für Sie, Ihre Aktivitäten auf jene Bereiche zu beschränken, auf denen Sie eine größere Freiheit haben. Aber Sie haben natürlich auch Verantwortung auf den eingeschränkteren Gebieten, wo die Betätigungen schwieriger sind und weniger lohnend erscheinen. Wenn Sie sich ausschließlich auf Ihre Hauptfähigkeiten und -kräfte konzentrieren, besteht die Gefahr, daß Sie egoistischen Versuchungen unterliegen. Wenn es Ihnen nicht gelingt, das Gleichgewicht zwischen den Kräften und Neigungen herzustellen, wäre es besser, wenn Sie sich auf das Gebiet der begrenzten Aktivitäten beschränken und das andere für eine Weile unbeachtet lassen. Das ist der Weg, auf dem Sie es vermeiden können, Ihre eigenen tiefsten Überzeugungen und Grundsätze preiszugeben.

4 —×— Sie bereichert die Familie.
Sehr günstig.
Sie haben die glückliche Eigenschaft, in harmonischer Weise mit der materiellen Umwelt fertigzuwerden. Sie sind »auf Draht«,

geschickt, anständig und nicht egoistisch. Sie bringen Gutes in Ihr eigenes Leben und in das der Ihnen eng Verbundenen.

5 —⊖— Er ist in seinem eigenen Haus der König.
Keine Angst, keine Sorgen.
Günstig.
Sie sind sich Ihrer selbst so sicher, daß auch andere Sie respektieren und Ihnen Gefolgschaft leisten. Sie sind so frei von Ängsten und Hemmungen, daß Sie allen mit Liebe begegnen.

6 —⊖— Der Mann ist ehrlich und aufrichtig,
gekleidet in Glanz und Ruhm.
Günstig zu guter Letzt.
Wenn Ihre Verantwortlichkeiten und Ihre sich daraus ergebenden Verbindungen zugenommen haben, wird sich auch Ihr Charakter verändern müssen. Sie müssen Ihre neuen Verantwortungen in Betracht ziehen, die sich aus Ihren neuen und noch unerprobten Einflußmöglichkeiten ergeben.

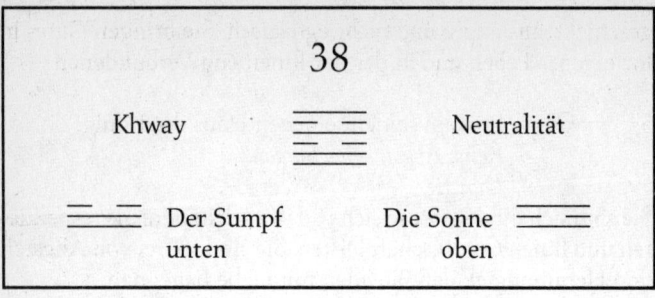

Orakel

Feuer über dem Sumpf.
Der hervorragende Mann erlaubt
Variationen innerhalb der Normen.

Erfolg
in kleineren Angelegenheiten.

Deutung

Artha   Der Mensch ist eine Mischung und ein in dauerndem Wechsel zwischen zwei einander widerstrebenden Kräften befindliches Wesen. Yin und Yang, aktiv und passiv, optimistisch und pessimistisch, extrovertiert und introvertiert, schön und häßlich, sind nur ein paar der verschiedenen Formen des Dualismus. Der Charakter eines Individuums und seine Psyche basieren allein auf dem Gegen- und Zusammenspiel dieser kontrastierenden Kräfte. Dieses Hexagramm repräsentiert eine sich abseits haltende Neutralität zwischen den beiden Kräften innerhalb Ihres Wesens. Feuer strebt naturgemäß nach oben, Wasser strömt ebenso naturgemäß nach unten. In Ihrer Position in diesem Hexagramm (Trigramm Li, Feuer, befindet sich oberhalb des Trigramms Tui, der Sumpf) gibt es kein Aufeinander-Einwirken.

Die traditionelle Deutung dieses Hexagramms ist, daß Sie sich in einer Lage befinden, in der zwei einander entgegenstehende Gesichtspunkte, zwei opponierende Seiten, sich in unvereinbarer Weise selbst neutralisieren. Doch da Sie selbst das Subjekt dieses Hexagramms sind, ist klar, daß das angezeigte Polaritätsverhältnis kein zufälliges, durch äußere Umstände bewirktes Phänomen ist, sondern Ihre gesamte Lebensweise zur Grundlage hat, eine Essenz Ihres Taos ist, ein in Ihrem Inneren sich vollziehender Vorgang. Sie fühlen sich immer wieder in einander widerstrebende Richtungen gedrängt. Immer, wenn Sie sich vornehmen, aktiv zu werden, erscheint Ihnen auf einmal eine Untätigkeit ebenso wünschenswert. Was immer Sie zu machen beabsichtigen – in Gedanken machen Sie es lieber nicht; was immer Sie glauben – die Zweifel daran scheinen Ihnen ebenso wertvoll und überzeugend zu sein. Was immer Sie sagen – Sie bedauern, es gesagt zu haben. Sie sind aber trotzdem keineswegs im Zustand einer neurotisch bedingten Wankelmütigkeit und Entscheidungsschwäche, obwohl es fast so scheinen mag. Sie haben eine relativistische Anschauungsweise aller Dinge und Geschehnisse, eine Art metaphysische Toleranz, Vorurteilslosigkeit und Gerechtigkeit. In kleinen, unwichtigen Angelegenheiten kann man diese Einstellung als gut und richtig bezeichnen, weil sie ein Zeichen grundsätzlicher Ausgeglichenheit, Ruhe und eines guten Urteilsvermögens ist. Was aber große, weitreichende Dinge anbetrifft, fehlt Ihnen die klare und entschiedene Durchsetzungskraft, die Ihren Aktivitäten eine beständige, bestimmte Richtung gibt. Es mangelt Ihnen ferner an jener spirituellen Tiefe, die es Ihnen ermöglichen würde, die in Ihnen wirkenden gegensätzlichen Mächte zu akzeptieren und spontan mit ihnen zusammen den Fluß Ihres Lebens zu meistern. Was Ihr Verhältnis zu anderen Leuten anbetrifft, so werden Ihr Gleichmut, Ihre Ruhe und das Fehlen jeglicher Voreingenommenheit bei der Bewertung kleinerer Dinge sehr geschätzt. Was wichtige Angelegenheiten betrifft, bei denen die Berücksichtigung tiefgründiger Prinzipien und Ideale eine Rolle spielt, wird Ihr Mangel an einer definitiven Stellungnahme dazu von anderen Leuten als unberechenbar und unzuverlässig empfunden, obwohl Ihre neutralistische Grundhaltung mit Unehrlichkeit oder Unüberlegtheit nichts zu tun hat. Aufgrund Ihrer wesenseigenen Neutralität werden Sie bei Auseinandersetzungen über Meinungsverschiedenheiten zwischen Parteien oder zerstrittenen Gruppen gern um Abgabe eines Urteils gebeten.

Kama   Aufgrund Ihrer »inneren Polarität« sind Sie unfähig, sich voll und ganz den Beziehungen zu Ihrem Partner hinzugeben. Vom Standpunkt Ihres Partners aus sind Ihre gegenseitigen Beziehungen unerfüllt, belastend und unsauber. Es mag sein, daß Ihr Partner den Eindruck hat, als hielten Sie bewußt Ihre Gefühle zurück, als hätten Sie Angst davor, Ihren Emotionen Ausdruck zu geben. Auf den Ebenen, auf denen Ihre Beziehungen in Ordnung sind, sind diese frei von Konflikten und Aufregungen, frei von Egoismus, Selbstüberschätzung und Besitzgier. Nicht zuletzt ist das Ihr Verdienst.

Moksha   Ihr spirituelles Leben wird geprägt vom In-Erscheinung-Treten des Dualismus. Sie sollten die abstrakten Polaritäten innerhalb des spirituellen Systems, zu dem Sie sich bekennen, gründlich studieren. Für einen Christen handelt es sich dabei um Gott und den Teufel, für einen Taoisten um den sich ergänzenden Gegensatz von Yin und Yang; für den Existentialisten dreht es sich um die Unterscheidung zwischen der natürlichen Wesenhaftigkeit des Menschen und der universellen Phänomenologie; für einen Buddhisten ist es der Zustand des Lebensdurstes im Gegensatz zum wunschlosen Nirwana. Das ist eine weise Welt- und Lebensanschauung. Wenn diese beiden grundsätzlichen Gegenkräfte wieder vereinigt und als ein und dieselbe Kraft erlebt werden, ist eine vollkommene Erleuchtung möglich.

Die Linien

1 —◯— Er hat seine Pferde verloren.
Er braucht aber nicht nach ihnen zu suchen;
sie kommen von allein zurück.
Wenn er bösen Menschen begegnet,
kann er mit ihnen sprechen.
Schuld verschwindet.

Ihr polarisierter Zustand ist etwas Neues. Sie fühlen, daß Sie etwas verloren haben. Und das stimmt. Infolge Ihrer neuen inneren Einstellung zur Neutralität, zu Ihren Wertvorstellungen, Ihrer Entwicklungsrichtung und Ihren gesamten Grundsätzen, die alle aus den sich entgegenstehenden Kräften abgeleitet sind, hat das alles seine traditionelle Bedeutung für Sie verloren. Denken Sie aber immer daran, daß alle diese Vorgänge in Ihnen vor sich gehen. Das ist Ihr Tao, Ihre Bestimmung. Bedauern oder bereuen Sie diese Dinge nicht. Klammern Sie sich nicht ängstlich an alte, überholte Ideen. Sie werden wahrscheinlich mit prinzipienlosen, starrsinnigen Leuten in Kontakt kommen. Sie können das nicht vermeiden, können auch nicht hoffen – eben weil Sie neutral sind –, diese Leute irgendwie zu beeinflussen oder ihnen gar entgegenzutreten. Sie können vorsichtig und besonders achtsam sein gegenüber Fehlern, die auf Gedankenlosigkeit beruhen.

2 —◯— Er begegnet seinem Meister in einer Gasse.
Keine Fehler.

Ihre schwankende Haltung und Ihre Mehrdeutigkeit bei Auseinandersetzungen zwischen Vertretern verschiedener Ansichten machen Ihre Beziehungen zu einem guten Freund, der an den Disputen beteiligt ist, aus der Sicht Ihres Partners unangenehm und peinlich. Es schmerzt ihn, aber er hat das Gefühl, daß er Ihnen aus dem Weg gehen muß. Haben Sie dafür Verständnis und seien Sie nicht stolz und zornig. Arrangieren Sie ein »zufälliges« Zusammentreffen an einem Ort, wo Sie unter vier Augen sind. Es wird für beide erfreulich und fruchtbar sein.

3 —o— Sie stoßen das Fahrzeug zurück
und treiben die Gruppe von Ochsen zurück.
Sein Kopf ist kahl geschoren,
seine Nase ist abgeschnitten.
Ein schlechter Beginn,
aber ein gutes Ende.
Alles geht schief. Was Sie auch unternehmen, alles ist wie blokkiert und verdreht. Was Sie auch sagen, es wird mißverstanden. Man hat sich gegen Sie verschworen, zieht über Sie her, verleumdet und denunziert Sie. Passen Sie auf sich selbst auf. Diese Situation wird aber nicht ewig dauern. Das Glück, das auf Ihr gegenwärtiges Mißgeschick folgt, wird das Erlittene wieder ausgleichen.

4 —o— Der Mann steht allein inmitten eines Konfliktes.
Er begegnet guten Menschen und
findet sich in gemeinsamen Interesse und
Sympathie mit ihnen zusammen.
Gefahr,
aber keine Fehler.
Sie haben jemanden getroffen, der gleich Ihnen von innerer Neutralität erfüllt ist. Die gleichen Probleme wie die Ihrigen verdunkeln sein Leben. Wenn sich Ihre Beziehungen zueinander auf niedrigerer Ebene bewegen, können Sie beide im Grundsätzlichen Ihre Isolierung überwinden.

5 —x— Er hängt sich mit seinen Zähnen an
seinen Freund und an das Verhältnis zu ihm.
Können Sie, unterstützt von einer derartigen Hilfe,
überhaupt noch einen Fehler begehen?
Ihr unverbindliches, relativistisches und ausgeglichenes Beurteilungsvermögen bewahrt Sie im allgemeinen davor, in die Aktivitäten anderer Leute verwickelt zu werden. Sie werden gefühlsmäßig mit jemandem in engeren Kontakt kommen, der, erfüllt von Liebe und Kameradschaftlichkeit, die Isolierung Ihres Herzens durchbrochen hat. Wenn Sie sich angerührt fühlen, dann schlie-

ßen Sie sich ihm an, auch dann, wenn der einzige Grund für diesen Ihren Entschluß nur eine gefühlsmäßige Zuneigung sein sollte.

6 —⊖— Der Mann steht allein inmitten eines Konfliktes.
  Es nähert sich etwas;
  ein mit Dreck bedecktes Schwein;
  ein Wagen, voll besetzt mit Gespenstern.
  Er spannt seinen Bogen und entspannt ihn wieder;
  es ist kein Angreifer,
  sondern ein naher Verwandter.
  Vorwärtsgehen in sanftem Regen.
  Günstig.

Sie mißverstehen die Motive desjenigen, der sich Ihnen mit freundlichen Absichten nähert. Sie glauben, daß es sich um einen kaltherzigen, egoistischen Versuch handelt, Sie »aufs Kreuz zu legen«. Sie mobilisieren alle Ihre Abwehrkräfte und ignorieren die betreffende Person, gehen ihr aus dem Weg. Aber der andere ist ehrlich und aufrichtig in seiner Freundschaft. Sie müssen sich schließlich ihm gegenüber anders einstellen und seine Ehrlichkeit und Freundschaft akzeptieren.

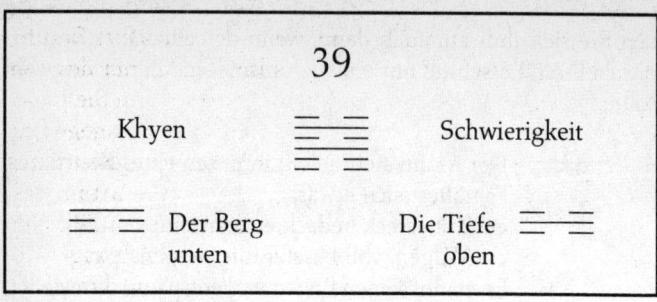

Orakel

Der See im Vulkan.
Der hervorragende Mann schaut nach innen
und kultiviert seine Tugend und Rechtschaffenheit.

*Bleiben Sie auf friedlichem Grund und Boden
und vermeiden Sie das Betreten
feindlichen Territoriums.
Besprechen Sie sich mit dem großen Mann.
Günstig,
wenn Sie auf Ihrem Weg bleiben.*

Deutung

Artha Schwierigkeiten haben sich Ihnen in den Weg gestellt. Diese Schwierigkeiten sind Ihnen wesenseigen und unvermeidbar auf dem Weg in Ihr Tao, den Sie gewählt haben. Es handelt sich also nicht um ein plötzlich eintretendes, katastrophenartiges, feindliches Phänomen. Wenn überhaupt jemand für die Schwierigkeiten verantwortlich ist, dann sind Sie es selbst. Die Konfrontation mit diesen Schwierigkeiten gehört zu dem unvermeidlichen, Ihnen wesensgemäßen Hasardieren, das ein Teil des von Ihnen gewählten Pfades ist. Es handelt sich nicht um naturgegebene Hindernisse im üblichen Sinne des Wortes. Ihre Reaktion darauf macht sie erst dazu. Gewisse Dinge sind nur deshalb so schwierig, weil Sie sie für schwierig halten. Wenn Sie Ihren einmal eingeschlagenen Weg beibehalten, ist nichts dagegen zu sagen. Nur wäre es ein Fehler, weit entfernte Ziele anzusteuern und für die Zukunft ein Ideal festzulegen. Das ist der Irrtum, der Ihre gegenwärtige Situation so schwierig erscheinen läßt. Sie brauchen jemanden, der Sie beraten kann, der Ihnen sagt, wie Sie die Hindernisse auf Ihrem Weg nicht vernichten, umgehen oder überspringen können, sondern wie Sie es schaffen, diese Hindernisse mit Gelassenheit und geistiger Ruhe zu akzeptieren.

Kama   Zwischen Ihnen und Ihrem Partner ist plötzlich wegen einer ganz spezifischen Sache, die bisher völlig außerhalb Ihrer gegenseitigen Beziehungen lag, ein Konflikt entstanden. Es könnte sich um eine dritte Person handeln, auf die Sie beide in unterschiedlicher Weise reagieren, oder um ein Geschehnis, über das Sie verschiedener Meinung sind, oder um einen völlig neu aufgetauchten Aspekt in Ihren Beziehungen zueinander, wodurch Spannungen und Zank entstanden sind. Es war allerdings von vornherein damit zu rechnen, daß früher oder später der eine oder andere Konflikt entstehen würde. Anstatt diese spezielle Schwierigkeit auf dem Wege des Kompromisseschließens oder durch eine von Ihnen behauptete Autoritätsentscheidung aus der Welt zu schaffen, wäre es gescheiter, wenn Sie die ganze Angelegenheit für eine Weile ganz ignorieren, auf Eis legen würden. Kehren Sie zu dem heiteren und friedfertigen Zustand zurück, der vor dem Auftauchen der Schwierigkeit geherrscht hat. Allerdings werden Sie beide trotzdem die Schwierigkeiten nicht ganz aus Ihrem Bewußtsein tilgen können. Aber die Liebe und die vergnügten Zeiten, die Sie miteinander teilen, werden die noch latenten Gedanken an die Probleme nach und nach überwinden. Wenn die Schwierigkeit außerhalb Ihres gemeinsamen Lebenskreises auftauchen sollte, können Sie ihr zusammen entgegentreten und darauf spontan reagieren, wie es bei einem Liebes- oder Ehepaar selbstverständlich ist.

Moksha Die Tatsache, daß sich auch auf Ihrem spirituellen Weg Schwierigkeiten eingestellt haben, läßt erkennen, daß Sie vom Karma her noch mit falschen, ungeistigen Zielvorstellungen, Wünschen, Ideologien und Theorien belastet sind. Machen Sie sich frei von diesen Maya-Illusionen, und Sie werden Erleuchtung, werden Brahma erreichen.

Die Linien

1 —×— Entweder der Mann geht weiter vorwärts
und begegnet großen Schwierigkeiten,
oder er steht still
und erntet Lob und Bewunderung.

Vorwärtsbewegung ist Yang, Stillstand Yin. Sie können entweder weiter vorangehen, wegziehen und diejenigen, die Sie lieben, hinter sich lassen, oder Sie können still und ruhig inmitten Ihrer Lieben stehenbleiben.

2 —×— Der Mann begegnet einer Schwierigkeit nach der
anderen.
Dennoch hält er weiterhin fest
an der Durchführung seiner Mission.

Wenn Sie die einzige Person wären, die in diese Schwierigkeiten verwickelt ist, wäre es das beste, wenn Sie sich aus der Sache zurückziehen. Aber Sie haben Verantwortung für jemand anders, der auch davon betroffen ist. Sie sind verpflichtet, diesem anderen beizustehen.

3 —O— Entweder er geht weiter vorwärts
und begegnet großen Schwierigkeiten,
oder er steht still, zusammen mit
seinen früheren Freunden und Verwandten.

In diesem Falle ist Ihre Verantwortlichkeit für andere der Grund, weshalb Sie mit den Schwierigkeiten nicht frontal zusammenprallen müssen. Diese anderen verlassen sich ja auf Sie und würden bei Ihrem Versuch, die Schwierigkeiten zu überwinden, mit Ihnen leiden.

4 —×— Entweder der Mann geht weiter vorwärts
und begegnet großen Schwierigkeiten,
oder er steht still
und bildet Arbeitsgemeinschaften.

Sie benötigen die Unterstützung anderer, wenn Sie die Schwierigkeiten, die Ihnen zu schaffen machen, bewältigen wollen. Wenn Sie allerdings glauben, daß Ihre Freunde Ihnen automatisch helfen, irren Sie sich. Halten Sie sich eine Weile zurück. Besprechen Sie die Sache in aller Ruhe mit Freunden und Kollegen. Erzählen Sie ihnen die Einzelheiten und diskutieren Sie zusammen die direkten und indirekten Folgen der Angelegenheit. Man wird Sie unterstützen, wenn man ausreichend über die Lage Bescheid weiß.

5 —O— Der Mann kämpft mit den großen
Schwierigkeiten;
seine Freunde eilen ihm zu Hilfe.

Das Problem, dem Sie sich gegenüber sehen, ist im wesentlichen gar nicht Ihr Problem. Es handelt sich um eine Schwierigkeit im Leben von jemanden, den Sie kennen. Sie haben sich der Sache aus Liebe und Freundschaft angenommen und weil Sie sich für den Betreffenden verantwortlich fühlen. Weil Sie nun persönlich nicht direkt in die Sache verwickelt sind und weil es Ihre generöse Einstellung war, die Sie zur Anteilnahme an diesem Problem veranlaßt hat, werden Ihre Bemühungen, die Schwierigkeiten zu überwinden, von Erfolg gekrönt sein. Engagieren Sie sich, soweit Sie können. Andere werden Sie um Ihres Freundes willen unterstützen, und die ganze Angelegenheit wird rasch und zur allseitigen Zufriedenheit in Ordnung kommen.

6 —×— Entweder der Mann geht weiter vorwärts
und begegnet großen Schwierigkeiten,
oder er steht still

und findet Erfüllung.
Günstig,
wenn Sie sich mit dem großen Mann besprechen.
In diesem Fall ist die Schwierigkeit kein Element Ihres persönlichen Lebens, sondern von mehr allgemeiner Art, eine soziale, kulturelle Angelegenheit. Sie wirft einen schwarzen Schatten über Ihr ruhiges und störungsfreies Leben. Am liebsten möchten Sie die ganze Sache unbeachtet lassen. Ironischerweise versetzt Sie der von Ihnen gewählte objektive und distanzierte Lebensstil in die Lage, die allgemeinen Fehler und Übel besser zu verstehen. Dieses Verständnis und klare Begreifen berührt Sie emotionell und wirft Sie zurück in die Welt der Subjektivität und der persönlichen Anteilnahme. In dieser Linie heißt »Vorwärtsgehen« das Verbleiben auf Ihrem Weg der völligen Akzeptierung und gleichzeitig ein Zurückweichen von der Welt der materiellen Bewertungen und Schwierigkeiten. Das »Stillstehen« dagegen bezieht sich auf das Verbleiben in der Welt des Konsums und der Probleme. Der Ausdruck »günstig« in den Orakelzeilen ist so zu verstehen, daß das Resultat davon abhängt, wie vernünftig, objektiv und selbstlos Ihre Grundeinstellung den vor Ihnen liegenden Schwierigkeiten gegenüber ist. Ignorieren Sie nicht völlig die äußere Umwelt. Würden Sie das nämlich tun, würden sich andere, innere Probleme und Schwierigkeiten bemerkbar machen, Gefühle der Reue und Schuldgefühle, die zu ertragen für Sie noch schmerzlicher wäre als die Bewältigung der gegenwärtig auf Sie zukommenden Schwierigkeiten.

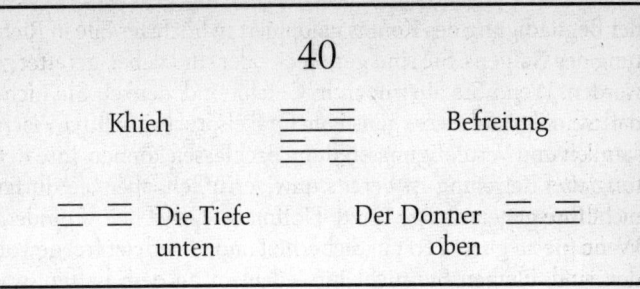

40

Khieh   Befreiung

Die Tiefe unten   Der Donner oben

Orakel

Der Donner grollt
und löst einen Wolkenbruch aus.
Der hervorragende Mann bleibt
auf vertrautem Grund und Boden.
Er vergibt Irrtümer
und benimmt sich freundlich und
verständnisvoll jenen gegenüber,
die ihn unrecht behandeln.

Günstig
bei baldiger Inangriffnahme einer
Tätigkeit, deren Erledigung dringend nötig ist.
Günstig auch, um auf Ihren geeigneten,
für Sie richtigen Weg zurückzukehren,
wenn von Ihnen keine Tätigkeit gefordert wird.

Deutung

Artha   Dies ist das Hexagramm des Höhepunktes, des dramatischen Finales, der wunderbaren Erlösung und Befreiung. Die Situation, in der Sie sind, ähnelt jener der Heroen in der Symphonie Phantastique oder der Bettler-Oper: Der reitende Bote mit der Begnadigung des Königs galoppiert in höchster Eile in Richtung des Galgens. Sie sind gerettet – oder sind dabei, gerettet zu werden. Wenn Sie aber noch in Gefahr sind, denken Sie nicht, daß Sie aufgrund dieses günstigen Orakelspruches in Ihrer Wachsamkeit und Verteidigungsstellung nachlassen können. Ihre Rettung und Befreiung ist bereits unwiderruflich, aber Sie dürfen nicht Ihre gegenwärtige Letzte-Hoffnungs-Gewißheit verändern. Wenn Sie zu guter Letzt in Sicherheit und unverletzt frei geworden sind, bleiben Sie nicht in Gedanken an dem haften, was geschehen ist, an den überstandenen Gefahren und Ängsten, an den juristischen Umständen und an Ihrem schließlichen Triumph. Kehren Sie zurück zu dem einfachen, ziemlich ereignislosen Leben, das Sie führten, bevor Sie in die Gefahrensituation geraten sind. Fügen Sie sich wieder in die zu Ihnen passende Rolle ein, die Sie in der Vergangenheit gespielt haben. Versuchen Sie aber dennoch nicht, jene Projekte und Vorhaben wieder aufzugreifen, deren Durchführung unterbrochen wurde, als Sie in die Gefahrensituation gerieten. Denken Sie an die Worte des zum Tode verurteilten Soldaten in »Der Idiot«. Auf seinem Ritt zum Galgen überläßt er sich, anstatt sich auf die (scheinbar ausweglose) Gefahr und eine eventuelle Überlebenschance zu konzentrieren, einfach dem Lauf des Schicksals, gibt sein Ego auf und flieht in eine strahlende Vision religiösen Erlebens. Er wird auf einmal seiner Umgebung in einer völlig neuen Art bewußt, so, als ob er sie zum ersten Mal sähe, als ob er in den vermeintlich letzten fünf Minuten seines Lebens einen vollkommen neuen Existenzbereich betreten habe. Er wird in letzter Minute vor dem Galgen bewahrt. In dem Bemühen, die nur Momente dauernde herrliche Vision während des Rittes zum Galgen wieder zurückzurufen, fängt er an, sich dem Alkohol zuzuwenden und stirbt fünf Jahre später an den Folgen seines akuten Alkoholismus. Anders als der verurteilte und begnadigte Soldat wissen Sie, daß Ihnen die Befreiung sicher ist. Die Gefahr ist nur, daß Sie sich durch die extreme Freude über Ihre erwartete Befreiung selbst verlieren könnten, ähnlich wie der Soldat sich in seiner extremen Verzweiflung verlor. Sie müssen gerade jetzt besonders kühl und wachsam sein, um einen psychologischen Sturz, ein spirituelles Chaos nach Überwindung der Gefahr zu vermeiden.

Kama   Das Spitzenerlebnis dieses Hexagramms ist nicht ein dem Zenit gleicher Punkt, sondern das Gegenteil: ein Nadirerlebnis, ein Tiefpunkt in den Beziehungen zu Ihrem Partner. Sie und Ihr Partner sind am Ende einer quälenden und verheerenden Zeit voller Konflikte und seelischer Unterdrückung. Die Wiedervereinigungs-Umarmung, die nahe bevorsteht – wenn sie nicht bereits geschehen ist – ist die Antwort aufrichtig Liebender angesichts einer sich steigernden Leidenschaftlichkeit in Zeiten voller Irrtümer und Streß. Es ist eine von Hoffnung getragene Antwort. Fallen Sie nicht zurück in jene eigensinnige und widerspenstige Geisteshaltung, an der sich die Konflikte entzündet haben, sondern machen Sie reinen Tisch. Verhalten Sie sich so, als sei alles Falsche und Üble verschwunden und als sei zwischen Ihnen beiden wieder alles in Ordnung.

Moksha   Erleuchtung kommt zu manchen Menschen nach einer engeren Berührung mit dem Tod. Erleuchtung ist ja sozusagen eine bestimmte Art von Tod. Der Zen-Buddhist macht im Satori die Erfahrung des Todes in dem Moment, da er seine Identität verliert. Der Yogi vernichtet sein Ego und stirbt dadurch ebenfalls; der im LSD-Rausch Befindliche erlebt einen unfreiwilligen, chemisch ausgelösten, illusorischen Tod. Auf die eine oder andere Weise waren Sie dem Tod so nahe, daß Sie sich in Gedanken bereits für tot hielten. Sie erlebten in diesem Zustand eine Existenzform, die frei ist von allen Illusionen, frei auch von Ihrer eigenen Selbstheit. Diese Erfahrung hat Ihnen eine starke Offenbarung vermittelt, die zur Grundlage Ihres neuen spirituellen Pfades wurde. Bleiben Sie angesichts dieser Erfahrung bescheiden und demütig. Wenn Sie aber anfangen, diese Erfahrung von einem egoistischen Standpunkt aus zu betrachten, könnte es sein, daß Sie auf den Gedanken verfallen, Sie hätten eine Wiederauferstehung zu neuem Leben erfahren, verbunden mit all der dazugehörenden Hoheit und Erhabenheit. Gefahr!

Die Linien

1 —×— *Keine Fehler*
Fühlen Sie sich nicht schuldig, wenn das Schicksal Sie auserwählt hat.

2 —O— Der Mann erbeutet drei Füchse
und gewinnt die goldenen Pfeile.
Günstig,
wenn Sie auf Ihrem Weg bleiben.
Ihre Befreiung ist eingetreten, weil jemand, dem Sie einen Dienst geleistet haben, seine Macht dazu benutzt hat, Ihnen eine verantwortungsvolle Position zu beschaffen, in der Sie weit entfernt von den Sie bedrohenden Gefahren sind. Der Dienst, den Sie leisteten, war in erster Linie ein impulsiver und von spontaner Selbstlosigkeit erfüllter. Jetzt müssen Sie Ihren neuen Verantwortlichkeiten mit Bedacht und Sorgfalt nachkommen.

3 —×— Der Träger transportiert seine Last
mit einem Wagen.
Das bringt die Räuber in Versuchung.
Wenn Sie auf Ihrem Weg bleiben,
werden Sie es bereuen.
Obwohl Sie von den Gefahren freigekommen sind, schaffen Sie es nicht, sich von den Besorgnissen und Demütigungen der letzten Momente des überstandenen Unheils ganz zu lösen. Dies macht Sie außerordentlich empfindlich und verwundbar durch jene Leute, die eifersüchtig auf Ihre guten Verhältnisse sind, in denen Sie leben. Ein Sieger, der sich unterlegen fühlt, ist eine leichte Beute für Habgierige.

4 —O— Lassen Sie Ihren Fußspitzen ihren Lauf;
Freunde kommen,
es entsteht gegenseitiges Zutrauen.
In der Zeit der Not und Gefahr, die Sie durchmachten, mußten Sie sich zum Teil auf eine Person verlassen, die nicht ganz

vertrauenswürdig war. Ihre Erlösung aus der Gefahr muß auch eine Abwendung von dieser Person mit sich bringen. Sobald Sie auf die Unterstützung durch diese Person verzichten, wird sich ein anderer finden, der besser zu Ihnen paßt und Ihnen in verläßlicher Weise helfen wird.

5 —×— Der Mann befreit sich selbst
und verdient dadurch das Vertrauen jener,
die ihn festgehalten haben.
Günstig.

Befreiung wird nur kommen, wenn Sie sich tiefinnerlich, wirklich und rückhaltlos in Ihrem Tao bewegen, das dieses Hexagramm symbolisiert. Diese bewegliche Linie zeigt an, daß Ihre Befreiung, entgegen der üblichen Deutung dieses Hexagramms, keineswegs schon völlig sicher ist und daß Sie selbst das einzige Werkzeug sind, das Sie freimacht. Wenn Sie in der Lage sind, sich selbst zu retten, wird Ihnen Ihre Ehrlichkeit und Aufrichtigkeit, die Ihrerseits unbedingt erforderlich ist, Anerkennung und Ehrung durch andere einbringen. Wenn es soweit ist, wird Ihnen die Freiheit Glück bringen, das größer ist und länger anhalten wird als die Gefahrensituation, aus der Sie entkommen sind.

6 —×— Der Mann schießt auf einen hoch auf der Mauer
sitzenden Falken und trifft ihn.
Verbesserung
in jeder Hinsicht.

Diese Linie deutet auf eine symbolische Errettung aus symbolischen oder abstrakten Gefahren. Das kurzzeitige Erblicken des Mondes in einer stürmischen Nacht wäre ein Beispiel für eine solche Erlösung. Die spirituelle Auswirkung dieses Erlebnisses wird Ihr Leben mit neuen Erkenntnissen und neuer Gefühlstiefe bereichern.

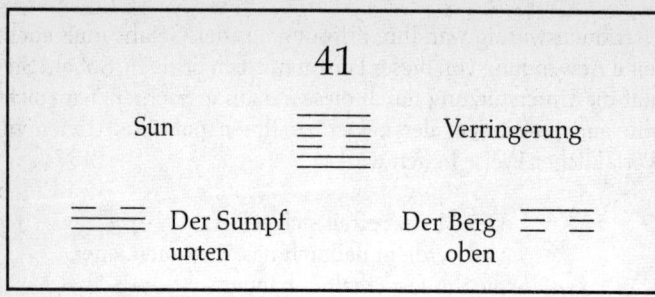

Orakel

Ein Sumpf am Fuß des Berges.
Der Mann läßt seiner Wut nicht freien Lauf
und unterdrückt seine Wünsche.

Sehr günstig;
keine Fehler.
Sie können alles, was Sie wollen, unternehmen.
Bleiben Sie auf Ihrem Weg.
Aber was ist Ihr Weg?
Opfern Sie zwei Körbe voll Getreidekörnern,
auch wenn das alles ist, was Sie besitzen.

Deutung

Artha Dieses Hexagramm deutet auf eine Zeit in Ihrem Leben, in der ein Nachlassen, eine Verminderung irgendwelcher Art vor sich geht. Es könnte sich ganz einfach um einen Verlust an materiellem Besitz handeln, könnte aber auch eine Verminderung an Aktivität, an Vergnügungen oder an sozialen Kontakten sein. Wer oder was auch immer in letzter Zeit eine größere Rolle in Ihrem Leben gespielt hat – es wird aus Ihrem Gesichtskreis verschwinden. Aber darüber brauchen Sie sich nicht aufzuregen. Jeglichem Gewinn – und Sie haben gerade eine gewinnreiche Zeit hinter sich – steht ein entsprechender Verlust gegenüber. Daran ist an sich nichts Böses, es sei denn, Sie klammern sich an materielle Werte oder haben sich angewöhnt, immer nur Gewinne zu erwarten. Jetzt ist die Zeit da, in der Sie sich mehr grundsätzlichen Werten zuwenden sollten. Schätzen Sie den Wert Ihres neuen einfachen Lebensweges in dieser Phase der Verluste richtig ein.

Kama   Wie alles andere auch durchlaufen Liebesverbindungen und -beziehungen Zeiten der Zunahme und der Abnahme. Für Freunde und Geliebte sind solche Zeiten des Abnehmens oft Zeiten voller Kummer, Verzagtheit und Hoffnungslosigkeit. Sie versuchen, die Höhen Ihres Liebesrausches zurückzurufen. Sie bedauern und beklagen die Abnahme der Leidenschaftlichkeit in sich selbst und in Ihrem Partner. Sie und Ihr Partner befinden sich in einer solchen Zeit. Sie haben den Gipfelpunkt erreicht und sind jetzt auf dem Weg abwärts, wieder zurück in die irdische Welt. Andere Dinge außer Ihnen werden das Interesse Ihres Partners wieder auf sich ziehen. Werden Sie deshalb nicht eifersüchtig oder boshaft. Auch für Sie gibt es andere Interessen als nur Ihren Partner. Bedauern Sie das nicht. Widmen Sie sich voll und ganz dem, was Sie gerade zu tun im Begriff sind. Wenn Sie bemerken sollten, daß Ihr Partner ängstlich und besorgt wird, versichern Sie ihm erneut Ihre Liebe. Ihre Beziehungen zueinander werden auf ein einfacheres, mehr alltägliches Niveau zurückgehen. Stimmen Sie sich ein auf die Schönheiten und Vergnügen des normalen, gewöhnlichen Zusammenseins.

Moksha   Sogar derjenige, der die Vereinigung mit dem All-Einen erreicht hat – ein Heiliger, ein Bodhisattva – muß »abnehmen« und wieder auf das »Rad des Karmas« herabsteigen. Nach Abschluß einer Zeit voller Offenbarungen und spiritueller Marksteine werden Sie nunmehr etwas »gewöhnlicher«, etwas einfacher werden. Sie werden feststellen, daß sich Ihr Geist wieder von irdischen Dingen angezogen fühlt. Wenn Sie tatsächlich die

Erleuchtung erreicht haben, werden Sie ohne weiteres Ihre Rolle in der materiellen Welt akzeptieren und sogar lieben. Anstatt die Vereinigung mit der Gottheit auf psychischem Weg immer wieder zu suchen, können Sie jetzt einfach der All-Eine unmittelbar sein. In dieser Zeit des Abnehmens und Sich-Bescheidens werden Sie zu einem jener schlichteren Dinge werden, die in bekanntermaßen enger Berührung mit dem All-Einen stehen. Jegliche Befürchtungen und Besorgnisse in bezug auf die Verminderung Ihrer spirituellen Entwicklung würden zu nichts anderem führen als zu tiefster Verzweiflung.

Die Linien

1 —O— Der Mann unterbricht seine Aktivität
und beeilt sich, anderen Hilfe zu leisten.
Keine Fehler.
Achten Sie aber sorgfältig darauf,
wie weit Sie gehen können.

Nachdem Sie sehr aktiv gewesen sind, sind Sie gezwungen worden, Ihre Arbeit für eine Weile aufzugeben. Sie können jetzt Ihre etwas gelähmten Energien dazu benutzen, anderen bei deren Arbeit zu helfen. Denken Sie aber immer daran, daß Ihr Motiv zur Hilfe ein wahrhaft selbstloses sein soll, nicht nur ein Ablassen Ihrer angestauten Energien. Es könnte sein, daß Ihre Einmischung in die Angelegenheiten anderer von diesen als Aufdringlichkeit oder Belästigung empfunden wird, vielleicht sogar zu einem Hindernis auf Ihrem eigenen Entwicklungsweg werden könnte.

2 —O— Er kann für andere Gewinne bringen,
ohne sich für seinen Teil Verluste zuzuziehen.
Bleiben Sie auf Ihrem Weg.
Unheilverkündend,
wenn Sie irgendwie in Aktion treten.

Sie sind gezwungen, etwas zu tun, was gegen Ihre Prinzipien

verstößt. Wenn Sie nachgeben, wird Unglück die Folge sein. Ihre erste Verantwortung anderen gegenüber ist, beständig und treu sich selbst gegenüber zu bleiben.

3 —×— Drei Männer wandern zusammen.
Ein Mann fällt aus;
allein weitergehend, findet er einen Freund.
Sie befinden sich in einem unmöglichen Dreiecksverhältnis. Eine Person muß verschwinden. Das könnten Sie selbst sein. Wenn das so wäre, fänden Sie rasch jemanden, der Ihnen Gesellschaft leistet.

4 —×— Der Mann verringert seine Probleme,
indem er jemanden zu Hilfe holt,
der froh ist, wenn er ihm helfen kann.
Keine Fehler.
Glücklicherweise gibt es jemanden, der eifrig bestrebt ist, Ihnen zu helfen. Die Hilfe, die Sie von ihm haben wollen, gibt ihm die Möglichkeit zu seiner eigenen Erfüllung. Sie brauchen Ihrerseits keine drückenden Verpflichtungen Ihrem Helfer gegenüber einzugehen, was – in anderen Fällen von Hilfeleistung – Spannungen zwischen Freunden hervorrufen kann.

5 —×— Er ist mit zehn Paaren Schildkrötenpanzern
zum Zweck des Weissagens beschenkt worden.
Es ist ihm nicht erlaubt, das Geschenk zurückzuweisen.
Sehr günstig.
Dies ist eine Periode, in der Ihnen ganz natürlicherweise Glück und Erfolg zustehen. Gute Dinge werden Ihnen sozusagen in den Schoß fallen.

6 —o— Er bringt anderen Gewinn, ohne sich selbst
irgendeinen Verlust zuzuziehen.
Er wird Leute finden, die ihm helfen,
Leute aus vielen Klassen und Ständen.

Keine Fehler.
Günstig,
wenn Sie auf Ihrem Weg bleiben.
Sie können jede gewünschte Aktion unternehmen.
Sie werden so lange erfolgreich sein, so lange Ihr Erfolg nicht in irgendeiner Weise von der Ausbeutung des Lebens anderer Menschen abhängt. Machen Sie sich keine sorgenvollen Gedanken über das Finden von Helfern. Ihre ethische Haltung versichert Sie der Hilfe loyaler Freunde, wo immer Sie gehen und was immer Sie tun.

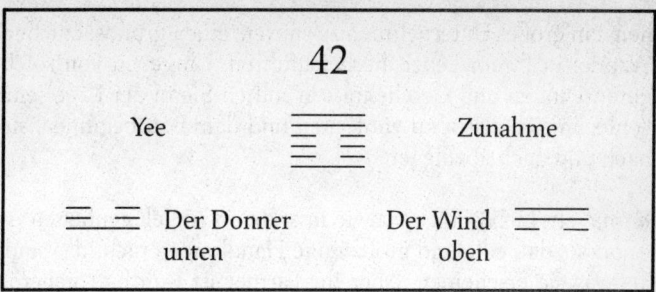

Orakel

Der Wind und der Donner verstärken einander.
Der hervorragende Mann verstärkt
seine guten Charakterzüge, nicht aber seine schlechten.

Verbesserung bei jeder Betätigung.
Sie dürfen das große Wasser überqueren.

Deutung

Artha Es sind da einige Menschen, die wirklich und wahrhaftig den Willen haben, Opfer für andere Menschen zu bringen. Oftmals ist Großzügigkeit keineswegs selbstlos; es wird erwartet, daß sich die Generosität durch Erhalt einer Gegenleistung auszahlt: vielleicht durch eine Steuerermäßigung, eine Statusverbesserung, durch Linderung eines Schuldgefühls und so weiter, um nur einige wenige Beispiele zu nennen. In einigen Fällen werden caritative Handlungen zu Tauschobjekten oder zu Handelswaren. Für Sie ist jetzt eine Zeit der Verbesserungen und Fortschritte, weil andere willens sind, selbstlose Opfer für das Gemeinwohl zu erbringen, zu geben und nicht zu erhalten, die Dinge von selbst gehen zu lassen, ohne in den Vorgang einzugreifen. Jetzt ist eine sehr günstige Zeit für Sie, eine gute Gelegenheit, ein großes Unternehmen zu starten, einen grundsätzlichen Wandel in Ihrem Leben herbeizuführen. Umgeben von solch guten Dingen und Geschehnissen sollten Sie in der Lage sein, Fehler in sich selbst zu entdecken und damit zu beginnen, sie nach und nach abzulegen.

Kama   In Liebesdingen sowie in anderen Angelegenheiten ist es oft so, daß edle und großzügige Handlungen nicht das sind, als was sie erscheinen. Aber Ihr Partner ist wahrhaft generös Ihnen gegenüber. Er stellt aus seinem Unterbewußtsein stammende Ansprüche an Sie. Das großzügige Verhalten Ihres Partners, seine Herzlichkeit und seine Hilfen gibt er, ohne zu erwarten, daß er dafür etwas zurückbekommt. Es mag scheinen, als seien Sie der Großzügigere von Ihnen beiden. Vielleicht haben Sie manchmal sogar ein Gefühl des Ärgers und der Verstimmung. Aber: Wenn Sie verstimmt sind, dann sind Sie enttäuscht; wenn Sie enttäuscht sind, verrät das, das Sie von einer Erwartungshaltung erfüllt sind, und wenn Sie Erwartungen hegen, ist Ihre sogenannte Großherzigkeit und Generosität nichts anderes als eine Handelsware. Ihr Partner weigert sich aber, eine Rolle als Ihr Geschäftspartner zu spielen, sieht in seiner Liebe zu Ihnen keine merkantile Angelegenheit. Sie fühlen sich verletzt. Wenn Sie es fertigbringen, Ihre Ansprüche an Ihren Partner für eine ausreichend lange Zeit zurückzustellen und sich bemühen, über Ihren Partner, seine Handlungsweisen und Handlungsmotive restlos Klarheit zu gewinnen, werden Sie entdecken, wie unedel und ungenerös Ihre eigenen Ansprüche sind. Dann können Sie damit beginnen, Ihre Verhaltensweise grundlegend zu ändern, Ihre Forderungen zurückzuschrauben.

Moksha   Ihr spiritueller Pfad ist einer der Selbstaufopferung. Es kann der Pfad der guten Werke sein, der Pfad der sich selbst zugefügten Schmerzen oder der Pfad des unbelohnten Lehrens und Aufklärens. In gewisser Weise hängt Ihre spirituelle Erfüllung davon ab, ob und wie Sie bereit sind, für die geistige Bereicherung anderer ein eigenes Opfer zu bringen. Erleuchtung ist in jeder Form ein Aufgeben, ein Verzichten auf das Ego. Ihr Pfad der Erleuchtung ist die bewußte, unmittelbare, willfährige Hingabe Ihres Egos an das absolute All-Eine.

Die Linien

1 —⊖— Stärker geworden, macht er eine große Veränderung durch.
Sehr günstig.
Keine Schuld.

Bei ausreichend vorhandenem Wohlgefühl und mit Großzügigkeit ist jetzt die Zeit gekommen, Ihre wichtigsten Pläne zu Ende zu führen. Wenn Sie sich eine besonders große Leistung vorgenommen haben, dann führen Sie diese jetzt aus. Sie sollten keine Schuldgefühle in sich aufkommen lassen angesichts der Tatsache, daß die Vollbringung zum Teil auf die selbstlose, aufrichtige Hilfe durch andere zurückzuführen ist.

2 —×— Er erhält zehn Paar Schildkrötenpanzer,
deren Orakel unwiderruflich sind.
Selbst der König sollte sie beim Opferbringen benutzen.
Dopelt günstig,
wenn Sie auf Ihrem Weg bleiben.

Die Generosität eines anderen steht in Opposition Ihnen gegenüber. Solange sich Ihre guten Beziehungen zu Ihrem Wohltäter nicht ändern, wird diese Opposition unwirksam bleiben.

3 —×— Der gute Mann ist durch übles Erleben stärker geworden.
Seine Güte hat zugenommen.
Er richtet sich ernsthaft nach der
Regel der goldenen Mitte;
das ist typisch für ihn.
Keine Schuld.

Das ist die Linie des guten Samariters. Ein unheilvolles Ereignis hat anderen Menschen große Aufregung gebracht und Ihnen Gelegenheit gegeben, helfend einzugreifen, zu trösten, Schmerzen zu lindern und Hoffnungen zu erwecken, ferner das Unglück zur Kenntnis jener zu bringen, die auch in Zukunft für weitere Hilfeleistungen zuständig sind. Möglicherweise haben Sie für Ihr hochherziges Eingreifen mit einer Belohnung zu rechnen: vielleicht mit einem Dankbarkeitsbeweis oder sogar mit einem öffentlichen Bekanntwerden Ihrer Generosität. Regen Sie sich nicht auf angesichts der Tatsache, daß Ihnen aus dem Unglück anderer ein Vorteil erwachsen ist. Ihre ursprüngliche Hilfsbereitschaft und Großzügigkeit war ehrlich und aufrichtig gemeint, und es hat keine Erwartungen Ihrerseits hinsichtlich eines für Sie günstigen Ausganges gegeben.

4 —×— Der Mann hält sich auf dem Mittelweg.
　　　　　Der Prinz folgt seinem Rat.
　　　　　Ihm kann auch bei sehr wichtigen Dingen
　　　　　Vertrauen entgegengebracht werden,
　　　　　sogar bei einer Umlagerung des Vermögens.

Sie stehen in direkter und sympathischer Verbindung zu jemandem, der sowohl wahrhaft großzügig ist als auch die Mittel und Möglichkeiten besitzt, seine Hilfsbereitschaft und Großzügigkeit an vielen Orten und auf mannigfache Weise zum Ausdruck zu bringen. Sie sind für diese Person zu einer Art Sachverständigem und Ratgeber geworden. Er vertraut Ihnen, weil Sie seine Großzügigkeit richtig erkennen und einschätzen, aber niemals irgendwelche Vorteile daraus ziehen werden. Sie sind bei einem größeren Unternehmen zu Hilfe gerufen worden. Erschrecken Sie nicht über die Größe Ihrer Verantwortung. Sie müssen Ihre sich ergebende Aufgabe und Verpflichtung in vollkommener Weise erfüllen, um dem Tao dieser Linie gehorsam zu sein.

5 —⊖— Der Mann bemüht sich ernsthaft,
　　　　　anderen Menschen nützlich zu sein;
　　　　　die andern schätzen ihn deswegen sehr.

Sehr günstig.
Hier ist alles klar, steht nichts in Frage.
Sie sind der großzügige Wohltäter dieses Hexagramms. Im Bereich des Artha sind Sie der gute, menschliche Samariter. Was das Kama anbelangt, haben Sie die hochherzigen Qualitäten Ihrem Partner zugeschrieben. Im Moksha sind Sie der Inspirator für andere, die dem Pfad der Selbstaufopferung folgen. Geben Sie aus vollem Herzen, ohne Unterschiede zu machen, Vorurteile zu hegen und vorsichtige Zurückhaltung zu üben.

6 —O— Keiner will ihm helfen.
Alles stellt sich ihm entgegen.
Seine Sympathien sind wechselhaft, launisch.
Unheilverkündend.
Obwohl Sie ausgesprochene hochherzige Prinzipien haben, halten Sie sich selbst für zu erhaben, um auf die Menschen in der Alltagswelt Einfluß zu nehmen. Durch diese Haltung verleugnen Sie Ihre eigenen natürlichen Impulse. Sie lenken den Ärger und die Wut anderer auf sich, die um Ihre hochherzigen und hilfswilligen Eigenschaften wissen, aber darüber enttäuscht sind, daß Sie nicht danach handeln.

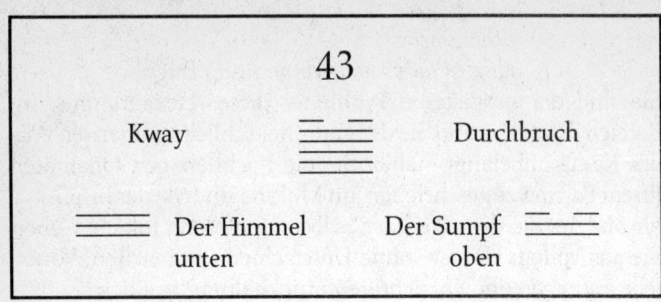

Orakel

Der Sumpf oberhalb des Himmels.
Der hervorragende Mann läßt Wohltaten auf die
unter ihm Befindlichen hinabregnen
und sorgt dafür,
daß seine Geschenke nicht unbenutzt bleiben.

*Sie müssen in den Hallen der Regierung
die Angelegenheit enthüllen und klären,
aufrichtig und ernsthaft.
Gefahren und Schwierigkeiten.
Machen Sie das in Ihrer eigenen Stadt bekannt,
rufen Sie aber nicht nach Unterstützung
durch Waffen und Truppen.
Verbesserung, was Sie auch unternehmen.*

Deutung

Artha Sie werden bedroht von Mächten, die Ihren Prinzipien entgegengesetzt sind. Im Moment sind diese Mächte noch zerstreut, weshalb ihre Kräfte minimal sind, an einem Tiefpunkt. Nützen Sie diese Schwäche zu Ihrem Vorteil, zu Ihrem Schutz und zur Verstärkung Ihres Einflusses auf Ihre Widersacher. Die besten Maßnahmen, diese Zeit der Schwäche Ihrer Gegner zu Ihrem Vorteil auszunützen, sind: 1. Bleiben Sie beherzt und standhaft sowohl bei Ihren Tätigkeiten als auch in bezug auf Ihre Grundsätze. 2. Verschließen Sie Ihre Ängste nicht in sich selbst, sondern teilen Sie sie Ihren Freunden mit. 3. Schweigen Sie nicht über Ihre Pläne; machen Sie sich vor allem bezüglich Ihrer Absichten und Motive nicht selbst etwas vor, auch wenn es scheinen mag, als ob Sie sich dadurch den Sie bedrohenden Mächten aussetzen würden. 4. Jeder, der Ihnen in brauchbarer Weise zu helfen in der Lage ist, sollte von Ihnen in Ihre Abwehrbemühungen einbezogen werden. 5. Bleiben Sie gewaltlos. Die Kräfte, die Sie bedrohen, sind gewalttätige Kräfte. Wenn Sie Ihrerseits zu Gewaltmaßnahmen greifen, müssen Sie damit rechnen, daß Sie der Unterlegene sein werden, völlig unter den Einfluß Ihrer Gegner geraten. Bleiben Sie stark und sicher, unentwegt aktions- und abwehrbereit und versuchen Sie, jede auf gewaltlosem Weg erreichbare Möglichkeit auszuschöpfen. Aus dem Orakel ist eine klare liberal-politische Feststellung herauszulesen. Innerhalb des Gleichgewichts im Universum und im Verhältnis zwischen Yin und Yang folgt einer Zusammenziehung und Verdichtung immer eine entsprechende Zerstreuung und Verdünnung. Wenn ein Mensch Reichtum in Überfluß an sich gerissen hat, muß er damit rechnen, daß er eines Tages im Gegenzug alles verliert und einen finanziellen Kollaps erleidet. Das Orakel empfiehlt eine beständige, allmähliche Zerstreuung und Verteilung des Reichtums in der gleichen Weise, wie er gesammelt worden ist, als eine Art politisches und wirtschaftliches Sicherheitsventil.

Kama Eine bösartige, zersetzende Macht hat Konflikte und viele unangenehme Momente für Sie und Ihren Partner verursacht. Wegen dieser egoistischen, vielleicht sogar einen geheimen Druck ausübenden Macht sind Sie und Ihr Partner nicht ganz offen und ehrlich zueinander gewesen. Aber der Impuls ist gegenwärtig an seinem Tiefpunkt angelangt. Mit Liebe, völliger Offenheit und Ehrlichkeit können Sie sich von diesen Konflikten freimachen. Die Zeit ist gekommen, da Sie Ihre separaten Verteidigungsmaßnahmen einstellen und frei und entschlossen mit Ihrem Partner gemeinsam vorgehen, und das nicht nur mit Worten. Es ist gegenseitige Unterstützung und Hilfe erforderlich, um die Mächte, die Ihr Verhältnis zueinander bedrohen, zu überwinden, unschädlich zu machen. Mit Aufrichtigkeit und Entschlossenheit können Sie die derzeit schwierige Periode zu Ihrem Vorteil benutzen, indem Sie beginnen, Ihr Verhältnis zueinander in selbstloser, verantwortungsvoller Weise zu erneuern und zu festigen.

Moksha Für einen, der sich ernsthaft mit den Methoden und Möglichkeiten des spirituellen Fortschrittes befaßt, ist es verhältnismäßig leicht, sich von den volkstümlichen, kulturell überlieferten Illusionen freizumachen, zum Beispiel vom Rassismus, vom Wert des Sammelns und Raffens, vom Sinn des Eigentums nach herkömmlichem Verständnis, von den meisten Dualismen einschließlich der Begriffe Leben und Tod, Gut und Böse, Geist und Körper. Es mag sein, daß Sie diese Ebene der Erkenntnis erreicht haben, aber Ihr Entwicklungspfad wird jetzt von Illusionen blockiert, die noch weit schwieriger zu beseitigen sind, von Illusionen, die Sie zu einem Punkt der Widersprüchlichkeit in sich selbst gebracht haben. Gemeint sind die Illusionen vom Wert der Erleuchtung an sich; von Ihrer Selbstheit; daß Worte irgendwelchen Wert hätten; die Illusion von Raum und Zeit, Form und Geschichte und vom Wert der Logik. Eine vollkommene Erleuchtung geschieht nur dann, wenn ein Durchbruch durch diese Illusionen erfolgt. Aus dem einen oder anderen Grund sind diese Illusionen in Ihnen gerade jetzt recht zerbrechlich und schwach geworden. Wenn Sie jetzt zur Anwendung einer spirituellen Praxis übergehen, die Sie sich fest vorgenommen haben, können Sie Ihr ersehntes Ziel erreichen, allerdings nur dann, wenn Sie mit dem Suchen danach Schluß gemacht haben.

Die Linien

1 —◯— Der Mann geht auf Zehenspitzen bis zur Flut.
Schuld und kein Erfolg,
wenn Sie so weitermachen.
Anstatt angesichts der gegenwärtigen Schwäche der Sie bedrohenden Mächte tatkräftig Ihren Vorteil zu suchen und auszunützen, sind Sie unnötigerweise viel zu zimperlich. Das macht Sie ebenso schwach oder noch schwächer als diese gegnerischen Mächte. Sie sind noch nicht ganz der Aufgabe gewachsen, diese Mächte zurückzuhalten. Der Versuch, es trotzdem zu tun, würde Sie selbst und andere in Fehlschläge und Mißerfolge verwickeln.

2 —◯— Der Mann ist ängstlich und besorgt.
Er bittet um Hilfe.
Die Flut steigt in der Mitte der Nacht,
aber sie wird unter Kontrolle gebracht werden.
Sie sind mit einigen Verstößen und Zuwiderhandlungen Ihnen und Ihren Tätigkeiten gegenüber gar nicht einverstanden. Aber solange Sie wachsam bleiben, haben Sie von irgendwelchen Aktivitäten seitens Ihrer Gegner nichts zu befürchten. Sie sind fähig, jedem Angriff gegen Sie zuvorzukommen und ihn mit Erfolg abzuwehren.

3 —◯— Der Mann ist dazu bestimmt worden,
die Flut zu kontrollieren.
Er ist ungeduldig und beginnt,
der Flut von sich aus entgegenzugehen.
Wenn die Flut herankommt, ist er nicht dort,
wo er Hilfe zu leisten hätte.
Für eine Weile wird der Mann gehaßt;
schließlich aber nimmt das Volk eine
verständnisvollere Haltung ein.
Besondere Umstände haben Sie zu einem funktionierenden Teil jener bedrohlichen Kräfte gemacht, gegen die Sie innerlich aufbegehren. Obgleich Ihre Sympathien diesen Kräften ganz

und gar entgegengesetzt sind, betrachten Sie andere, die ebenso dagegen opponieren, als Ihre Feinde. Das ist eine herzzerreißende Situation für Sie, doch Sie müssen sie eine Weile ertragen. Wenn Sie offen die Seiten wechseln, werden Sie die bedrohlichen Kräfte alarmieren und reizen. Wenn Sie aber ruhig an Ihrem Platz bleiben, keinen Finger rühren, nicht an irgendeiner Aktivität teilnehmen, die gegen Ihre Prinzipien verstößt, können Sie die Bedrohung von innen heraus schwächen. Der Durchbruch, der gegen die erdrückende Macht erzielt werden muß, ist abhängig von einer Schwäche in der Struktur dieser Macht. Sie selbst sind diese zentrale, unentdeckt wirkende Schwäche. Sie müssen die Zähne zusammenbeißen und durchhalten, selbst dann, wenn diejenigen, die Sie im geheimen unterstützt haben, Sie angreifen und verleumden.

4 —⊖— Die Flut hat ihm die Haut vom Gesäß gerissen.
Der Mann kann kaum noch gehen.
Wenn Sie einfältig werden wie ein Schaf,
werden Sie fähig sein, diese Schande zu ertragen.
Aber er ist taub diesen Worten gegenüber.

Sie sind starrsinnig und hartnäckig. Sie glauben, Sie seien allmächtig. In Wirklichkeit sind Sie schwach, weil Sie nicht die Grenzen Ihrer Handlungsfähigkeit erkennen. Sie bestehen darauf, immer weiter vorzudringen, obwohl das bedeutet, daß Sie sich immer tiefer und tiefer in Schwierigkeiten verfangen. Das Ironische dabei ist, daß, wenn das Orakel auf Sie zutreffen sollte, Sie es nicht beachten werden. Aber wenn Sie es beachten würden, nützte das auch nichts; also besteht auch keine Notwendigkeit, das Gesagte als erstrangig zu beachten und zu befolgen.

5 —⊖— Den Garten von Unkraut freizuhalten,
erfordert eine entschlossene Wachsamkeit.
Der Mann wehrt Fehler und Schuld ab
durch sein Stehenbleiben in der Mitte.

Der Kampf gegen egoistische und prinzipienlose soziale Kräfte kann mit dem Kampf eines Gärtners gegen das Unkraut verglichen werden. Keiner dieser Kämpfe endet jemals. In gleicher Weise, wie Unkraut ein Produkt verwilderten Erdbodens ist, ist eine üble Handlungsweise das Produkt sozial prinzipienlosen Allgemeinverhaltens. Des Gärtners Anstrengungen gelten natürlich dem Anbau von Gemüse, nicht nur der Vernichtung des Unkrauts. Er vernichtet das Unkraut nur so nebenbei, weil es die geordnete Kultivierung des Gartengeländes verhindert. Seien Sie wie ein Gärtner: Lernen Sie, mit dem Unkraut zu leben; lernen Sie, auch mit dem Übel zu leben. Verschwenden Sie nicht unnötig Ihre geistigen und seelischen Kräfte, indem Sie das Böse direkt und gezielt angreifen. Studieren Sie statt dessen lieber gründlich das Heranwachsen und die Weiterentwicklung positiver sozialer Grundsätze. Wenn sich diese Grundsätze nach und nach festigen, werden Sie das Böse isolieren, überwältigen und schließlich durch Gutes ersetzen. Der Ausdruck »im Zentrum stehenbleiben« bezieht sich auf die Art und Weise, wie man einen Garten unkrautfrei zu machen hat. Der Gärtner geht vorsichtig und geschickt zwischen den Reihen seiner Pflanzen hindurch und achtet darauf, daß er mit seiner Hacke nicht die Wurzeln der Nutzpflanzen beschädigt. Wenn Sie sich daran machen, die Reste des Bösen und Üblen zu beseitigen, dann seien Sie auf der Hut, daß Sie nicht grundsätzlich gute und nützliche Elemente, die mit vermengt sein könnten, beschädigen oder zerstören.

6 —×— Da gibt es niemanden,
an den er sich wenden könnte.
Unheilverkündend.

Sie dachten, Sie hätten die Sie in Ihrem Leben bedrohenden Kräfte wirkungsvoll zerstreut. Ihre Wachsamkeit hat nachgelassen. Jetzt sind die Kräfte in all ihrer bösartigen Glorie zurückgekommen. Alles ist zunichte geworden.

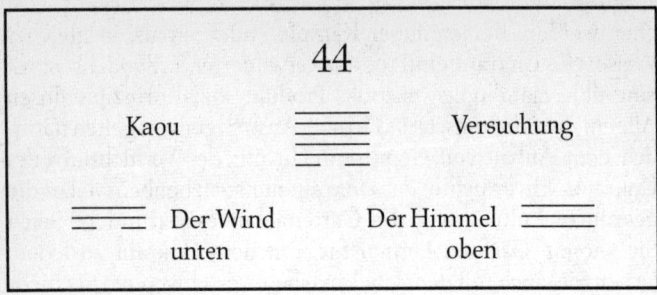

Orakel

Der Wind weht unter dem Himmel.
Der Prinz schreit seine Befehle
und verkündet seine feierlichen Erklärungen
in Richtung der vier Winde.

*Eine starke und eigensinnige Frau;
umarmen Sie sie nicht.*

Deutung

Artha   Ihre allgemeine Einstellung ist: »Ich kann es tun oder auch lassen.« Gewöhnlich kommen Sie damit ohne Mühe durch. Wofür andere sich ein Leben lang abmühen müssen, um es zu erreichen, fällt Ihnen oft in den Schoß. Sie behaupten, daß Sie keinen besonderen Wert auf diese glücklichen Geschehnisse legen. Aber aufgepaßt! Ihr Scharfsinn hat Sie in die Irre geleitet. Sie haben durchaus auf Ihre kostenlosen und unverdienten Erfolge Wert gelegt. Anstatt sich einfach der positiven Aspekte Ihrer Glückssträhne zu erfreuen, machen Sie sich kummervolle Gedanken über deren negative Seite, über eventuelle Gefahren ihrer Nichtexistenz. Anstatt wie ein Kavalier zu reagieren mit »leicht gewonnen, leicht zerronnen«, sind Sie wie besessen von der

Furcht, Ihre so mühelosen und unverdienten Gewinne zu verlieren.

Kama Sie benehmen sich, als seien Sie ein völlig freier Mensch. In Wirklichkeit sind Sie der Sklave Ihres Partners. Dies ist eine Verschleierung der Tatsachen und rührt von einem Bedürfnis eines von Ihnen oder von beiden her. Täuschung und Unaufrichtigkeit in den gegenseitigen Gefühlen, vielleicht sogar in Form eines stillschweigenden Übereinkommens, sind die Ursachen, daß die Beziehungen zueinander nicht so eng, liebevoll und selbstlos sind, wie sie sein könnten. Sie behaupten, Ihr eigener Meister zu sein, frei von übertriebenen Neigungen. In Wirklichkeit leben und sterben Sie gemäß den geschickten, scharfsinnigen Kommandos Ihres Partners. Anerkennen Sie die Tatsache Ihrer totalen Abhängigkeit und geben Sie das auch nach außen hin zu, bei allem, was Sie tun, nicht nur Ihrem Partner gegenüber.

Moksha Dies ist das Hexagramm von König Lear. Die traditionelle Interpretation des Hexagramms beruht auf der Idee, daß der Prinz des Orakels die Kraft hat, sein Volk aus größerer Distanz zu regieren. Aber der Prinz, der seine Befehle in den Wind schreit, tut natürlich, gleich dem König Lear, etwas Absurdes, denn er ist verrückt. Sich anderen Menschen gegenüber unbescheiden und anmaßend zu benehmen, ist ein Zeichen von Egoismus und irrigen Anschauungen. Ohne Bescheidenheit und Demut dem Himmel gegenüber zu sein, ist schlicht und einfach eine Art Geistesgestörtheit. Ihrerseits zu glauben, Sie könnten mit Ihrem Willen die Erleuchtung herbeizwingen, ist arrogant und offensichtlich absurd. Sie können der Zeit nicht die Schnelligkeit ihres Ablaufes vorschreiben. Sie können nicht die Yin-Prozesse des Wachsens und Vergehens anhalten oder umkehren. Sie können sich nur einfügen, sich in der Schönheit des Vorganges verlieren, bei dem jeder Augenblick des Vergehens zugleich ein Augenblick der Wiedererneuerung ist. Sie können nicht das Glück und den Frieden eines erleuchteten Geistes willensmäßig herbeiführen; Sie können sich nur mit der Dunkelheit abfinden und geduldig warten, denn: Vollkommen von allem losgelöst, werden Sie erkennen, daß Sie bereits glücklich, von Friede erfüllt und erleuchtet sind.

Die Linien

1 —×— Der Mann sollte in seinem Tun blockiert werden,
gebremst und angebunden werden wie ein Wagen.
Andernfalls benimmt er sich wie ein hungriges Schwein
und trampelt alles nieder.
Günstig,
wenn Sie auf Ihrem Weg bleiben;
unheilverkündend, wenn Sie in irgendeiner
Richtung von Ihrem Weg abweichen.

Die Freuden und Vergnügungen, die Sie antreiben und motivieren, bedürfen einer scharfen und ständigen Kontrolle. Ihr Hunger ähnelt dem eines mageren Schweines – gefährlich und schwierig, es zu bezähmen.

2 —O— Der Mann hat einen Korb mit Fischen.
Er sollte sich den Gästen nicht nähern.
Keine Fehler.

Sie schützen die Ihnen eng Verbundenen vor den Auswirkungen der erbarmungslosen, schwer zu beherrschenden »Vergnügungen«, die sie versklaven. Obgleich gefangen und besiegt von den Illusionen Ihres eigenen Geistes, brauchen Sie sich nicht schuldig zu fühlen, denn Sie haben die Leiden auf sich genommen, um sicherzustellen, daß niemand außer Ihnen selbst davon betroffen wird.

3 —O— Von seinem Gesäß ist die Haut heruntergerissen,
und er geht nur mit Schwierigkeiten.
Gefahr,
aber keine Fehler.

Sie fühlen sich fast völlig dem Vergnügen ausgeliefert, dem Sie durch Verführung verfallen, von ihm gefesselt worden sind. Das sollten Sie nicht tun. Sie können Ihre Abwehrkräfte unterstützen und festigen, indem Sie sich vorstellen, wie sich Ihre Kapitulation vor der Versuchung in der Sicht anderer ausnimmt. Sie können Ihre unvernünftigen Neigungen überwinden durch eine akute Furcht vor den Folgen, die aus Geldschwierigkeiten und sonstigen Verwirrungen bestehen können. Solange Sie sich den Sinn für Humor erhalten, wird keine direkte Katastrophe eintreten.

4 —○— Der Mann trägt seinen Korb,
doch es sind keine Fische darin.
Unheilvoll.

Sie haben sich ganz und gar jenen Vergnügungen ausgeliefert, die Sie unterjochen und fesseln. Jetzt haben diese allerdings begonnen, schwächer zu werden und nach und nach ganz zu verschwinden. Was wird sein, wenn die Vergnügungen, denen Sie sich hingegeben haben, verschwunden sind?

5 —○— Der Mispelbaum wirft einen Schatten
auf den Kürbis unter sich.
Wenn er seinen Glanz verbirgt,
wird der Himmel ihn mit Erfolg belohnen.

Eine Melone ist etwas Köstliches, verdirbt aber leicht, genau wie die den Menschen verführenden und versklavenden »Vergnügungen«, die dieses Hexagramm charakterisieren. Sie verstehen es, diese Vergnügungen immer frisch zu erhalten. Obgleich Sie zum Sklaven dieser Vergnügungen geworden sind, werden Sie ihrer nicht überdrüssig. Sie stehen ständig unter ihrem Einfluß. Gleich jeder anderen wahrhaftigen und vollkommenen Vereinigung kann auch eine derartige Versklavung, eine solche Erfüllung und erbarmungslose Leidenschaft zu einer Erleuchtung und zum höchsten Guten führen.

6 —o— Er begrüßt jeden
mit deinen Hörnern.
Bedauern,
aber keine Fehler.

Sie haben die Neigungen, die Ihnen gefährlich werden konnten, vollständig überwunden. Anderen, die die Ursachen Ihrer Versuchung als eine Kleinigkeit, als einen Schwächeanfall, eine vorübergehende Wehrlosigkeit ansahen, erscheint Ihre Gewaltanwendung der Versuchung gegenüber brutal, gemein und unfair. Anderen, denen ein tieferes Verständnis für die Situation und Ihre destruktive Handlungsweise fehlt, erscheint diese unangebracht und überflüssig. Sie werden verachtet und gedemütigt wegen Ihrer scheinbaren mörderischen Überreaktion. Sie sehen aber ein, daß Sie trotz allem keine andere Wahl haben. Sie haben getan, was zu tun war.

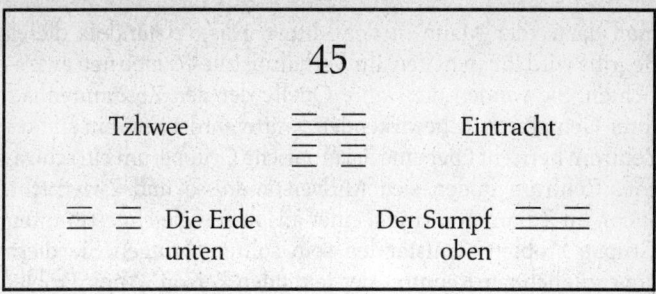

Orakel

Der Sumpf hat sich über die Erde erhoben.
Der hervorragende Mann bringt seine Waffen in Ordnung
und bereitet sich auf unvorhersehbare Notfälle vor.

Besprechen Sie sich mit dem großen Mann.
Erfolg, wenn Sie auf Ihrem Weg bleiben und
so lange Sie willens sind, den Preis dafür zu zahlen.
Günstig,
ganz gleich, was Sie unternehmen.

Deutung

Artha Durch Bestimmung oder Zufall, glücklicher- oder unglücklicherweise, müssen Sie den Großteil Ihres Lebens innerhalb der Begrenzungen einer eng miteinander verknüpften sozialen Gruppe verbringen. Dieses Verhaftetsein kann sich auf eine enge, festgefügte Familiensituation beziehen, auf gesellschaftliche Bindungen oder auf die Zugehörigkeit zu einer idealistischen und anspruchsvollen politischen Organisation. Das harmonische Zusammenwirken der Gemeinschaft hängt von der Kraft der im Zentrum befindlichen Person ab. Im Westen bezeichnet man eine solche Person als Leiter oder Führer, im Osten sagt man dazu »der Mann in der Mitte«. Das Verständnis dieses Begriffs wird Ihnen helfen, Ihr Verhältnis zur Gruppe neu auszurichten. Sie werden die wahre Quelle der den Zusammenhalt Ihrer Gemeinschaft bewirkenden Kräfte entdecken. Ein starkes Zentrum herrscht über eine harmonische Gruppe; um ein schwaches Zentrum bilden sich Mißverständnisse und Zwietracht. Wenn im Zusammenwirken einer ansonsten gleichgestimmten Gruppe Probleme entstanden sein sollten, bringen Sie diese unverzüglich zur Kenntnis der leitenden Person. Wenn Probleme im Rahmen einer unharmonisch zentrierten Gruppe entstehen, muß das Zentrum gestärkt werden, bevor an die Bewältigung der Probleme herangegangen werden kann. Machen Sie Ihre Mitarbeiter und Kollegen mit dem Unterschied zwischen dem westlichen Begriff »Leiter« und dem östlichen »die Zentralperson« vertraut. Schließen Sie sich enger an die wahre Zentrumskraft an und setzen Sie sich für deren Stärkung ein.

Kama   Ihre Liebe – sowohl die Ihrige als auch die Ihres Partners – hängt in hohem Maße mit Ihrer engen Verknüpfung zu einer schier allgegenwärtigen Gruppe zusammen. Das kann eine politische Partei oder können gemeinsame künstlerische Bestrebungen sein, die der Quell Ihrer Sympathien zueinander sind. Es könnte auch die von Ihnen gegründete Familie sein. Es könnte auch der ganz spezielle Charakter der nur aus Ihnen und Ihrem Partner bestehenden Zweiheit sein, der für Sie von besonderer Bedeutung ist. Ihre Beziehungen zueinander sind eine ebenso gesonderte, unabhängige soziale Einheit, wie es zum Beispiel eine Regierung oder eine Rock-and-Roll-Band ist. Ihre eigenen Verhältnisse werden sich in dem Maße verbessern, in dem Sie Ihre Beziehungen zu der Gruppe, was diese auch sein sollte, akzeptieren. Passen Sie genau auf, wer die im Zentrum stehende leitende Person ist. Sollte die Gruppe nur aus zwei Personen bestehen, dann suchen Sie die zentrale Kraft in den Erfahrungen und Grundsätzen, die beide teilen.

Moksha   Einige Wege zur Erleuchtung empfehlen Absonderung und ein Sich-Zurückziehen von der Welt als Teil dieser Methode. Aber der Pfad, den Sie gewählt haben, der Pfad, der für Sie der richtige ist, hat als Grundlage das gemeinschaftliche Zusammenwirken auf der Basis spiritueller Sympathie. Sie irren sich, wenn sie glauben, daß Sie spirituelle Erleuchtung erlangen und sich gleichzeitig von anderen absondern können, die einen ähnlichen Erleuchtungszustand erreicht haben. Wenn Sie nicht spontan und unvermittelt für andere, die Ihnen nahestehen, Sympathie aufbringen können, haben Sie noch einen langen Weg bis zur Auflösung Ihres Egos und bis zu der Erkenntnis, daß alle Menschen Ihre Brüder sind, vor sich. Nähern Sie sich dem, was Sie in völlig berechtigter Weise Ihren Tempel nennen, mit Bescheidenheit und Demut, und lassen Sie sich im übrigen von den Lobgesängen Ihrer Mitbrüder begeistern und mitreißen.

Die Linien

1 —×— Eintracht ist erwünscht,
kann aber unmöglich zustande gebracht werden;
das verursacht Mißklänge.
Der Mann schreit laut;
ein Helfer hört ihn.
Er fängt bald ruhig zu lächeln an.
Vorwärtskommen
ohne Fehler, wenn Sie Ihre derzeitigen
Schwierigkeiten zu ertragen verstehen.

Wer auch immer im Mittelpunkt Ihrer Gruppe steht – er ist zweifellos das stärkste, prinzipientreueste und loyalste Mitglied. Alles, was unter den anderen Mitgliedern der Gruppe geschieht, ohne daß es dem Leiter zur Kenntnis kommt, ist für die Gruppe als Ganzes nicht repräsentativ, eben weil die Person im Zentrum keine Ahnung davon hat. Jeder in der Gruppe sollte zu ihm gehen und sich nach seinem Rat richten. Legen Sie ihm Ihre Probleme dar, und seine guten und weisen Vorschläge werden Ihnen sehr helfen.

2 —×— Eintracht wird erreicht durch Gefolgschaftstreue.
Der Mann wird geführt
von seinen Bundesgenossen.
Günstig,
wenn Sie geradeaus vorwärtsgehen.
Die kleinste Gunstbezeigung
wird geschätzt und gewürdigt.

Sie haben einen seltsamen Hang zu bestimmten Dingen und Erscheinungen, die rätselhaft sind, die einen aus der Fassung bringen, ja sogar erschrecken können. Sie stehen unter dem Einfluß einer Macht, die man eine allgemeine kulturelle Strömung oder Bewegung nennen kann, die dabei ist, ihre Rolle innerhalb der Gesellschaft und der Kommunen zu reorganisieren. Stellen Sie sich nicht Ihrem Tao entgegen, indem Sie sich an traditionelle Begriffe von sich selbst und vom Universum klammern. Die Zeiten ändern sich, und Sie sind ein Teil dieses ständigen Wechsels.

3 —×— Er strebt mit aller Kraft nach Eintracht,
bis er atemlos geworden ist.
Seufzend bemüht sich der Mann vergebens.
Vorwärtskommen ohne Fehler,
obwohl Sie es in etwa bereuen dürften.

Sie sind ein Außenseiter, wünschen aber, ein »Insider«, ein mit den Vorgängen bestens Vertrauter zu werden. Solange Sie sich an die äußeren Erscheinungsformen der Dinge klammern, werden Sie auch draußen bleiben. Nur durch Richtungsänderung, durch Gehen in die Dinge hinein, dem Zentrum zu, können Sie ein Insider werden.

4 —o— Eintracht ist im Kommen.
Sehr günstig.
Niemand wird sich darüber ärgern.
Keine Schuldvorwürfe.

Sie sind, mit allen Leiden und Freuden, die nun mal damit verbunden sind, ein geschätztes Mitglied der Gruppe.

5 —○— Durch die Führung ist Eintracht hergestellt worden.
Der Mann ganz persönlich hat das zustande gebracht.
Er verändert das Denken von Zweiflern, indem er beständig deren spirituelle Haltung beeinflußt.
Keine Fehler.
Stehen Sie fest. Schuld verschwindet.

Sie denken, Ihre Freunde und Mitarbeiter hätten verborgene, geheimnisvolle Motive. Brechen Sie deshalb nicht Ihre Beziehungen ab. Treten Sie ihnen offen und ehrlich entgegen, indem Sie ihnen Ihre Sorgen und Befürchtungen schildern.

6 —×— Schmerzliche, tränenreiche Eintracht.
Keine Fehler.

Bringen Sie Ihre Sorgen zum Ausdruck. Wie sonst können Ihre Freunde, die Ihnen helfen können, wissen, wo Sie der Schuh drückt?

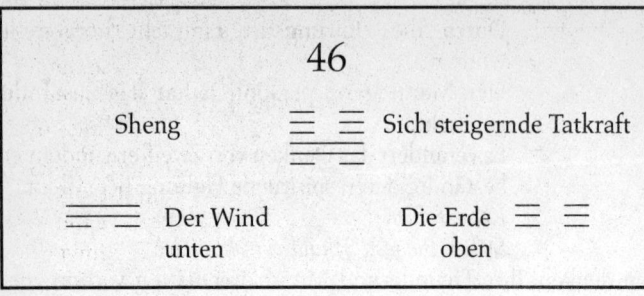

Orakel

Die Bäume erheben sich über die Erde.
Der hervorragende Mann sorgt für sich selbst
und nimmt auch kleinere Gelegenheiten wahr,
um eine bedeutsame Position zu erlangen.
Er arbeitet sich in Richtung des
warmen und freundlichen Geländes vor.

Erfolg.
Sie sollten sich mit dem großen Mann besprechen,
ohne Furcht.

Deutung

Artha   Dies ist das Hexagramm des intelligenten, verständnisvollen und konstruktiven Gebrauchs Ihres Willens. Sie benutzen Ihren Willen weder in irrationaler Weise als eine Art Rammbock gegen verbaute Möglichkeiten, noch stur und eigensinnig als Staudamm gegen unvermeidbare Veränderungen. Sie wissen, wie Sie sich mit Bedacht und vollbewußt in Übereinstimmung mit den Veränderungsvorgängen zu verhalten haben, die um Sie herum stattfinden. Nichts von dem, was Sie wünschen, daß es geschehe, ereignet sich automatisch. Sie müssen sich anstrengen, damit es geschieht. Sie müssen nach reiflicher Überlegung und ganz gezielt die für Ihre Absichten nötigen Verbindungen herstellen. Ihre Absichten sind glücklicherweise in Harmonie mit den allgemeinen Trends Ihres gegenwärtigen Arbeits- und Bekanntenkreises sowie mit der Kulturströmung im großen und ganzen. Sie haben einen intelligenten Willen. Welche Art von Anstrengung Sie auch machen, Sie stehen im Einklang mit den mühelos vor sich gehenden, willenlosen Mustern der universellen Strömungen.

Kama   Bei den meisten Liebesverbindungen wirkt die Gegenwart eines aktiven Willens trennend und die Liebe gefährdend. Halsstarriger Eigensinn, der die Folge von Enttäuschung und reiner Selbstsucht ist, beeinträchtigt in starkem Maße die Liebe. Aber Ihre Absichten und Motive sind selbstlos und stehen in Harmonie mit Ihrer und Ihres Partners Persönlichkeitsstruktur. Erkennen Sie die Stärke der Liebeskraft in Ihren Beziehungen und bemühen Sie sich, diese Potenz bewußt, bedächtig und dynamisch in Funktion zu setzen. Wegen der Selbstlosigkeit Ihrer Absichten und Ziele wird Ihr Partner über Ihren starken Willen nicht aufgebracht sein oder sich gar bedroht fühlen. Ihr Partner wird sich im Gegenteil zufrieden und geliebt fühlen.

Moksha   Ein Zeichen für Erleuchtung ist die Fähigkeit, sich richtig in spontaner, instinktiver und natürlicher Weise auf den jeweils gegenwärtigen Augenblick einzustimmen. Um diese Art von Erleuchtung zu erreichen, müssen Sie sich unentwegt und gewissenhaft darum bemühen und in Ihrer spirituellen Praktik nicht schwanken oder nachlassen. Die göttliche Gnade wird nicht herabstürzen und Sie in ihrem Triumphwagen entführen oder hinwegfegen. Ihr spiritueller Pfad erscheint den anderen uninteressant in einer Kultur, die hauptsächlich um wirtschaftliche Werte kreist, langweilig in einer Kultur, die immer auf Neues aus ist, beschränkt in einer Kultur, die persönliche Freiheit über alles schätzt. Doch am Ende des Pfades werden alle diese Ansichten und Bewertungen ihren Sinn verloren haben. Ihre spirituelle

Praxis ist höchst anspruchsvoll, doch nach Erreichung der Erleuchtung werden sich alle Aktivitäten und Schwierigkeiten in Nichts auflösen. Ihr Weg zur Erleuchtung erfordert Willensanstrengung: Hinwendung zum rigorosen Asketentum, starke Abneigung menschlichen und caritativen Aktivitäten gegenüber oder ein Bemühen, mit weisen Menschen in Kontakt zu kommen.

Die Linien

1 —×— Der Strebende und sich Mühende ist willkommen.
Sehr günstig.
Ihre gegenwärtige Position ist niedrig und sehr bescheiden im Vergleich zu der, die Sie erreichen wollen. Ihre Anstrengungen bewirken eine gutgelaunte, väterliche Antwort von seiten Ihrer Vorgesetzten. Das wird sich für Sie in Form eines Erfolges, der Ihre Erwartungen weit übersteigt, auszahlen.

2 —o— Des Strebenden und sich Mühenden kleinstes Opfer wird geschätzt und gewürdigt.
Kein Fehler.
Sie sind noch weit von Ihrem Ziel entfernt. Sie verfügen nur über recht bescheidene Mittel und sehr begrenzte Hilfsquellen, die Sie in Ihren Anstrengungen zu unterstützen vermögen. Seit Ihre schwierige Lage allen offenbar geworden ist, werden sich Ihre Vorgesetzten dazu bereit finden, sich auch mit weniger Leistung als sonst üblich zufriedenzugeben.

3 —o— Der Mann klettert empor in die leere Stadt.
Sie müssen sich anstrengen, wenn Sie Ihre Ziele erreichen wollen. Doch anstatt sich zu entschließen, den direkten und kürzesten Weg einzuschlagen, haben Sie den Weg des geringsten Widerstandes gewählt. Anstatt den Hindernissen und Hemmungen, die natürlich auf Ihrem Weg zu erwarten sind, mutig ins Auge zu sehen, ignorieren Sie diese einfach und gehen den Pfad,

auf dem Sie mit den wenigsten Hindernissen zu rechnen haben. Sie haben sich versichert, daß Sie in allem, was Sie tun, auf Ihrem gewählten Weg bleiben. Aber was auch immer Sie tun – es führt Sie nirgendwohin.

4 —×— Der Strebende ist beim König beschäftigt mit der Präsentierung von dessen Gaben auf dem Berg Ch'i.
Günstig. Keine Fehler.

Sie sind Mitglied einer ehrbaren, elitären Volksgruppe. In dieser Eigenschaft haben Sie großen Einfluß auf das Volk und auf die Geschehnisse in Ihrer Umgebung. Sie nehmen eine besondere, von allen anerkannte Stellung ein.

5 —×— Der Mann strebt nach den Sternen, mit Würde.
Günstig, wenn Sie auf Ihrem Weg bleiben.

Das ist die Darstellung einer Krönungszeremonie. Sie stehen ein paar Schritte neben der Stelle, wo die Krone überreicht wird. Da Sie sich Ihrem Ziel nähern und Ihr Erfolg so gut wie sicher ist, überspringen Sie die letzten noch übrigen Stufen und besitzen nun die Stellung, die offensichtlich sowieso bald Ihnen gehört hätte. Aber sie ist im Moment doch noch nicht ganz in Ihrer Hand. Sie wird Ihnen erst in Zukunft gehören. Diese Zukunft ist eine freie Erfindung Ihrer Vorstellungskraft. Setzen Sie Ihre normalen, ausgeglichenen Bemühungen fort.

6 —×— Der Mann klettert blindlings empor.
Günstig,
wenn Sie auf Ihrem Weg bleiben,
ohne auch nur einen einzigen Fehltritt.

Sie sind ehrgeizig, doch ohne Ziel. Sie stürzen, wie von etwas gezwungen, blindlings vorwärts. Das ist in Ordnung, solange Sie geduldig durchhalten, schnell reagieren und verständnisvoll bleiben. Es ist in Ordnung, solange Sie nicht zurückblicken oder sich wundern und wissen möchten, wo Sie sich eigentlich befinden.

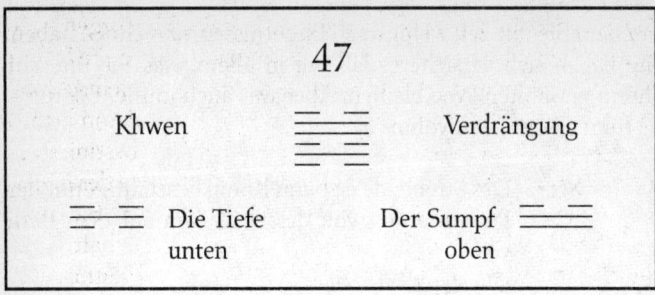

Orakel

Der Sumpf leitet sein Wasser in die Tiefe.
Der hervorragende Mann will das höchste Opfer
bei der Verfolgung seiner Ziele erbringen.

Erfolg.
Günstig,
wenn Sie auf Ihrem Weg bleiben.
Keine Fehler.
Schließen Sie keine Kompromisse.

Deutung

Artha Das Wasser wurde aus dem Sumpf abgeleitet. Jetzt ist der Sumpf trocken und tot. Das Wasser, das aus dem Sumpf abgezogen wurde, hat seine natürliche Wesensart behalten, sich auf einer eigenen Ebene zu sammeln. Der Sumpf allerdings hat ohne Wasser seine ureigene Natur verloren, ist nicht länger ein Sumpf. Betrachten Sie sich selbst als die feste Materie, aus der der Sumpf besteht, als die darauf gedeihenden Pflanzen und Blumen, als das ganze Sumpfbecken, die Ereignisse Ihres Lebens dagegen als das Wasser, das die gegebene Form des Sumpfgebietes erfüllen und ihm seine spezielle Natur verleihen soll. Ihre

Gedanken und Taten, Ihre tägliche Routine, Ihre Sorgen und Freuden sind nutzlos vertan und verpufft, wenn Sie in die Erfordernisse und Ansprüche einer illusionären Welt hineinschlüpfen, in die Welt der Dinge und Menschen, die sich daran klammern. Sie sind eng verstrickt in jenen von Habgier bestimmten Lebenskampf, haben absolutes Vertrauen in die Werte des materiellen Besitzes. Wenn Sie um sich schauen, sehen Sie eine Rangordnung der »Dinge«, deren wichtigste Eigenschaft – für Sie – ihr logisches, verstandesmäßig erfaßbares Verhältnis zwischen Wunsch und Wirklichkeit ist. Diese Wünsche und Anziehungskraft bemessen Sie genau nach einem System, das sich nach den Anschauungen der gegenwärtig Besitzenden richtet. Die Wirklichkeit und Meßbarkeit drückt sich in Mark und Pfennig aus. Je nachdem, wie sich die Wünsche steigern, erhöhen sich die Preise. Wenn die Preise stark steigen, ist für Sie Ihre Wunschkraft den betreffenden Dingen gegenüber mit Problemen belastet. Sie sind durch dieses System begrenzt und eingeschnürt. In seltenen Fällen ist es einer Person möglich, voll in diese Welt des Geschäfts einzusteigen, dabei wohl wissend, daß es sich letztlich um Illusionen handelt, was wiederum bewirkt, daß all die komplizierten Machenschaften und Konfrontationen als eine Art Spiel betrachtet werden. Sind Sie aber ernsthaft und emotional stark engagiert an diesen von Besitzgier bestimmten Aktivitäten, betrachten Sie diese als Anfang und Ende Ihrer wahren Lebenserfüllung, werden Sie sich eines Tages in einer sich immer mehr beschleunigenden Tretmühle befinden.

Kama   »Liebe ist ein Geschäft. Wenn ich dich liebe, mußt du mich wieder lieben. Wenn du mich nicht liebst, will ich dich auch nicht lieben. Wenn ich dir viel Liebe gebe, mußt du mir ebensoviel zurückgeben. Danke schön. Bitte sehr – ich halte etwas Liebe für dich bereit, und wenn du willens bist, mir dasselbe Quantum Liebe zurückzugeben, können wir beide an dieser Liebe etwas Vergnügen haben. Liebe ist eine sehr gute und hübsche Sache; ich garantiere dir, daß du nichts Besseres und Interessanteres finden kannst. Ich liebe dich sehr. Wie sehr? Ich bin unglücklich darüber, daß ich dich so sehr liebe, du mich aber nur so sehr. Ich beneide dich, weil du so viel nette Liebe von mir bekommst, so viel mehr und so viel bessere Liebe als die, die ich von dir zurückbekomme. Das ist unfair. Liebe ist ein Geschäft. Aber der Yogi liebt selbstlos und erwartet oder will nicht das Geringste als Gegenleistung.« (Formuliert nach einem Vortrag von Swami Satchidananda, Poughkeepsie, New York, gehalten am 3. März 1970.)

Moksha Sie sind ausgeschlossen von jeglicher Zutrittsmöglichkeit in ein spirituelles Leben. Wohin Sie auch blicken und sich wenden, finden Sie schlechtes Karma. Wenn Sie sich der spirituellen Führung durch jemand anders anschließen, werden Sie unweigerlich entdecken, daß diese Führung korrupt und habgierig ist. Wenn Sie versuchen sollten, sich geistig über Ihre Interessen an der materiellen Welt klar zu werden, ist die Folge davon nur eine Umgruppierung, eine Verschiebung der vielfältigen Fesseln und Bindungen, die Sie bedrücken. In dieser Hinsicht ist keine Erleichterung in Sicht.

Die Linien

1   —×—   Gefangen nahe eines umgestürzten Baumes
in einem finsteren Tal für drei Jahre.
Sie erkennen, daß Sie in der materiellen Welt niemals das erreichen werden, was Sie sich wünschen. Sie haben mit allen Aktivitäten Schluß gemacht, stagnieren und vegetieren in einem Zustand der Verzweiflung, des Zynismus und des Selbsthasses dahin. Sie haben noch nicht erkannt, daß Ihre unerfüllbaren Wünsche und die Ihnen unerreichbaren Ziele nichts anderes sind als falsche, korrupte Begriffe, die in keiner Weise mit Ihnen als menschliches Individuum und auch nicht mit Ihrem Tao übereinstimmen. Die mächtigen Erzeuger und Lieferanten dieses korrupten Wertsystems halten Sie von der Erfahrung einer befreienden Offenbarung ab.

2 —o— Gefangen am Eßtisch.
Wenn die Autoritäten kommen,
bleibt er fromm und ehrerbietig.
*Unheilverkündend, wenn Sie die Initiative ergreifen,
doch ohne Vorwürfe und Tadel.*

Obwohl Sie durchaus in der Lage sind, sich selbst mit allen Erfordernissen des Lebens zu versorgen, haben Sie die Chance, noch mehr Besitz und Macht zu bekommen, wenn Sie sich einer reichen und kraftvollen Autorität unterordnen. Es hat anfänglich einige Rückschläge in dieser Angelegenheit gegeben, die auf Konkurrenzdenken, Mißtrauen und Mangel an Aufrichtigkeit zurückzuführen sind. Diese Differenzen müssen ausgeräumt und ein Arrangement getroffen werden, das von beiden Teilen in friedvollem und dankbarem Geist akzeptiert werden kann.

3 —x— Gefangengehalten von einem Felsen
greift der Mann nach einem Dornenbusch.
In seinem Palast sieht er sein Weib nicht.
Unheilverkündend.

Sie suchen mit Bedacht nach Hindernissen, die Ihnen im Wege sind, und nach Komplikationen, um diese zu entwirren. Wenn Sie keine finden können, erfinden Sie welche. Die traditionelle Deutung sagt, daß der Mann sein Weib nicht sieht, weil dieses gestorben ist, während er heftig in seine selbst fabrizierten Affären verwickelt war. In seinem Palast, der eine heilige Stätte, ein Sanktuarium sein sollte, und mit seiner Neigung, sich sein eigenes Leben zu vermiesen, erkennt er nicht die einzig wirkliche Quelle seiner Behaglichkeit und seines Trostes: sein Weib.

4 —o— Gefangen in Chrom
in einer langsamen Prozession.
Etwas Reue und Bedauern.
Günstig zum Schluß.

Materieller Erfolg hat Sie in einen Kreis hineingebracht, in dem die Grundsätze und Wertvorstellungen der anderen Ihren eigenen fortschrittlichen und demokratischen Impulsen zuwider sind.

Sie sind allerdings in Ihren Aktivitäten keineswegs vollständig lahmgelegt. Diese sind lediglich etwas kompliziert geworden durch herabwürdigende Konzessionen, die Sie den anderen gegenüber machen müssen.

5 —⊖— Gefangenschaft durch einen Verräter.
　　　　　Seine Nase und seine Füße sind abgeschnitten.
　　　　　Er nimmt es mit Ruhe und Gelassenheit
　　　　　und akzeptiert sein Schicksal.
　　　　　Er bleibt fromm und ehrerbietig.

Sie sind ein so selbstloser und freigebiger Mensch, daß Sie von den Sie umgebenden egoistischen und besitzgierigen Mächten als Feind betrachtet werden. Diejenigen, die etwas zu verkaufen haben, sind Ihre Gegner, weil Ihre Großzügigkeit und Freigebigkeit den Anschein erweckt, als sei das, was diese Menschen zu verkaufen haben, wertlos. Diejenigen, die etwas kaufen, stellen sich Ihnen ebenfalls entgegen, weil Ihre Verachtung materieller Güter den Eindruck erweckt, als sei das, was sie kaufen, ohne jeden Wert. Normalerweise könnten Sie sich auf den Schutz durch das Gesetz berufen, aber in diesem besonderen Fall sind diejenigen, die das Gesetz administrativ vertreten, von Anfang an gegen Sie eingestellt.

6 —×— Umschlungen und gefangen von Efeu
　　　　　am Rande einer Klippe.
　　　　　Er sagt zu sich selbst: »Wenn ich mich
　　　　　bewege, werde ich es bereuen.«
　　　　　Bereuen Sie das, was vorher begonnen wurde,
　　　　　dann handeln Sie.
　　　　　Günstig.

Sie wünschen, sich vorwärtszubewegen und sich zu verändern. Aber Sie fühlen sich gefangen und gefährdet durch äußere Kräfte. Ihre Befürchtungen sind grundlos. Die Macht Ihrer Unterdrücker ist für eine Weile im Abnehmen. Sobald Sie das tun, was zu tun Sie sich entschlossen haben, wird sich der von außen kommende Druck abschwächen und Sie nicht länger behindern.

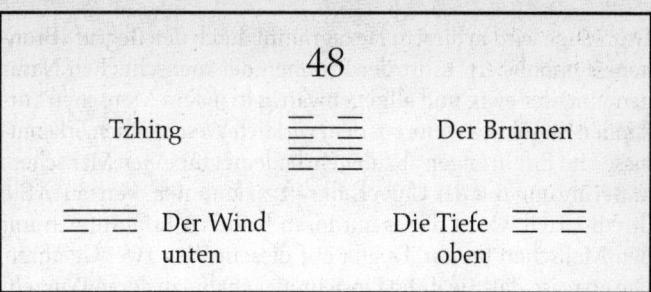

48

Tzhing — Der Brunnen

Der Wind unten — Die Tiefe oben

Orakel

Die Tiefe ist mit Holz angefüllt
und daraus ein Brunnen gemacht worden.
Der Plan einer Stadt mag sich ändern,
aber der Ort des Brunnens bleibt immer derselbe.
Das Wasser im Brunnen verschwindet nie
und nimmt auch niemals wesentlich zu.
Der Brunnen diente jenen, die in vergangenen Zeiten lebten,
und wird denen dienen, die in Zukunft kommen.
Der hervorragende Mann dient dem Volk
und fördert den Gemeinschaftssinn.

*Unheildrohend,
wenn das Zugseil reißt,
bevor das Wasser emporgezogen worden ist.*

Deutung

Artha   Wenn Sie mit anderen Menschen zu tun haben, benutzen Sie Ihr Wissen über die Natur des Menschen, um die tatsächlichen Bedürfnisse und Vorurteile zu entdecken. Sie haben an vielen verschiedenen Orten und in vielen unterschiedlichen Situationen Erfahrungen gesammelt. Die allem gemeinsame

Grundlage wird in diesem Hexagramm durch den Begriff »Brunnen« symbolisiert. Es ist der Brunnen der menschlichen Natur gemeint, der ewig und allgegenwärtig in jedem Menschen vorhanden ist. Fähig zu sein, aus dem wirklich Wesentlichen Erkenntnisse und Erfahrungen abzuleiten, bedeutet für einen Menschen, in Berührung mit der Universalkraft zu kommen. Vertrauen Sie Ihrem Urteil, wenn dieses auf Ihren früheren Erfahrungen mit den Menschen beruht. Es gibt auf diesem Weg zwei Gefahren. Die erste ist, daß Sie Ihren Einsichten nicht bis zu deren Wurzeln gefolgt sind und sich statt dessen mit allgemeinen Feststellungen über die menschlichen Verhaltensweisen zufriedengegeben haben. Sie handeln nach Anweisungen, anstatt sich flexibel jeder der verschiedenen Situationen anzupassen. Die zweite Gefahr ist, daß Sie sich zu eng in Ihre Beziehungen zu andern Menschen verstricken lassen und dadurch die Sicht auf Ihren eigenen Weg verlieren. Sie haben eine besondere Neigung zum Studium der intuitiven Soziologie. Sie können Ihrem Urteilsvermögen hinsichtlich der menschlichen Verhaltensweisen vertrauen. Seien Sie aber auf der Hut, daß Sie nicht von irgendeinem bestimmten Konzept oder einer Theorie sozusagen beschlagnahmt werden. Achten Sie darauf, daß Ihre Intuition nicht ihre stille, innerliche, passive, brunnenähnliche Natur verliert. Vertrauen Sie sich Ihren Intuitionen an, wenn es nötig ist, lassen Sie sich aber nicht von ihnen zu impulsivem Handeln antreiben.

Kama   Obwohl Ihr Partner eine ganz besondere, einmalige Individualität ist, sollten Sie sich nicht weigern zuzugeben, daß es auf einer tieferen Ebene Ähnlichkeiten gibt zwischen Ihrem Partner und dessen Vorfahren. Der Brunnen der menschlichen Natur ist allgegenwärtig, sogar bei Liebenden. Es könnte sein, daß Ihre Verleugnung dieser Tatsache und die Erhebung Ihres Partners über die menschliche Natur als unfreundlich und herzlos empfunden wird, vor allem wenn Sie es ablehnen, Ihrem Partner eine sehr wichtige persönliche Eigenschaft zuzugestehen: schlichte Menschlichkeit.

Moksha   Ihr Urteil über die Menschen ähnelt dem des Aristoteles: Sie sehen den Menschen als ein »politisches Tier«. Der Friede, nach dem auf dem Weg des Moksha gesucht wird, ist nicht innerhalb der sozialen Bindungen zu finden. In Ihrem Fall aber führt der Weg zu diesem Moksha-Frieden durch ein von Sympathie erfülltes Eintauchen und Mitmachen im sozialen Prozeß. Der Brunnen der menschlichen Natur ist selbstverständlich auch in Ihnen. Wenn Sie intuitiv die Wahrheit über sich selbst zu erfassen vermögen, werden Sie Ihre Bruderschaft mit allen Menschen erkennen. Diese Erkenntnis der allgemeinen brüderlichen Verbundenheit, getragen und gefördert durch Ihre demokratischen Grundsätze, kann zu einer religiösen Erfahrung werden. Der Endpunkt des Brüderlichkeitsbegriffs ist eine bewußte Verneinung des Egos. Hüten Sie sich vor jedem Dogmatismus und vor Irrwegen und Verfälschungen Ihrer Sympathien.

Die Linien

1 —×—   Das Wasser ist so schlammig,
daß keiner davon trinken will.
Der Brunnen ist so alt,
daß keine Kreatur ihn benutzen will.

Sie sind zu stark in Anspruch genommen von Ihrer Sympathie für andere. Sie haben Ihre Individualität verloren. Ihr Mitgefühl umschließt jeden. Aber keiner fühlt ebenso Ihnen gegenüber. Niemand beachtet Sie.

2 —O—   Ein Leck ist im Brunnen.
Der Wasserkübel ist undicht.
Die Insekten und Würmer
nehmen wieder überhand.

Sie sind fähig, mit anderen in sympathischer Weise auszukommen, bemühen sich aber, ihnen nicht lästig zu fallen. Sie leben zurückgezogen und haben nur mit jenen Kontakt, deren Gefühle Sie beeinflussen können.

3 —⊖— Der Brunnen ist gereinigt worden,
aber trotzdem benutzt ihn niemand.
Unglücklicherweise, obwohl das Wasser klar ist.
Wenn die Autoritäten kämen,
um sich das anzusehen,
könnten alle Leute ihren Nutzen davon haben.

Sie sind bereit, jemandem zu helfen, doch dieser hat das noch nicht erkannt. Sie sind ein Brunnen der Erfahrung, von dem er profitieren könnte; statt dessen ignoriert er Sie. Ihre Freunde wissen, daß Sie diesem jemand helfen könnten, sie wünschen aber nicht, in diese Angelegenheit mit hineingezogen zu werden.

4 —×— Der Brunnen ist begradigt und geglättet worden.
Keine Fehler.

Achten Sie auf sich selbst. Tun Sie nichts für andere.

5 —⊖— Das Wasser im Brunnen ist frisch und klar.
Der Mann trinkt aus dem kühlen Quell.

Eines anderen Gedanken und Herz sind offen für Sie. Der andere benötigt nur eine Einladung zu kommen und die Auflösung all Ihrer Verwirrungen mitzubringen. Aber ... Sie wissen nicht, wo dieser Jemand ist.

6 —×— Es ist nicht erlaubt, den Brunnen abzudecken.
Der Mann kann jederzeit Wasser aus ihm entnehmen.
Sehr günstig,
wenn Sie ehrlich und aufrichtig sind.

Sie erkennen in Ihrer Situation keine Begrenzungen. Sie sehen die gemeinsame, wesenhafte menschliche Natur in allen Menschen, in allen Arten und Typen. Diese Offenheit und Empfänglichkeit bringt Ihnen Freude.

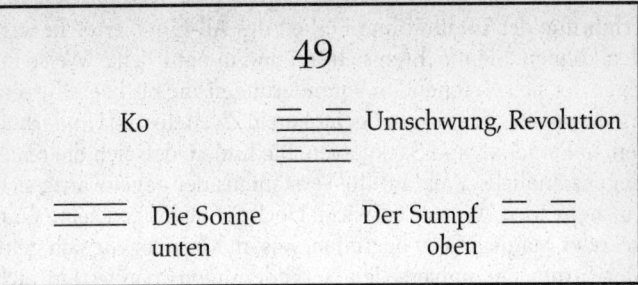

Orakel

Ein Feuer inmitten des Sumpfes.
Der hervorragende Mann berechnet
die Positionen der Sterne und schafft Klarheit
über den Ablauf der Jahreszeiten.

Jeder glaubt ihm,
wenn seine Arbeit vollbracht ist.
Erfolg.
Bleiben Sie auf Ihrem Weg,
dann wird die Schuld verschwinden.

Deutung

Artha Wechsel ist etwas Ewiges, Unveränderliches, Unerbittliches. Wenn unser Leben stabil, statisch und unveränderlich zu sein scheint, finden dennoch Veränderungen auf anderen Ebenen statt, die nicht Teil der irdischen Struktur sind, nicht zu dem gehören, was wir »die reale Welt« nennen. Die sich auf uns persönlich beziehenden Veränderungen berühren uns stark, doch können wir sie nicht genau erfassen und definieren. Orakel sind inspirative Wahrnehmungen dieser auf andere Weise unerkennbaren Veränderungen, Wahrnehmungen, die durch die religiöse

Erfahrung der Totalität und Einheit des All-Einen erreicht werden können. Sie möchten sich frei und in natürlicher Weise im Zuge der sich ereignenden Veränderungen, die Sie beeinflussen, mit bewegen. Sie sind aber gefangen in Zweifeln und Unklarheiten, in Paradoxa und Sackgassen. Sie fühlen, daß sich die reale, gegenständliche Welt auf Ihr Verständnis der gegenwärtig sich vollziehenden Wechsel auswirkt. Doch Sie benötigen keine Orakel oder Magie, um zu begreifen, was im Moment vor sich geht. Der Strom der universellen Veränderungen manifestiert sich selbst auf jener Existenzebene, die wir »die reale Welt« nennen. Die Veränderungen, die Sie durch das I Ging-Orakel erfahren wollen, sind in Ihrer Umwelt klar erkennbar. Was Sie für Fragen haben, was auch Ihre Probleme sind – die Beantwortung und die Lösung kann in den Veränderungen gefunden werden, die der Alltag mit sich bringt. Leisten Sie diesem Wechsel gegenüber keinen Widerstand. Ignorieren Sie ihn auch nicht und glauben Sie nicht, sich darüber erheben zu können. Betrachten Sie auch nicht den derzeitigen Umschwung als ein bloßes, unwichtiges Spiel. Revolution ist ein Spiel – natürlich –, aber nur dann, wenn es ohne vorher festgelegtes Konzept vor sich geht. Aber zur Zeit ist dieses Spiel keineswegs unwichtig, sondern es ist eine direkte, im Augenblick stattfindende Manifestation der universellen Strömungen. Sie müssen sich darin einfügen, müssen sie akzeptieren, in ihnen aufgehen. Stellen Sie sich irgendwo im Universum eine winzige, sich verbreitende Welle oder einen ganz geringfügigen Anstoß vor sowie ein kleines Stückchen Kork, das sich in der »sogenannten realen Welt« daraufhin zu bewegen beginnt. Die kleine Welle hat den Kork erreicht. Die Welle der Zukunft ist genauso; ihre Bewegungen geschehen jetzt. Sie sind darin eingeschlossen. Wenn Sie versuchen, fest oder solid zu bleiben, werden Sie Ihr Gleichgewicht verlieren. Wenn Sie die gegenwärtige gewaltsame Unterbrechung, hervorgerufen durch die zwingende und zugleich schöpferische Kraft, akzeptieren, werden Sie feststellen, daß Sie sich auf ganz natürliche Weise darin einfügen können und daß die Lösung Ihrer Probleme ganz spontan vor sich gehen wird.

Kama Konflikte zwischen Ihnen und Ihrem Partner werden durch eine Veränderung in Ihren gegenseitigen Beziehungen verursacht. Beide wehren Sie sich gegen die Veränderung, klammern sich an Ihre Rollen und Wertvorstellungen der jüngsten Vergangenheit. Es ist schon wahr, daß die frühere Form Ihres Verhältnisses zueinander – die Ausgeglichenheit zwischen Geben und Nehmen, zwischen Herrschen und Sichunterwerfen, zwischen Freiheit und Verantwortlichkeit, die bis vor kurzem noch Ihr Leben bestimmte – recht bequem, angenehm und unproblematisch war. Aber Veränderungen sind nun mal unvermeidbar, und sie haben stattgefunden. Sie müssen sich einfach damit abfinden, sich ihnen anschließen. Betrachten Sie Ihre Beziehungen zueinander aus einer neuen Perspektive. Vergessen Sie die Vorsätze und die Konflikte der Vergangenheit. Akzeptieren Sie diese Veränderungen, die neuen Rollen und das neue Niveau der Übereinstimmungen, was dringend nötig ist. Sie und Ihr Partner werden sich nach und nach auf ganz natürliche Weise in das Neue hineinfinden. Wenn Sie aber die Veränderungen nicht akzeptieren können, dann ist es besser, daß Sie sich nicht an vergangene Freuden klammern, sondern sich in realistischer Weise auf die Annahme der Konsequenzen aus den geschehenen Veränderungen einstellen, die Sie für dauernd getrennt halten, weil die Konflikte unversöhnlich geworden sind.

Moksha Obwohl die Erleuchtung letztlich alle Formen und Begriffe ins Absurde führt, haben sich doch alle »Wege zur Erleuchtung«, alle Religionen und alle spirituellen Pfade ursprünglich aus irgendwelchen Erfahrungen und Erlebnissen, aus gewissen Ideen und Illusionen heraus entwickelt. Die Illusion der Bruderschaft, das Ich, die ewige Gegenwart, die Göttlichkeit Christi und so weiter – all diese behalten ihre grundsätzliche Bedeutung das ganze spirituelle Leben hindurch bis zum Moment des Eintritts der absoluten Erleuchtung, in der sich auch diese letzte Illusion auflöst. In Ihrem speziellen Falle ist es so, daß sich die Veränderungen in der »realen Welt«, in Ihrer Umgebung und in Ihrer Gesellschaft, in tiefgründiger Weise auf Ihre Vorstellungen vom Universum ausgewirkt haben, auf jene Vorstellungen, nach denen sich Ihr Bild von der Gottheit geformt hat und nach denen sich Ihr spirituelles Leben gestaltete. Sie glauben nicht mehr voll überzeugt an die Wahrheit und Wirklichkeit dieser Vorstellungen. Sie haben dazu kein Zutrauen mehr. Die Welt hat sich für Sie derart verändert, daß Ihre ursprüngliche Erfahrung, Ihr geistiges Leitbild, heute nicht mehr die Bedeutung haben, die sie früher einmal hatten. Erleuchtung ist auf dem Pfad, den Sie verfolgen, nicht mehr zu erlangen. Sie müssen diesen Pfad verlassen. Fangen Sie jetzt aber nicht etwa sofort an, nach einer neuen Philosophie zu suchen. Lassen Sie sich führen und mitreißen von den Veränderungen, die sich um Sie herum entwickeln. Ihr neuer spiritueller Pfad wird sich auf ganz natürliche Weise durch Ihre neuen Begriffe und Wahrnehmungsmöglichkeiten der Umwelt ganz von selbst offenbaren, wird Ihnen neue illusionäre Erfahrungen und Erlebnisse bringen.

Die Linien

1 —O— Er ist gebunden mit einem gelben Rindslederriemen.

Gelb ist die Farbe der veränderungslosen und unveränderbar gleichbleibenden goldenen Mitte. Der Ochs ist das Symbol für Fügsamkeit und Gelehrigkeit. Sie stecken derart mitten in den Veränderungen, daß es Ihnen nicht möglich ist, ihnen zuvorzukommen, sie zu verhindern, zu beschleunigen oder sonstwie zu beeinflussen. Versuchen Sie nicht, daran bewußt mitzuwirken. Bleiben Sie ruhig hinter den gegenwärtigen Trends zurück, schlendern Sie langsam hinterher.

2 —×— Wenn die Zeit gekommen ist,
vollzieht er einen radikalen Wechsel.
Günstig,
wenn Sie tätig werden.
Keine Fehler.

Überlegen Sie objektiv, welche Auswirkungen die derzeitigen Veränderungen auf Ihr persönliches Leben haben werden. Ändern Sie Ihre Wertbegriffe und bringen Sie sie in Übereinstimmung mit den neuen allgemeinen Wertvorstellungen, die das Ergebnis der weitverbreiteten radikalen Wandlungen sind, die überall stattfinden. Unterstellen Sie sich dem Einfluß eines Leiters der Veränderungen, also einer Person, deren Wertvorstellungen im Zentrum der Veränderungsbewegung zu stehen scheinen, einer Person, die stark und bedeutend genug ist, um als ein Symbol dieser Veränderungen angesehen zu werden.

3 ——O—— Wenn die Änderungen, über die er nachdenkt,
dreimal voll und ganz durchdacht worden sind,
wird man ihm Vertrauen entgegenbringen.
Unheilverkündend,
wenn Sie tätig werden.
Gefahr,
wenn Sie auf Ihrem Weg bleiben.

Neben den tiefgreifenden und unerbittlichen Veränderungen, die die Strukturen der Vergangenheit erschüttern, gibt es auch falsche, irreführende Veränderungen: zum Beispiel eine Revolution, die nicht auf zukünftige Wertbegriffe ausgerichtet ist, sondern auf Werten basiert, die der Vergangenheit angehören. Es ist eine Fallgrube, gegraben von jenen, die Sie verleiten, verwirren und ausbeuten wollen. Lernen Sie zu unterscheiden zwischen der wahren und echten Revolution und deren nichtssagenden Nachahmungen. Tun Sie das nicht, werden Sie von den Begriffen und Institutionen abhängig bleiben, die keine Zukunft haben und zerfallen werden. Beteiligen Sie sich nicht an irgendeinem Aspekt der Veränderungen ohne die Zustimmung jener Personen, denen Sie Vertrauen entgegenbringen.

4 ——O—— *Schuld verschwindet.*
Man vertraut Ihnen.
Günstig, wenn Sie
gegenwärtige Institutionen in Frage stellen.

Eine erfolgreiche Revolution (innerhalb eines Individuums oder einer Gruppe) ist eine, in der die vorgetäuschten Werte (im Gegensatz zu den realen Werten) der alten Ordnung zu den realen Werten der neuen Ordnung gemacht werden.

5 —O— Er verwandelt sich kühn und tapfer,
wie der Tiger seine Streifen verändert.
Man vertraut ihm,
bevor er das Orakel konsultiert hat.

Sie sind ganz und gar in Anspruch genommen von der großen Veränderung, die zur Zeit vor sich geht. Sie haben darin Ihre Position einzunehmen. Sie haben sich selbst dazu verpflichtet. Sie haben sich so voll und ganz an die emporkommende neue Welt hingegeben, daß Sie für andere zu einem Symbol für die Wandlung geworden sind. Ihr Tao ist so klar und so allgemein bekannt, daß es durch irgendwelche Orakel oder durch persönliche Entscheidung Ihrerseits nicht zu beeinflussen ist.

6 —×— Er wandelt sich in kluger und geschickter Weise,
wie der Leopard seine Flecken verändert.
Kleinere Leute verändern ihre Gesichter,
um Gehorsam zur Schau zu stellen.
Unheilverkündend,
wenn Sie weiter vorangehen,
günstig,
wenn Sie bei Ihrer Einstellung bleiben.

Sie sind reserviert und leben zurückgezogen. Aufgrund Ihrer Gelassenheit und unkomplizierten Lebensphilosophie sind die Auswirkungen der großen, weltweiten Veränderungen auf Sie klein und praktisch völlig belanglos. Dies ist die Linie des Marcus Aurelius.

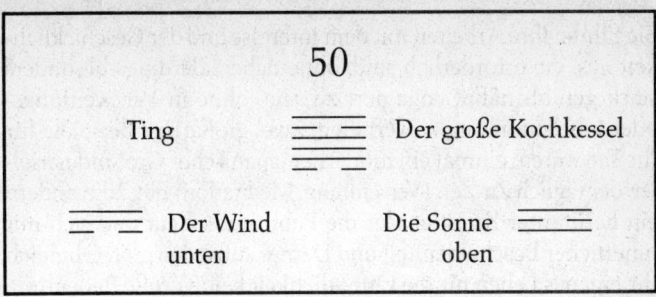

Orakel

Feuer brennt über dem Holz.
Der hervorragende Mann hütet das Feuer
und sichert so den Erfolg des Angebotes.

Großer Erfolg.

Deutung

Artha Der im Text zu diesem Hexagramm erwähnte Kochkessel ist ein besonderes großes bronzenes Gefäß, wie es bei großen Festessen und bei religiösen Opferhandlungen benutzt wird. Es symbolisiert ein doppelt gutes Schicksal. Im eigenen Heim galt er als Symbol materiellen Wohlstands; im Tempel war der Kessel das Symbol für glückbringende Bescheidenheit und Demut dem All-Einen gegenüber. Das Trigramm Wind/Holz steht neben dem Trigramm Sonne/Feuer. Holz und Feuer befinden sich in der ihnen zukommenden korrekten Position. In gleicher Weise ist Ihr materielles Leben in passender Weise Ihrem spirituellen Leben untergeordnet. Sie sind wohlhabend und erfolgreich. Mit dem ruhigen und friedlich gestimmten Gemüt, das der Wohlstand mit sich bringt, können Sie es sich leisten, größeren Wert auf Ihren spirituellen Pfad als auf materielle Belange zu legen.

Sie führen Ihre Arbeiten mit dem Interesse und der Geschicklichkeit aus, die erforderlich sind, ohne dabei allerdings besonders stark gefühlsmäßig engagiert zu sein, ohne in Verzweiflungs- oder Jubelstimmung zu verfallen. Zwei großartige Beispiele für Ihr Tao wären: einmal ein moderner japanischer Großindustrieller, der täglich Za-Zen (Versenkung, Meditation) übt, zum andern ein berühmter Künstler, der die Publizität scheut und sich mit innerlicher Bescheidenheit und Demut zufrieden gibt. Obgleich Ihr eigenes Leben für die Öffentlichkeit keine große Bedeutung hat, leben Sie in einem ausgeglichenen Zustand der Zufriedenheit. Sie haben Ihre Sachwerte in vorbildlicher Weise angelegt und eingesetzt. Bleiben Sie weiterhin so sorglos und uninteressiert an den Dingen Ihres weltlichen Lebens, dann werden sich die Glücksverheißungen dieses Orakels erfüllen.

Kama   Sie und Ihr Partner sind zufrieden und glücklich miteinander, auch aufrichtig in Ihrer Liebe zueinander. Aber die vergnüglichen Aspekte spielen im Rahmen Ihrer gegenseitigen Beziehungen nur eine untergeordnete Rolle. Beide sind Sie sehr beschäftigt mit Ihrem spirituellen Streben. Gemeinsam haben Sie den Weg beschritten, der zur Erreichung und Aufrechterhaltung Ihrer friedlichen und von Ehrfurcht erfüllten Lebensweise führt. Ihre völlig forderungsfreie und anspruchslose Liebe zueinander ist die Ursache dieser spirituellen Gelegenheiten, Erkenntnisse und Einsichten zu gewinnen. Zusammen sind Sie beide imstande, die Tantra-Rituale zu praktizieren.

Moksha   Sie sind eine spirituelle Person, die in spirituellen Angelegenheiten eine bedeutsame Rolle spielt. Bedauerlicherweise kommt in unserer Kultur eine solche Kombination nur höchst selten vor. Ein Priester, der in Christus lebt; ein Guru, der sein Ich ignoriert; ein Psychiater, der seine Patienten liebt – das wären Beispiele für diese Art von Güte und Vortrefflichkeit.

Die Linien

1 —×— Der Kochkessel ist umgestürzt worden,
damit man ihn reinigen kann.
Die Konkubine bringt einen Sohn zur Welt
und verbessert dadurch ihre Position.
Keine Fehler.

Es ist nötig, daß Sie etwas tun, was gegen die allgemein anerkannten Grundsätze verstößt, um gewisse persönliche Prinzipien aufrechterhalten und durchsetzen zu können. Darin ist nichts Falsches und Verwerfliches.

2 —O— Ein Eintopfessen ist im Kochkessel.
Günstig, wenn Sie sich
vor Ihren Feinden sicher fühlen.

Sie werden wegen Ihres Wohlstands beneidet. Weil Sie aber eine fromme und moralisch eingestellte Person sind und keinerlei Überheblichkeitsgefühle kennen, können Ihnen die Verärgerungen anderer nichts anhaben.

3 —O— Die Henkel des Kochkessels
sind nicht am rechten Platz.
Der Mann wird mit einem Ruck angehalten.
Der Fasan bleibt unverspeist.
Der sanfte Regen wird schließlich und
endlich Erleichterung bringen.
Schuld wird verschwinden.
Günstig zum Schluß.

Wenn die Henkel des Kochkessels an ungeeigneter Stelle angebracht sind, kann der Kessel nicht vom Feuer gehoben werden. Das darin befindliche Fleisch verbrennt und wird ungenießbar. Obgleich Sie wohlhabend und großzügig sind, befinden Sie sich augenblicklich in einer Situation, in der Sie Ihren Reichtum nicht vermehren und Ihre guten Absichten nicht verwirklichen können. Pflegen und fördern Sie jetzt Ihre inneren Werte, selbst wenn Sie diese nicht in der erwünschten Weise bis zum Schluß vollenden können. Schließlich werden sich die Gegebenheiten ändern, und die allgemeine Atmosphäre wird sich so verbessern, daß sie für die Durchführung der Angelegenheiten gemäß Ihren Prinzipien günstiger ist.

4 —⊖— Der Mann zerbricht die Füße eines Kochkessels, der jemand anderem gehört.
Der Kessel kippt um und sein Inhalt fließt aus.
Unheilverkündend.
Schuld.

Ihnen ist eine zu große Verantwortung übertragen worden. Sie sind weder die Persönlichkeit, eine solche Aufgabe auszuführen, noch haben Sie die Erfahrung und die dazu erforderliche Durchsetzungskraft.

5 —×— Der Kessel hat gelbe Griffe und goldene Ringe.
Bleiben Sie auf Ihrem Weg.

Der Kochkessel mit goldenen Handgriffen ist, obwohl kostbarer als andere, nicht so nützlich, wie er sein könnte, weil er sich, wenn er heiß ist, nicht anfassen und tragen läßt. Er kann gebraucht werden, muß aber auf seinem Platz über dem Feuer stehenbleiben. Sie sind zu schüchtern, um anderen Leuten gegenüber Ihre Liebe und Anteilnahme, die Sie fühlen, zum Ausdruck zu bringen.

6 —⊖— Der Kochkessel hat aus Jaderingen bestehende Griffe.
Sehr günstig.
Erfolg in jeder Hinsicht,
was Sie auch tun.

Ein Kochkessel mit Jadegriffen ist kostbar und nützlich. Der Kessel kann bei Anwesenheit von Gästen von einem zum andern weitergereicht werden, auch wenn er heiß ist. Sie haben die Fähigkeit, fleißig und zielstrebig Ihre menschlichen und großzügigen Grundsätze in die Tat umzusetzen.

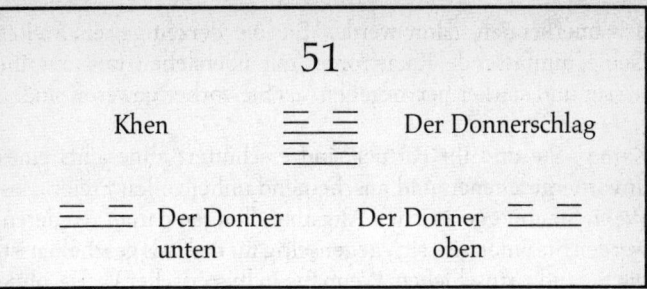

Orakel

Donnerschlag folgt auf Donnerschlag.
Der hervorragende Mann ist besorgt und auf alles gefaßt.
Er pflegt seine guten Eigenschaften
und unterzieht seine Fehler einer scharfen Prüfung.

Wenn der Donner grollt,
seien Sie auf der Hut,
lächeln Sie aber trotzdem und
reden Sie nett und liebenswürdig.
Wenn der Donner die Menschen erschreckt
im Umkreis von hundert Meilen,
dann seien Sie wie ein andächtiger Beter
und verschütten Sie nicht einen einzigen Tropfen
des Opferweins.

Deutung

Artha   Dies ist eine Zeit der persönlichen katastrophalen Ereignisse. Bleiben Sie ruhig und besonnen. Rechnen Sie mit einer allgemeinen Schreck- und Furchtreaktion und einer nachfolgenden Hysterie. Lassen Sie sich davon nicht mitreißen. Wenn Sie die Unvermeidbarkeit des gegenwärtigen Momentes tiefinnerlich anerkennen, dann werden Sie die derzeitige, ein weites Gebiet umfassende Katastrophe gut überstehen und aus ihr weiser und stärker hervorgehen, als Sie vorher gewesen sind.

Kama   Sie und Ihr Partner sind erschüttert angesichts eines unvorhergesehenen und anscheinend unheilvollen Ereignisses. Wenn Sie mit egoistischen Angsthandlungen darauf reagieren, werden Sie anfangen, sich gegenseitig für das, was geschehen ist, die Schuld zuzuschieben. Wenn Sie in hysterischer Weise, ohne richtige Einschätzung der Realitäten, Ihre Phantasie mit sich durchgehen lassen, wird die Katastrophe Sie überwältigen. Wenn Sie aber ruhig und gefaßt bleiben und Ihre Probleme in der gleichen warmherzigen und liebevollen Gesinnung angehen, mit der Sie bisher Ihre gemeinsamen Vergnügungen genossen haben, dann wird das schreckliche Ereignis im Laufe der Zeit auf die Vertiefung Ihrer gegenseitigen Beziehungen eine günstige und festigende Auswirkung haben.

Moksha   Eine Zeit, zu der »Gott handelnd in irdische Geschehnisse eingreift«, bietet gute Gelegenheit, die Tiefe und Echtheit Ihrer spirituellen Beziehungen zu prüfen. Sie haben gelernt, auch die üblen Momente Ihres Lebens vom Standpunkt eines Erleuchteten aus zu betrachten. Sie haben gelernt, nicht nur den guten Geschehnissen in Ihrem Leben Ihre besitzergreifende Aufmerksamkeit zuzuwenden. Sie haben in einem Zustand des Friedens und der Ausgeglichenheit gelebt. Aber angesichts der gegenwärtigen tragischen Ereignisse haben sie in sich selbst das Vorhandensein von Befürchtungen und Ängstlichkeiten wiederentdeckt. Das besagt, daß Sie sich noch nicht völlig, tiefinnerlich und gelassen dem Willen Gottes unterstellt haben. Sie haben Ihr Ego noch nicht so radikal weggeworfen, daß es Ihnen möglich wäre, auch diese harten Zeiten mit einer buddhaähnlichen Ruhe zu ertragen. Es ist sehr gut, daß Sie das einsehen. Es läßt den Punkt erkennen, nach dem Sie auf Ihrem spirituellen Weg zur vollen Erleuchtung streben müssen.

Die Linien

1 —o— Der Donnerschlag läßt ihn ans Fenster treten.
Besorgt schaut er umher.
Danach ist er liebenswürdig und sympathisch.
Günstig.

Zuerst hat es den Anschein, als ziele das plötzliche Unheil direkt auf Sie. Sie befürchten, daß Sie die Hauptlast des Geschehens zu tragen haben. Wenn aber nichts von diesen schrecklichen Ereignissen mit ihren Konsequenzen eintreten sollte, wird die Erleichterung für Sie so großartig und befreiend sein, daß Sie dadurch in einen geistigen Zustand gestoßen werden, der Ihnen die Erreichung großer Erfolge erlaubt.

2 —×— Der Donnerschlag gefährdet ihn.
Er verzichtet auf das ihm Gehörende
und hebt sich empor zu lichten Höhen.
Er braucht sich wegen seiner Besitztümer
nicht den Kopf zu zerbrechen.
In sieben Tagen kann er sie zurückfordern.

Das Unheil hat in Ihrer unmittelbaren Nähe zugeschlagen. Sie haben viel von Ihren materiellen Besitztümern verloren. Wenn Sie Ihren Besitz als einen zu Ihnen gehörenden Wesensteil betrachten und über dessen Verlust erschüttert sind oder gar hysterisch werden, dann erlauben Sie dem Unheil, Sie geistig-seelisch ebenso zu erschüttern, wie es das mit den materiellen Dingen getan hat. Bleiben Sie lieber ruhig und gelassen und erkennen Sie, daß die materielle Welt etwas sehr Vergängliches und jederzeit plötzlichen Veränderungen Ausgesetztes ist. Sie brauchen sich darüber nicht zu grämen. Sie werden in Kürze all das wiedergewinnen, was Sie benötigen.

3 —×— Der nervenerschütternde Donnerschlag
beunruhigt ihn.
Keine Fehler,
wenn Ihre Ängstlichkeit Sie veranlaßt,
auf Ihrem Weg zu bleiben.

In diesem Fall entspricht eine bloße passive Reaktion auf die plötzliche Katastrophe nicht Ihrem Charakter. Sie sollten nicht einfach dem Schicksal seinen Lauf lassen. Behalten Sie Ihre Geistesgegenwart, handeln Sie aus ihr heraus. Passen Sie sich den Verhältnissen an. Ein gewisses Gefühl für die Gefährlichkeit wäre hier durchaus angebracht, es gibt Ihnen Antrieb zum Handeln.

4 —o— Der Donnerschlag überrascht ihn und wirft
ihn auf seinen Rücken in den Schlamm.

Sie sind nicht elastisch genug, die Auswirkungen des Unheils erfolgreich abzuwehren. Sie sind zu unbeweglich und zu steif, um sich im Gleichklang mit den Ereignissen zu wandeln. Es wird Ihnen nichts anderes übrig bleiben, als für eine längere Zeit mit Ihrem unwillkommenen und unerwarteten Problem zu leben.

5 —x— Direkt während der Donnerschläge
geht er seinen Geschäften nach,
obwohl er sich in Gefahr befindet.
Würde er das nicht tun,
erlitte er einen Verlust.

Sie befinden sich mitten in einer aufregenden, von Tumulten erfüllten Zeit voller sich wiederholender Katastrophen, verursacht durch einen Konflikt zwischen gewaltigen, einander gegenüberstehenden Mächten, über die Sie keine Kontrolle haben und die Sie auch nicht direkt betreffen. Die natürliche Reaktion ist, einen Zufluchtsort zu suchen. Das ist genau das, was die andern getan haben. Aber Sie können sich das nicht leisten, denn es gibt Dinge, die Sie unbedingt tun müssen. Sie sind verstrickt in Angelegenheiten, die Ihr sofortiges Eingreifen erfordern. Bieten Sie dem Sturm mutig die Stirn und führen Sie die Sache zu Ende.

6 —x— Die Donnerschläge machen ihn hysterisch.
Wenn er Vorsichtsmaßnahmen ergriffen hätte,
ehe der Donner direkt über ihm war,

würde er keinen Fehler gemacht haben,
auch wenn einige Familienmitglieder
ihm widersprochen hätten.
Unheilverkündend,
wenn Sie in Aktion treten.
Sie erkennen eine sich nähernde Katastrophe, weil davon Ihnen nahestehende Personen betroffen sind. Ziehen Sie sich völlig aus dem Gebiet zurück, in dem sich das unheilvolle Geschehen abspielt. Schenken Sie den hysterischen Wutausbrüchen, dem Haß und dem Klatsch, mit dem Ihr Rückzug kommentiert wird, am besten keinerlei Beachtung.

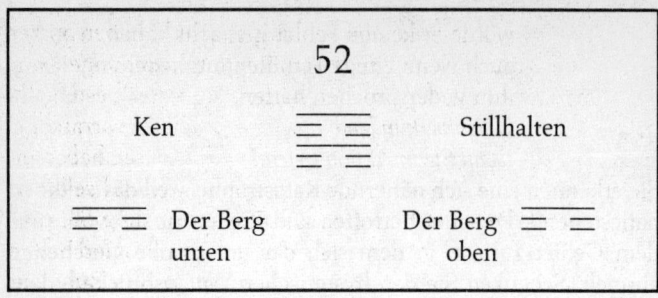

Orakel

Ein Berg über dem andern.
Der hervorragende Mann läßt es nicht zu,
daß seine Gedanken von der
unmittelbar vor ihm liegenden Arbeit abschweifen.
Sein Rücken ist im Ruhezustand,
und er ist von Selbstbewußtsein frei.
Er geht über seinen Hof, ohne sich
um die dort befindlichen Leute zu kümmern.

Keine Fehler.

Deutung

(Anmerkung: Das Rückgrat ist der Vermittler zwischen psychologischem Streß und der Spannung im Körper. Wenn das Rückgrat völlig in Ruhe ist, ist auch der Körper total entspannt. Wenn sich das Rückgrat in völliger Ruhe befindet, zeigt das, daß der Geist den in erster Linie psychologisch bedingten Streß – die Illusion des Egos – überwunden hat und daß die charakteristische Entfremdung von den Dingen der Umwelt begünstigt wird.)

Artha Ihre Entwicklungsrichtung ist im wesentlichen spirituell. Was Sie auch immer für materielle Probleme haben mögen – sie sind nur Schatten Ihrer spirituellen Bemühungen und Kämpfe. Wenn Sie ein Problem bemerken, dann besteht Ihr Problem eben darin, daß Sie es zunächst einmal als vorrangiges Problem betrachten, obwohl Sie es besser wissen. Sie haben die Ruhe und Stille dieses Hexagramms verstanden und selbst an sich erfahren. Die Frage, wegen deren Beantwortung Sie das I Ging-Orakel konsultiert haben, beruht auf Begriffen und Bewertungen, die keine Existenzgrundlage im Zustand der Ruhe und Stille haben. Stille sein, zur Ruhe kommen, heißt eins werden mit Raum und Zeit; das ist Ihr Tao.

Kama   Obgleich Sie Ihre eigenen Ängste und Befürchtungen als absurd erkannt haben, lassen Sie sich von den Ängsten und Besorgnissen Ihres Partners beeinflussen. Sie akzeptieren die ernsthafte Geisteshaltung Ihres Partners in bezug auf seine Befürchtungen, obwohl diese genauso absurd sind wie irgendwelche anderen. Eine Liebesbindung ist die auf dem spirituellen Pfad am schwierigsten zu überwindende Illusion. Ein erleuchteter Geschäftsmann erkennt die Absurdität seiner Geschäftsmacherei. Ein erleuchteter Student erkennt die Absurdität der Schulgelehrsamkeit. Ein erleuchteter Patriot erkennt die Absurdität des Nationalismus. Aber ein erleuchteter Liebender erkennt nicht so leicht die Absurdität der Liebe. Damit soll nicht gesagt sein, daß keinerlei emotionale Liebesbeziehungen zwischen Ihnen und Ihrem Partner bestehen sollen. Aber erlauben Sie den Gefühlen und der Liebe, spontan aus jenem Zustand hervorzuquellen und emporzusteigen, in dem Sie sich jeweils gerade befinden, das heißt aus dem Zustand, der im Moment Ihr Verhältnis zueinander bestimmt. Versuchen Sie, Ihrem gegenwärtigen Zweisamkeitsverhältnis einen Zustand der Dauer, der Statik, der Illusion und Romantik aufzuprägen.

Moksha   Sie praktizieren Moksha, Sie gehen auf dem Pfad. Sie werden sich selbst weder als lebendig noch als tot erkennen. Üben Sie Hatha-Yoga, die japanischen physikalischen Hara-

Disziplinen oder ein anderes System, das den Körper als ein göttliches Prinzip in Tiergestalt betrachtet anstatt den Menschen als »Raubtier auf Zeit«.

Die Linien

1 —×— Seine Zehen sind bewegungslos.
Keine Fehler.
Bleiben Sie auf Ihrem Weg.

Wenn Sie beim Beginn einer Tätigkeit einen Hemmungs- oder Verzögerungsimpuls spüren, folgen Sie diesen Zweifeln und ändern Sie Ihre Richtung. Bevor eine Tätigkeit oder die Verbindungsaufnahme in einer Sache die Möglichkeit gehabt hat, sich zu konkretisieren, zu verhärten und undurchsichtig zu werden, haben Sie die beste, reinste und den Tatsachen entsprechende Beurteilungsmöglichkeit. Wenn jetzt etwas falsch erscheint, dann wird es auch so bleiben, auch wenn ein Poliersystem des Gebens und Nehmens es schließlich recht undeutlich werden läßt. Bringen Sie irgendwelchen negativen Gefühlen bei Ihren Anfangsentscheidungen Vertrauen entgegen, was einer Art »umgekehrtem Anfängerglück« entspricht. Beachten Sie aber sorgsam: Ihre Reaktion auf den zweiten Gedankenimpuls soll einen Richtungswechsel bewirken, nicht eine Umkehr, nicht einen Rückfall. Der Impuls zu Ihrer Richtungswahl bleibt wirksam. Sie würden sich nicht richtig verhalten, wenn Sie ihn unterdrücken.

2 —×— Seine Kälber verhalten sich ruhig.
Er kann dem vor ihm stehenden Mann nicht helfen und fühlt sich enttäuscht.

Sie sind enttäuscht über Ihre fehlgeschlagenen Bemühungen, Ihre visionären Schauungen anderen Leuten mitzuteilen. Sie wissen, daß das Ende von deren Selbsttäuschung Absurdität, Kleinigkeitskrämerei und Not durch Vereinsamung sein wird. Lassen Sie das auf sich beruhen. Sie können sowieso nichts daran ändern.

3 —○— Er hält seine Hüften bewegungslos.
　　　　　Sein Rücken ist steif.
　　　　　Die Situation ist gefährlich.
　　　　　Schmerzvoll unterdrückt er seine Erregung.
Sie zwingen sich selbst zur Tätigkeit und denken dabei an einen Weg zur Erleuchtung. Doch ein solcher erleuchteter »Weg des Seins« ist lediglich ein anderes, etwas überspanntes konventionelles Konzept, von dem Sie sich mit eigener Kraft freimachen müssen. Bodhidharma war jähzornig, rauflustig, roh und zügellos. Bleiben Sie sich selbst treu.

4 —×— Sein Rumpf ist bewegungslos.
　　　　　Keine Fehler.
Sie sind der Erleuchtung nahe. Sie haben einen Zustand der physischen, emotionalen und zeitlichen Ruhe erreicht, haben sich aber noch nicht von den Gedanken und Impulsen, die die Struktur Ihres Egos ausmachen, freimachen können.

5 —×— Sein Kiefer ist entspannt,
　　　　　und seine Worte sind friedlich und gesittet.
　　　　　Schuld verschwindet.
Sie haben die Neigung, sich mit Ihrem Desinteresse an praktischen Problemen zu brüsten, indem Sie die Dinge leicht nehmen, Witze darüber machen und ganz allgemein eine sorglose Haltung zur Schau stellen. Schon dies allein läßt die Größe Ihrer Ängste und Besorgnisse erkennen. Wenn Sie wirklich frei von diesen an sich bedeutungslosen Problemen wären, würden Sie sich nicht in dieser Weise benehmen.

6 —○— Er widmet sich ganz und gar
　　　　　der noch verbleibenden Ruhepause.
　　　　　Günstig.
Seelenruhe und Gelassenheit.

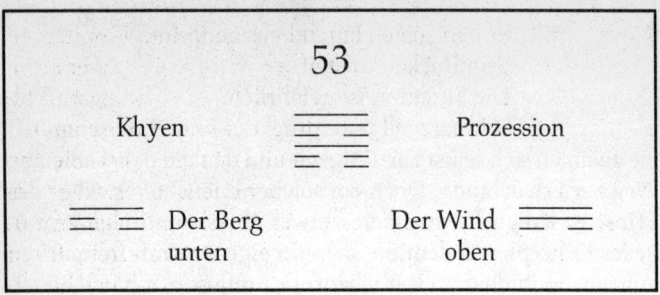

Orakel

Ein Baum auf dem Berg.
Der hervorragende Mann bewahrt seinen guten Charakter
und gibt damit dem Volk ein Beispiel.
Das junge Mädchen feiert seine Hochzeit.

Günstig.
Bleiben Sie auf Ihrem Weg.

Deutung

Artha Bringen Sie Ihr Leben in möglichst gute Übereinstimmung mit allgemein anerkannten Bräuchen und Lebensregeln. Bringen Sie den grundlegenden Rechtsauffassungen und den Leistungsnormen des sozialen Mechanismus Vertrauen entgegen. Die Rolle, die Sie darin spielen, ist klar umrissen. Sie wissen, was man von Ihnen erwartet: das sozial Vernünftige und Akzeptable, das Traditionelle, das Gewohnte, das »Normale«. Tun Sie es. Obwohl dieses Normale langweilig, nur Schrittchen für Schrittchen sich bewegend, in keiner Weise aufregend und anspruchsvoll ist, ist es doch offensichtlich und klar, schlüssig und sicher. Ein Abweichen von Ihrem korrekten Weg – wofür es viele Präzedenzfälle gibt – wäre höchst unweise.

Kama Sie und Ihr Partner gehören einer Gemeinschaft, einer kulturellen, ethischen oder religiösen Gruppe oder einer ähnlichen Vereinigung an, die sich für die Aufrechterhaltung traditioneller Werte in Sitten und Gebräuchen – Höflichkeit, Freundlichkeit, Hilfsbereitschaft und Liebe – einsetzt. Erkennen Sie Ihre Zugehörigkeit zu dieser Kulturgemeinschaft an, machen Sie deren traditionelle Höflichkeiten und Tabus, Freiheiten und Beschränkungen zur Grundlage Ihres Verhältnisses zu Ihrem Partner, nicht etwa, weil sie einen absoluten Wert an sich hätten, sondern weil diese Verhaltensweise einfach zu Ihren eigenen traditionellen Anschauungen und Wertbegriffen am besten paßt. Wenn Sie aber dieser Sitten und Gebräuche überdrüssig werden sollten, sie langweilig und kompliziert finden und versuchen, sie zu mißachten und ihnen aus dem Wege zu gehen, würden Sie und Ihr Partner in Konflikte geraten. Ihre Zusammengehörigkeit wird gestärkt werden, wenn Sie sich beide fest auf Ihre gemeinsame, traditionell untermauerte Grundlage stellen und sich die Maßstäbe zu eigen machen, die nun einmal an ein sich liebendes Paar angelegt werden.

Moksha Als spiritueller Mensch verstehen Sie, daß alle Wertbegriffe pure Illusionen sind, Maya, Staub auf dem Spiegel. Sie haben sich wahrscheinlich von all diesen Bewertungen noch nicht ganz freigemacht, wenn auch von den meisten, und Sie glauben, daß die Gesellschaft auch ohne diese Einsichten ganz gut funktioniert. Aber – obwohl Sie sich persönlich nicht an die soziale Struktur gebunden fühlen, liegt Ihr spiritueller Pfad innerhalb von deren Rahmen. Es gibt innerhalb der Gesellschaft auch einen Platz für Ihre nicht sozialen Prinzipien. Es gibt für Sie eine Reihe von annehmbaren Verfahrensweisen und Kontaktmöglichkeiten, die Sie benutzen können, um langsam aber sicher jene Veränderungen herbeizuführen, die Ihnen als Ziel vorschweben.

Die Linien

(Anmerkung: Das Bild der Linien dieses Hexagramms ähnelt einer Gruppe fliegender Wildgänse, einem sehr passenden Symbol für den allmählichen Fortschritt auf dem Wege zu einer präzisen und auf Gleichwertigkeit beruhenden sozialen Ordnung. Für den Menschen, ein sozial widersprüchliches und unsicher schwankendes »Herdentier«, ist die Schönheit einer Formation fliegender Wildgänse als Vorbild besonders treffend.)

1 —×— Die Wildgänse erreichen das Küstengebiet.
　　　　Der junge Offizier wird auf Widerstand stoßen.
　　　　Darüber wird geredet werden,
　　　　aber ohne Fehler.

Das Küstengebiet, von dem im Orakel die Rede ist, ist das Ufer des heimatlichen Sees, ist der Punkt, wo der gemeinsame Flug beginnt. Sie haben gerade jetzt Ihren Pfad betreten. Sie sind gerade jetzt in eine Situation hineingeraten, die Sie völlig in Anspruch nimmt und Ihre Tätigkeiten für eine längere Zeit stark beeinflussen wird. All das ist noch ungewohnt. Sie haben einige Fehler begangen, was die Kritik einiger unsympathischer Menschen auf Sie gelenkt hat. Aber diese ungewöhnlichen, wenn auch verzeihlichen Fehler und Irrtümer und die darauf gerichtete Kritik haben letztlich gute Auswirkungen. Sie werden Sie lehren, Ihre eigenen Handlungsweisen zu akzeptieren und Ihre Aufmerksamkeiten zu schärfen für den Schritt-für-Schritt-Charakter des von Ihnen betretenen Weges.

2 —×— Die Wildgänse erreichen das Felsengebiet,
　　　　wo sie sich erfrischen und ausruhen können.
　　　　Günstig.

Die Felsen sind ein sicherer Ruheplatz zu Beginn des Flugs. Auf ihren Höhen gibt es günstige Aussichtspunkte, in ihren wirren Schluchten und Spalten findet sich schützender Unterschlupf. Aber ihre zu Rückzug und Verteidigung geeigneten vorteilhaften Eigenschaften wirken sich nur auf Gruppen aus. Für eine einzelne Gans würden Felsen ein ziemlich gefährlicher Rastplatz sein. Wenn Sie Ihre Welt mit anderen Menschen teilen, wird sie Ihnen Asyl und Schutz gewähren; wenn Sie allein bleiben, werden Sie Aufregungen und Gefahr auf sich ziehen.

3 —○— Die Wildgänse erreichen die Wüste.
Der Ehemann schließt sich einer Expedition an,
will aber nicht zurückkehren.
Die Frau ist schwanger,
will aber ihr Kind nicht stillen.
Unheilverkündend.
Verteidigen Sie Ihre Interessen.

Sie haben nicht den Weg eingeschlagen, der Ihnen vorgeschrieben ist. Bei dem Versuch, sich auf individualistische, instinktive und aggressive Art und Weise durchzusetzen, haben Sie sich selbst in eine bedrückende, feindliche Situation hineinmanövriert. Was geschehen ist, ist geschehen. Es ist Ihnen nicht möglich, wieder rückwärts zu gehen. Akzeptieren Sie Ihre derzeitige Lage und halten Sie sich, so gut es eben geht, Ihre Feinde vom Leibe.

4 —×— Die Wildgänse erreichen die Bäume.
Sie können sich
auf den weitausladenden Ästen
niederlassen.
Keine Fehler.

Unvermeidbare, aber gewöhnliche Umstände haben Sie in eine peinliche und unangenehme Situation gebracht. Sie hatten nicht mit einem solchen Ereignis gerechnet, haben ihm plötzlich völlig unerwartet gegenübergestanden. Sie sind aus dem Gleichgewicht geraten und in Schwierigkeiten verwickelt. Es dürfte einen Weg geben, der es Ihnen ermöglicht, mit der Situation fertig zu werden, so daß alles, was geschieht, Sie nicht allzu hart treffen wird. Sie können aber auch einen anderen Weg wählen.

5 ─○─ Die Wildgänse erreichen den Hügel.
   Das Weib ist für drei Jahre unfruchtbar,
   dann kann sie nichts zum Anhalten bringen.
   Günstig.

Sie sind so weit vorwärtsgekommen und auch soviel rascher als die andern, daß zwischen Ihnen und Ihren Freunden und Kollegen eine gewisse zeitweilige Entfremdung eingetreten ist. Sie fühlen sich einsam und mißverstanden, obwohl Sie Ihrer eigenen Meinung nach getan haben, was zu tun war. Die Haltung der andern Ihnen gegenüber hat sich geändert. Einige sind boshaft und gehässig geworden, andere scheu und abweisend, andere kriecherisch, wieder andere arrogant. Aber das ist eine nur vorübergehende Erscheinung. Wenn sich Ihre neue Position gefestigt hat und allgemein anerkannt ist, werden sich auch Ihre sozialen Verhältnisse und Beziehungen wieder normalisieren.

6 ─○─ Die Wildgänse erreichen
   die weitest entfernten Berge.
   Ihre Federn können als Ornamente benutzt werden.
   Günstig.

Diese Linie zeigt an, daß Sie den äußersten Endpunkt Ihres Weges erreicht haben und ihn mit dem Kurs auf einen neuen Punkt hinter sich gelassen haben. Es ist Zeit, Ihre Wertvorstellungen fallen zu lassen und Ihr Ziel zu ändern. Wenden Sie sich von den Gewinnen und Entgelten, die Sie auf Ihrem bisherigen Weg gesammelt haben, ab. Lassen Sie das alles als Andenken für die anderen zurück; ihre letzte Vollendung und die dann folgende Transzendierung derselben machen das von Ihnen Zurückgelassene zu bedeutungsvollen Symbolen. Dieses Orakel läßt einen absoluten und unabänderlichen Bruch mit der Vergangenheit erkennen und eine neue Existenz für Sie.

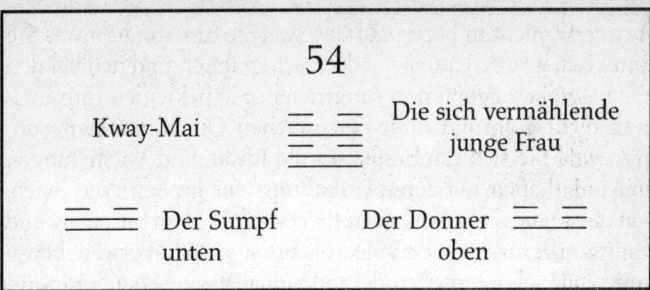

Orakel

Donner über dem Sumpf.
Der Mann, der die endliche Ewigkeit erkennt,
weiß um die Versuchungen und
Prüfungen des Anfangs.

Unheilverkündend.
Tätigkeit bringt Fehler mit sich.

Deutung

Artha Sie spielen in Ihrer derzeitigen Situation eine lebenswichtige, dennoch scheinbar untergeordnete Rolle, ähnlich einem Katalysator bei einer chemischen Reaktion. Das Sinnbild für dieses Hexagramm ist (abhängig von der jeweiligen Kultur) die Konkubine, die Nebenfrau, oder die junge Frau, die für die Führung des Haushaltes verantwortlich ist. Diese Rolle ist nicht das Ergebnis Ihrer persönlichen Leistungen und Anstrengungen, auch nicht eine Folge etwa von Ihnen begangener Fehler. Sie spielen Ihre Rolle aufgrund des Wohlwollens, das Ihnen diejenigen entgegenbringen, die die Situation kontrollieren. Sie erfüllen bestimmte an Sie gestellte Forderungen; außerhalb dieser interessiert man sich nur wenig für Sie. Sie werden sozusagen

»benutzt«, nicht in bezug auf das, was Sie tun, sondern was Sie sind. Kein großer Unterschied zwischen Ihnen und den bei den alten Azteken geopferten Jungfrauen. Sie bekleiden Ihre Stellung nicht aufgrund Ihrer persönlichen Qualifikationen, sondern weil Sie sich am besten an die Ideale und Vorstellungen angepaßt haben, auf deren Einhaltung jene großen Wert legen, von denen die Situation kontrolliert wird. Bleiben Sie passiv und traditionsbewußt, bleiben Sie, was Sie sind. Jede Vorwärtsbewegung, jede schöpferische oder individualistische Handlung würde Ihr Image zerstören und Ihre Vorgesetzten enttäuschen. Abgesehen von den alten chinesischen Konkubinen und den aztekischen Jungfrauen könnte man dieses Hexagramm als Symbol für den strahlend jungen Führer und Organisator betrachten, der gestützt und gefördert wird, um als »Prellbock« zwischen rivalisierenden Führungsgremien zu dienen. Man könnte als Beispiel auch die Schauspielerin nehmen, die eine bestimmte Rolle wegen Ihres ansprechenden neuen Namens oder der Form ihres Hinterteils übertragen bekommt. In all diesen Fällen heißt der zu erteilende Rat: Schaukeln Sie nicht mit dem Boot, in dem Sie sitzen. Sie stecken nun mal mitten in einer Situation, deren verschiedene Aspekte Sie persönlich nicht direkt betreffen und die Sie auch in keiner Weise beeinflussen können.

Kama Sie werden von Ihrem Partner nicht um Ihrer selbst willen geliebt, sondern als ein Symbol oder ein Mittel zur Erreichung bestimmter Zwecke. Ihr Partner wird von Ihnen aufgrund eines rein zufälligen Geschehens angezogen, das eigentlich nicht unmittelbar mit Ihrer Person zusammenhängt. Wenn Sie eine Frau sind, kann es beispielsweise sein, daß Sie einen aristokratischen Nimbus ausstrahlen, der Ihrem Partner imponiert, oder Sie üben auf Ihren Partner einen gewissen für ihn idealen sexuellen Reiz aus, oder Sie ähneln irgendwie dem Idealbild eines Weibes oder einer Mutter. Sind Sie ein Mann, könnte es sein, daß sich Ihre Freundin von Ihrer Gesundheit und Kraft oder Ihren sozialen Verbindungen angezogen fühlt. Wenn Sie wünschen, die Beziehungen zu Ihrem Partner aufrechtzuerhalten, brauchen Sie nur das, was auf Ihren Partner so besonders anziehend wirkt, weiterhin beizubehalten. Sie benötigen keine Gemeinsamkeiten, keine Liebe, und es wäre entschieden besser, wenn Sie von Überraschungen irgendwelcher Art absehen würden.

Moksha Nur auf dem sich unablässig drehenden »Rad des Karma« ist Ungleichheit zu finden. Im Ewigen sind wir alle dasselbe, das All-Eine. Sogar im Bereich der Maya, der den Menschen an die großen Prinzipien von Yin und Yang bindet, wird ein Gleichgewicht zwischen allen Dingen hergestellt. Ihr spiritueller Pfad ist der der Selbsttröstung, der Selbstberuhigung. Vertrauen Sie der Gerechtigkeit und der Ausgleichskraft des Universums.

Die Linien

1 —O— Der Verlobte ist nicht der erste,
weder in bezug auf die Zeit,
noch auf den Grad der Bevorzugung.
Der lahme und schwache Manager kommt voran.
Günstig für ein Vorwärtskommen.

Eine mit Ihnen eng verbundene Person bekleidet eine Position, für die Sie besser geeignet wären. Sie spielen dieser Person gegenüber eine untergeordnete, abhängige Rolle. Wegen Ihres engen persönlichen Verhältnisses zu dieser Person kann man Ihre Lage als eine unmögliche Bindung bezeichnen, bei der keinerlei Hoffnung auf eine Verbesserung besteht. Sie haben die Freiheit zu handeln, sich zu bewegen und aus Ihrer Rolle, die Sie nun mal haben, das Bestmögliche zu machen, ohne daß Sie sich in Gefahren oder Schwierigkeiten verwickeln müssen. Diese Gegebenheiten haben auch einen anderen angenehmen, förderlichen Aspekt: Da alle Menschen die Bindungen sehen, aus denen Sie sich nicht freimachen können, fürchtet oder beneidet man Sie nicht. Vielmehr fühlt sich jeder irgendwie veranlaßt, Ihnen Hilfe anzubieten.

2 —o— Die Verlobte ist auf einem Auge blind,
kann aber noch sehen.
Ihre Verhaltensweise ähnelt
der einer Witwe.

Sie sind in Beziehungen verwickelt, bei denen Sie von den anderen Teilhabern enttäuscht worden sind. Da Ihre Beurteilung der Lage so schlecht ist, empfiehlt es sich für Sie, in Zukunft gleiche oder ähnliche Beziehungen zu vermeiden.

3 —×— Die Heirat ist der jungen Frau nicht angenehm.
Sie kehrt ins Elternhaus zurück
und nimmt dort wieder ihren früheren Platz ein.

Sie sind eigensinnig und kaum zu beeindrucken. Sie haben Ihr Ziel erreicht, finden aber jetzt, daß es Sie nicht befriedigt. Sie haben zunächst einmal »abgeschaltet«. Was dabei herauskommt, ist ungewiß.

4 —o— Die junge Frau zögert.
Früher oder später wird sie heiraten.

Sie haben eine hohe Meinung von sich selbst. Sie haben sich geweigert, einige unterschiedliche Rollen und Positionen, die Ihnen angeboten wurden, wegen der unseriösen Absichten, die die Anbieter damit verbanden, zu übernehmen. Es mag den Anschein haben, als hätten Sie alle Chancen, eine ehrbare und akzeptable Position zu erlangen, verpaßt. Aber Ihre Ausdauer und Beharrlichkeit waren richtig; wenn die Zeit gekommen ist, wird sich die geeignete Tür vor Ihnen öffnen.

5 —×— Die Jungfrau ist nicht so schön
wie die Brautjungfern.
Der Mond ist noch nicht ganz voll.
Günstig.

Aufgrund von Traditionen und überkommenen sozialen Normen können Sie nicht anders, als eine gewisse unwichtige Rolle zu übernehmen, obwohl Sie logischerweise durchaus imstande wären, eine sehr viel bedeutsamere Funktion auszufüllen. Sie achten aber die Tradition und akzeptieren aus diesem Grunde die weniger wichtige Rolle ohne jedes Bedauern. Abwarten wird Ihnen Glück bringen.

6 —×— Die junge Frau ist unfruchtbar.
　　　　　Das Messer des Bräutigams
　　　　　läßt kein Blut von den Schafen fließen.
　　　　　Keine Verbesserung.
Sie können Ihre Rolle nicht in der von Ihnen erwarteten Weise übernehmen. Es gibt nichts, was Sie in dieser Lage zu tun imstande wären.

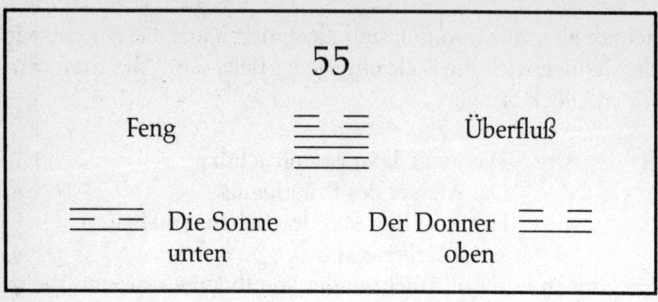

Orakel

Donner und Blitz:
Der Höhepunkt des Sturmes.
Der hervorragende Mann beurteilt Rechtsstreitigkeiten und klärt sie in verständlicher, überzeugender Weise.

Wenn der Verwalter Wohlhabenheit erreicht hat, braucht
er sich vor einem Ersatzmann nicht zu fürchten.
Seien Sie wie die Mittagssonne.
Verbesserung.

Deutung

Artha Die Trigramme repräsentieren Bewegung (Chen, Donner) und Klarheit (Li, Feuer). Sie haben einen starken Willen und die Fähigkeit zu handeln; Sie bewahren sich Ihre Seelenruhe und Ihre Klarsicht. Diese Kombination von Eigenschaften hat Ihnen die Fähigkeit gegeben, eine Situation offen und objektiv zu beurteilen und gemäß Ihrem Urteil frei und zweckmäßig zu handeln. Aufgrund dieses doppelten Vorteils haben Sie mit Leichtigkeit Ihr Ziel erreicht. Sie besitzen jetzt, was Sie sich gewünscht haben, und sind frei von irgendwelchen Bedrückungen und Hemmungen. Aber Sie gehen vorwärts, weil es in Ihrer Natur liegt, das zu tun. Aufgrund Ihrer klaren, objektiven Weltanschauung sind Ihre Ziele zweitrangig. Weder Fehler noch Erfolge können Sie in Ihren Bewegungen hemmen oder zum Stillstehen veranlassen. Der Bergsteiger, der in seinem Vorwärtsgehen nicht innehält, bis er den Berggipfel erreicht hat, kann nur in einer einzigen Richtung weitergehen: abwärts. Seien Sie nicht überrascht, wenn Sie sich von den Zielen und Idealen, die Sie anscheinend inspirierten, wegbewegen. Sie behalten etwas von Ihrem Erfolg zurück: materielle Gewinne oder die Befriedigung persönlicher Bedürfnisse, ebenso Dinge wie Ehre, Status und Kraft. Mit Ihrem klaren, freiheitlichen Geist wissen Sie jedoch, daß Besitz – und damit auch die soziale Stellung – letztlich Illusionen sind. Sie haben erreicht, was Sie sich wünschten, haben aber dadurch keine Erfüllung gefunden. Sie sind noch nicht glücklich. Seien Sie aber darüber nicht deprimiert. Es ist absurd, angesichts des erfolgreichen Abschlusses Ihrer weltlichen Bestrebungen sorgenvollen Verlustgedanken nachzuhängen. Seien Sie weder glücklich noch unglücklich, existieren Sie einfach, seien Sie reich und gesättigt, leben Sie im Jetzt wie die im Zenit stehende Sonne in ihrer vollen Glorie, bereit, den Abstieg anzutreten.

Kama Die Liebe Ihres Partners zu Ihnen scheint alles zu sein, was Sie jemals von einer anderen Person erwartet und erhofft haben. Dennoch sind Sie nicht glücklich. Die Form Ihrer Beziehungen zueinander scheint eine Erfüllung Ihrer vorgestellten Ideale zu sein. Aber Ihre klar definierten Wünsche und Erwartungen blockieren die Liebe Ihres Partners zu Ihnen, widerspiegeln sie, filtern sie. Ihre Ideale in bezug auf die Liebe sind abstrakt. Die Liebe Ihres Partners muß es sich gefallen lassen, vor diesen Ihren Idealen Revue zu passieren. Sie haben ziemlich genaue, begrifflich festgelegte Wünsche. Die Liebe Ihres Partners muß die Beurteilung unter Zugrundelegung Ihrer im voraus festgelegten statischen Wertbegriffe über sich ergehen lassen. Die idealen Forderungen scheinen erfüllt, ebenso die dazu erforderlichen Voraussetzungen und Bedingungen. Aber Sie können die Liebe Ihres Partners nicht unmittelbar von Mensch zu Mensch, vom

Partner direkt zu Ihnen erleben. Machen Sie Schluß mit der Mangel- und Bedürfniseinstellung. Erfreuen Sie sich des gegenwärtigen Seins und Habens. Obwohl Sie wissen, daß auch Liebe nach dem Erblühen wieder nachläßt und welkt, machen Sie sich schon jetzt sorgenvolle Gedanken über die Zukunft. Seien Sie wie die Mittagssonne im Zenit, an ihrem höchsten, strahlendsten und herrlichsten Gipfelpunkt. Diese Sonne ist in Wahrheit ja keine aufsteigende und keine absteigende Sonne, sondern immer dieselbe, die sich in einem unendlichen Raum-Zeit-Kontinuum befindet und nur in der Sicht der Menschen die momentane Zenitstellung einnimmt.

Moksha Sie haben in Ihrem spirituellen Leben einen Höhepunkt erreicht. Sie haben studiert, Rituale praktiziert und meditiert. Sie haben das von Ihnen erstrebte klare Verständnis erlangt, das Sie befähigt, Paradoxes zu vereinigen. Sie stellen sich aber immer noch die Frage, wo die Erleuchtung bleibt. Jetzt ist die Zeit, voll und ganz Buddhas Anweisung zu befolgen, die besagt: Sei wunschlos! Wenn Sie nach Erleuchtung streben, sollten Sie weise genug sein zu wissen, daß während der Aufrechterhaltung des Wunschzustandes ein Erlangen der Erleuchtung unmöglich ist. Sie kann nun mal in keinem Fall im üblichen Sinne des Wortes »erreicht« werden, sie kann nur geschehen. Sie haben das Paradoxon gelöst. Jetzt brauchen Sie nur noch die Illusion Ihres eigenen Egos auszulöschen. Dabei ist aber nichts Paradoxes, gibt es kein Lösen und kein Erlösen, weil einfach nichts existiert, was zu erlösen wäre.

Die Linien

1 —O— Er begegnet seinem Partner,
der ihm sehr ähnelt.
Keine Fehler.
Zustimmung und Einwilligung,
wenn Sie vorwärtsgehen.

Die Kombination von innerer Klarheit und äußerer Beweglichkeit hat Ihnen Erfolg gebracht. Sie besitzen aber nur eine dieser Eigenschaften. Jemand anders, der die ergänzende Eigenschaft besitzt, teilt sich mit Ihnen die Anerkennungen und Auszeichnungen, die Ihnen Ihr derzeitiger Reichtum einbringt. Ohne des anderen klare Beurteilungsgabe (wenn Sie der Energischere von beiden sind), und ohne die Autorität und Durchsetzungskraft dieses anderen (wenn Sie der Nachdenklichere und Bedächtigere von beiden sind) hätten Sie den auf Ihrer Zusammenarbeit beruhenden gegenwärtigen Glückszustand nicht erreicht. Sie müssen Ihren bisherigen Weg verlassen, wenn Sie dieser anderen Person begegnen wollen. Seien Sie nicht zu schüchtern. Die andere Person wartet ja gleichsam auf die Herstellung der Verbindung zwischen Ihnen. Sie wird Ihnen mit Anerkennung und in freundschaftlicher Weise entgegentreten. Daraus wird sich eine lange und fruchtbare Zusammenarbeit ergeben.

2 —×— Die Leistung der Bildschirme ist so gewaltig,
da er mittags das Sternbild
des Großen Bären zu sehen vermag.
Wenn er sich,
erfüllt von Wahrheit und Aufrichtigkeit,
dem Herrscher nähert,
wird er auf Argwohn und Abneigung stoßen.
Wenn er sich zu einer loyalen Haltung
dem Herrscher gegenüber zwingen kann,
wird dieser schließlich die Wahrheit erkennen.
Günstig.

Sie werden ganz bewußt und mit Erfolg von jemandem in den Schatten gestellt, überstrahlt. Versuchen Sie nicht, diese Situation durch aktives Handeln zu ändern. Sie würden dadurch nur auf Mißtrauen und Haß stoßen. Treten Sie statt dessen in näheren Kontakt zu der Person, die sich bemüht, Sie im Dunkeln zu halten. Diese kann weder sich selbst noch Ihnen gegenüber ableugnen, daß sie sich widerrechtlich Ihre Stellung angeeignet hat. Unter Mithilfe dieser Schuldgefühle wird es Ihnen beiden gelingen, ein Zusammenwirken zu schaffen, das für Sie von Vorteil sein wird.

3 —O— Die Bildschirme sind mit dicken Vorhängen
drapiert worden.
Er kann zur Mittagszeit kleine Sterne sehen.
In der Finsternis bricht er seinen rechten Arm.
Keine Fehler.

In diesem Fall ist die Finsternis, die Sie einhüllt, so total, so undurchdringlich, daß Sie von sich aus nichts tun können. Die Möglichkeit, der Lage eine für Sie erfolgreiche Wendung zu geben, ist Ihnen aus der Hand genommen. Sie haben jetzt keinerlei Einfluß mehr, auch keine Widerstandskraft. Sie können jetzt keine der Früchte Ihres Erfolgs genießen.

4 —O— Das Zelt ist so gewichtig,
daß er den Großen Bären mittags sehen kann.
Er trifft seinen Partner,
der ihm sehr ähnlich sieht.
Günstig.

Die Verdunkelung schwindet. Sie sind mit der Sie ergänzenden, Ihnen so ähnlichen Person in Kontakt getreten. Durch Zusammenarbeit können Sie zu Reichtum und Fülle gelangen.

5 —×— Er sammelt um sich hervorragende,
sehr kluge Menschen.
Anerkennung und Bewunderung.
Günstig.

Im Licht Ihres Erfolges offenbaren sich die Eigenschaften der Menschen, die mit der Angelegenheit zu tun haben, ganz von selbst. Sie haben Ihre Mitarbeiter mit viel Klugheit ausgewählt.

6 —×— Er hat ein großes Haus,
das ihn der Sicht anderer entzieht.
Er starrt auf seine Tür,
die sich aber niemals öffnet.

Drei Jahre lang wird er niemanden zu Gesicht bekommen.
Unheilverkündend.
Sie sind in bezug auf Ihren neulich erworbenen Reichtum so ängstlich und besorgt, daß Sie sich seiner nicht erfreuen können. Sie können ihn nicht einmal in Augenschein nehmen. Ihr ganzes Fühlen besteht aus der Furcht, Ihren Besitz zu verlieren. Alles, was Sie sehen, sind mit dem Verlust zusammenhängende Schreckensbilder. Ruhe und Geborgenheit sind weiter entfernt als jemals zuvor.

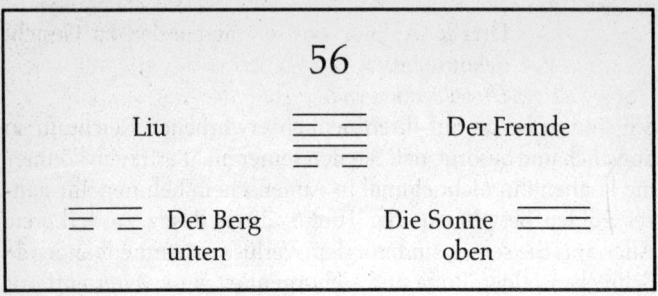

Orakel

Feuer auf dem Berg.
Der hervorragende Mann handelt
weise und vorsichtig.
Er hat keine Zeit für Rechtshändel.

Etwas Verbesserung.
Günstig,
wenn Sie auf Ihrem Weg bleiben.

Deutung

Artha Ihr Leben ist eine Irrfahrt, eine Art Odyssee. Sie sind ständig von Ort zu Ort unterwegs. Dieses ständige Auf-der-Achse-Sein befriedigt Sie. Man könnte Sie fast, wie Hemingway, einen praktizierenden Nomaden nennen, oder auch einen ästhetisierenden Nomaden wie Cocteau, oder einen intellektuellen Nomaden ähnlich Norman O. Brown, oder einen spiritualistischen Nomaden wie Bischof Pike. Sie sind ständig auf dem Weg in etwas hinein und aus etwas heraus. Es handelt sich dabei aber nicht um ein zielloses, rein zufälliges Umherwandern, sondern vielmehr um die Beweglichkeit eines Feuers auf einem Berg, das unablässig auf der Jagd nach neuem Brennmaterial ist, weil davon seine Existenz abhängt. Sie nehmen auf bestmögliche Weise an den verschiedenen Orten, die Sie durchwandern, die Ideen und Rollen in sich auf und ziehen dann, wenn Sie das Aufgenommene verarbeitet haben, wieder weiter. Aufgrund Ihres wechselhaften, unsteten Charakters haben Sie jeweils immer nur sehr wenige Freunde und Bekannte, haben aber eine Unzahl solcher hinter sich gelassen. Es ist dies ein bittersüßes Tao, weil die Freude des Erforschens und Entdeckens mit der schließlichen Hoffnungslosigkeit Ihres Strebens und Suchens verbunden ist. Vermeiden Sie es, sich in Langzeitverträge und -verpflichtungen einzulassen. Lehnen Sie es ab, an Aktionen, deren Auswirkungen erst in ferner Zukunft liegen, teilzunehmen.

Kama   Vielleicht sind Sie so etwas wie ein sexueller Nomade. Vielleicht knüpfen Sie Beziehungen an und lösen sie wieder auf, nachdem Sie die daran beteiligten Personen dazu benutzt haben, Ihrem Leben für eine Weile Sinn und Gehalt zu geben. Wenn Ihr Partner in ähnlicher Weise veranlagt ist, wird es zwischen ihm und Ihnen zu einer nur kurzen, aber glücklichen Verbindung kommen. Hat Ihr Partner aber ein tiefinnerlich verwurzeltes Gefühl für Sie, wird es zu einer ebenfalls nur kurzen, aber unglücklichen Verbindung kommen. Wenn Ihr Partner gleichzeitig Ihr Freund und Kamerad ist, werden ihm seelische Schmerzen und Verletzungen nicht erspart bleiben. Und was Sie selbst betrifft: Fremde fühlen sich von Ihnen nicht verletzt. Sie kommen eben und gehen wieder. Bemühen Sie sich ernsthaft, ehrlich und aufrichtig Ihrem Partner gegenüber zu sein, spielen Sie ihm nicht Gefühlsregungen vor, die Sie gar nicht haben. Wenn Sie aber Ihre »Wanderlust« ohne Bedenken und ohne sich zu schämen akzeptieren, so wird sich das selbstverständlich in Ihren Beziehungen zu Ihrem Partner zu erkennen geben. Ihr Partner weiß, was er von Ihnen zu erwarten hat, wird oft auch betrübt und enttäuscht sein, will aber an seinen Illusionen festhalten. Es besteht auch die Möglichkeit, sich innerhalb beständiger Liebesbeziehungen zu einer einzelnen Person als »emotioneller Nomade« aufzuspielen. Wenn Ihr Partner auf Ihrem Nomadenkurs ein gleichgesinnter Wandergenosse sein sollte, der Ihre Ausflüge in die verschiedenen Stimmungen und Bedürfnisse mitmacht, könnte man Ihre Beziehungen zueinander als durchaus glücklich bezeichnen. Wenn Ihr Partner aber im Vergleich zu Ihnen eine mehr statische Natur ist, wird er dazu neigen, sich verwirrt, unsicher und vernachlässigt zu fühlen und wird auch außerstande sein, Ihnen auf Ihren Abwegen durch die aufeinander folgenden Phasen Gefolgschaft zu leisten. Eine realistische, offene und unverblümte Grundhaltung und ein sich auf niedrigerer Ebene abspielendes Gefühlsleben ist die beste Lebensweise für einen »Fremdwanderer«, wie Sie einer sind.

Moksha Erleuchtung ist für Sie keine endgültige Offenbarung, ist für Sie niemals eine allumfassende finale Erfahrung. Wenn Sie auf einem bestimmten spirituellen Pfad einen Zustand der Erleuchtung erleben, haben Sie das Gefühl, daß Sie dennoch weiter vorwärts gehen müssen. Ihre spirituellen Erlebnisse sind für Sie von großer Bedeutung, sind aber eine Angelegenheit der Vergangenheit. Einmal in Zukunft werden Sie den Gipfel des Berges erreichen, und dann gibt es für den Wanderer, der immer vorwärtsgehen will und muß, nur eine einzige Richtung: bergabwärts. Daran anschließend, wenn auch auf anderer Route, wieder aufwärts. Durch Ihr ständiges Auf und Ab auf den spirituellen Bergen ähneln Sie in gewisser Weise dem Sisyphus der griechischen Sage. Doch während Sisyphus seine hoffnungslose Arbeit im Zustand der Verzweiflung ausführt, gehen Sie aufrecht und hoffnungsfreudig Ihren sich dahinschlängelnden Weg entlang. Ihre Wechselhaftigkeit kann Sie in extreme, esoterische und unerforschte spirituelle Systeme hineinführen.

Die Linien

1 —×— Ein kleiner, unbedeutender Fremder
mit kleinlichen, banalen Motiven.
Zusätzliche Schicksalsschläge und Kalamitäten.

Jemand, der tief und dauernd in eine Situation verwickelt ist, kann die Sachlage von vielen Gesichtspunkten aus beurteilen und sie in verschiedenen Graden von Ernsthaftigkeit und Zynismus zu bewältigen versuchen. Doch abgesehen davon haben Sie, der Sie ja immer ein »Durchreisender« sind, nicht das Recht, Dinge als unwichtig oder gar lächerlich zu behandeln, die für andere von entscheidender Bedeutung sind. In solchen Fällen ist eine sorglose, hochnäsige und unüberlegte Haltung Ihrerseits fehl am Platze und wird übel vermerkt. Es wäre die Heraufbeschwörung eines Unheils.

2 —×— Ein wohlhabender Fremder
ist mit seinem diensteifrigen Gefolge
im Gasthof abgestiegen.

Obgleich Sie ein ständiger Wanderer sind, haben Sie ein klares, unveränderliches und gefestigtes Selbstbewußtsein: eine philosophische Zentrierung sozusagen. Sie haben in sich selbst Ihren eigenen friedvollen und gelassenen Ruhepol, den Sie, ganz gleich, wo Sie gehen, immer mit sich bringen. Andere, die eine solche in sich selbst ruhende Mitte nicht haben, werden von Ihnen angezogen.

3 —○— Der Fremde hat das Gasthaus niedergebrannt
und ist von seinen Freunden im Stich gelassen
worden.
Gefährlich,
selbst wenn Sie auf Ihrem Weg bleiben.

Sie sind gefühlsmäßig in Angelegenheiten hineingezogen worden, haben sich in den Ideen und momentanen Konflikten selbst verloren. Weil Sie Durchreisender sind, gelingt es Ihnen nicht, die Sympathien anderer zu gewinnen. Es dauert eben eine gewisse Zeit, ehe man Bekanntschaften in Freundschaften verwandeln kann.

4 —○— Ein wandernder Holzfäller
hat sich hier niedergelassen.

Er führt ein angenehmes Leben,
ist aber doch über irgend etwas in Sorge.

Ihre wahre Schicksalserfüllung liegt im ständigen Wandern. Aber Sie haben mit dem Umherirren Schluß gemacht. Sie haben ein angenehmes Plätzchen gefunden und sich selbst die Erlaubnis gegeben, hier zu bleiben und sich wohlzufühlen. Sie sind verstrickt in Aktivitäten und Pläne, die eigentlich Ihrem ruhelosen Wesen widersprechen.

5 —×— Der Fremde schießt auf den Fasan.
Er tauscht in bewundernswerter Weise seinen Pfeil
und seine verantwortungsvolle Position aus.

Akzeptieren Sie die Formen, Sitten und Gebräuche jeder Situation, in die Sie geraten. Schätzen Sie deren Verbindungen mit den universellen Prinzipien richtig ein, selbst dann, wenn sie Ihnen in mancherlei Hinsicht fremd und bedeutungslos erscheinen.

6 —⊖— Der Fremde benützt ein Vogelnest
zum Anzünden eines Feuers.
Das macht dem Feuer Freude,
schwächt aber den Mann.
Er verliert die Fassung.
Unheilverkündend.

Mit Ihrem unermüdlichen und gewaltsamen Vorwärtsdrängen ähneln Sie dem Feuer auf einem Berg, das hell auflodert, als es das kleine, trockene Vogelnest verschlingt. Sie freuen sich sehr darüber, daß Sie sich auf Kosten einer seltenen, recht zerbrechlichen und für andere wertvollen Sache einen Vorteil verschaffen können. Durch diesen leichtsinnigen, nicht wieder gutzumachenden Zerstörungsakt haben Sie das verloren, was einmal Ihre am meisten geschätzte Eigenschaft war: Ihren Respekt und Ihre Rücksichtnahme auf die Wertvorstellungen anderer Menschen.

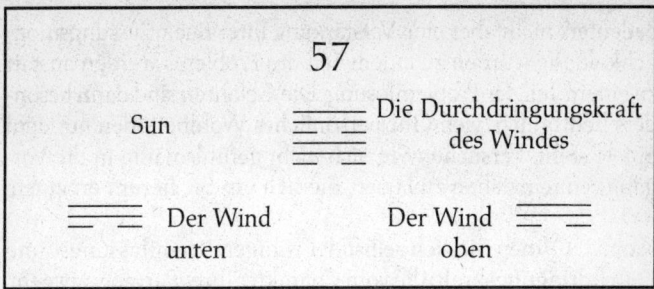

Orakel

Zwei Winde dringen in jeden Winkel
und in jede Spalte hinein.
Der hervorragende Mann bestätigt
und bekräftigt seine Befehle
und versichert sich seiner Handlungsfähigkeit.

*Etwas Verbesserung, besonders dann,
wenn Sie in einer bestimmten gedanklichen
Richtung in Bewegung bleiben.
Besprechen Sie sich mit dem großen Mann.*

Deutung

Artha   Dies ist das Hexagramm der erstaunlich feinen Durchdringungsfähigkeit des Windes. Halten Sie sich im Hintergrund, treten Sie nicht direkt in Aktion. Erlauben Sie der Kraft Ihres Charakters, Einfluß auf die Situation zu nehmen, ohne sich vom Willen und vom Ego dabei behindern zu lassen. Ein Versuch, aktiv in die Situation einzugreifen, vielleicht um den Ablauf zu beschleunigen, wäre nichts anderes als Energieverschwendung. Bewußt und vorsätzlich Ihre Wünsche und Bedürfnisse der Situation anzupassen, würde ein Abhängigwerden von der Situation bedeuten, nicht aber eine Verstärkung Ihrer Beeinflussungsmöglichkeit. Sie würden zu einem Teil des Problems werden anstatt zu einem Teil der Problemlösung. Die Gefahren sind dann besonders bedrohlich, wenn Ihr persönliches Wohlbefinden auf dem Spiele steht. Versuchen Sie, sich nicht gefühlsmäßig in die Vorgänge hineinziehen zu lassen, die sich um Sie herum ereignen.

Kama   Öffnen Sie sich selbst der ruhigen Beeinflussungs- und Durchdringungskraft, die vom Charakter Ihres Partners ausgeht. Versuchen Sie nicht, durch Ausübung von Druck Ihren eigenen Charakter auf Ihren Partner zu übertragen. Liebe und Wille sind sich einander ausschließende Gegensätze. Durch die offene und vorbehaltslose Annahme und Würdigung der Persönlichkeit des anderen – einschließlich aller charakterlichen Besonderheiten – ist der Beginn gemacht, daß jeder den andern wirklich kennenlernt. Dies ist ein Hexagramm, das eine nicht gefühlsgebundene Art des Liebens beinhaltet. Wenn Sie in Ihrem Liebesleben neurotisch sind, werden die in Ihnen aufsteigenden Gefühle egoistisch, bewußt gewollt, vielleicht sogar offensiv und aggressiv sein. Derartige Gefühlsäußerungen sind nicht das, was man unter selbstloser Liebe versteht. Fassen Sie sich in Geduld, warten Sie, bis Sie imstande sein werden, sich an ich-losen, unegoistischen Gefühlen zu erfreuen, die eine Folge Ihrer gegenseitigen Offenheit und Sympathie sein werden.

Moksha   Sie erkennen durchaus, daß Ihre Alltagserlebnisse nichts anderes sind als Maya, Illusion. Dennoch scheinen sie Ihr Leben durcheinanderzubringen. Sie werden dadurch von der Erreichung des spirituellen Friedens, den Sie suchen, abgehalten. Ihr Streben ist, den Durchbruch zur letzten Klarheit zu erreichen. Sie bedienen sich dabei verschiedener intellektueller Tricks, die Ihnen helfen sollen, den Weg ins Paradies zu öffnen. Aber es sind nicht nur die Dinge und Ereignisse in Ihrem Leben, die Illusionen sind. Das gleiche gilt für die Unterscheidung und die Abgrenzung, die Sie zwischen sich selbst und diesen Illusionen machen. Sie sind bereits im Zustand gedanklicher Klarheit.

Bringen Sie dieser tiefen, wenn auch wortlosen Verständniskraft Vertrauen entgegen, lassen Sie sich angesichts des äußeren Augenscheins der Dinge nicht länger aus der Fassung bringen. Eine völlig ruhig vor sich gehende gegenseitige Durchdringung zwischen Ihnen und dem »Es« kann stattfinden, wenn die illusionären Grenzen fallen, die das »Du« von der Einheit und dem wahren Frieden trennen.

Die Linien

1 —×— Er kommt und geht
wie die kleinen Windböen.
*Bleiben Sie auf Ihrem Weg
wie ein tapferer Soldat.*

Achten Sie darauf, daß Ihre Zurückhaltung und Verschwiegenheit nicht in Unentschlossenheit und Zaghaftigkeit umschlägt. Hinter Ihrer friedvollen, auf Rückzug bedachten Lebensweise sollte eine starke, unnachgiebige Entschlossenheit stehen.

2 —⊖— Unter dem Ruhelager ist Wind.
Verwirrung.
Magier und Exorzisten sind zu Hilfe gerufen.
Günstig.
Keine Fehler.

Die in Ihnen entstandenen Konflikte sind auf undurchsichtige, obskure, esoterische Kräfte zurückzuführen. Um zu einer Lösung Ihrer Probleme zu kommen, wenden Sie sich zweckmäßig an Menschen, die Erfahrung im Umgang mit solchen Kräften und Mächten haben, an Yogis, Psychiater, Astrologen, Parapsychologen und dergleichen.

3 —⊖— Die starken Windböen,
die gegen das Haus anstürmen,
können in es eindringen.
Sie werden es bereuen.

Obgleich es Ihrem Wesen entspricht, sich im Hintergrund zu halten, sollten Sie nicht zögern, sofort aktiv zu werden, wenn es die Lage erfordert. Wenn Sie zögern, werden Sie in verwirrende Umstände hineingezogen, die ein Eingreifen unmöglich machen. Ihre Handlungsunfähigkeit würde dann offen zutage liegen. Andere werden dann versuchen, aus Ihrer Schwäche Vorteile zu ziehen.

4 —×— Der Jäger benutzt das Wildbret
für einen dreifachen Zweck.
Schuld verschwindet.

Der Jäger versorgt und ernährt sich selbst. Er liebt und achtet seine Beute, ist ohne Stolz und Überheblichkeit und dankt Gott für seinen Erfolg bei der Jagd. Wie dieser Jäger machen Sie vollen Gebrauch von Ihren Versorgungsquellen, dabei in gleicher Weise Ihr materielles, emotionales und spirituelles Leben (Artha, Kama und Moksha) berücksichtigend. Sie sind imstande, in allen Dingen etwas Gutes zu erkennen.

5 —⊖— *Günstig,*
wenn Sie auf Ihrem Weg bleiben.
Es mag sein, daß der Anfang schlecht war,
es wird aber zu einem guten Ende kommen.
Drei Tage vor Inangriffnahme einer Veränderung
sollten Sie die Angelegenheit reiflich und
gründlich durchdenken und abwägen;
drei Tage, nachdem Sie die Veränderung
durchgeführt haben, prüfen Sie die Sache
noch einmal kritisch.
Vorwärtskommen.
Schuld verschwindet.

Sie müssen Ihre Verschwiegenheit und Zurückhaltung, wie im Orakel zu diesem Hexagramm angedeutet, etwas modifizieren. Ihre Lage ist schlecht. Sie muß verändert werden. Sie sind der einzige, der diese Änderung herbeiführen kann. Jetzt ist die Zeit für einen mutigen Neubeginn. Aber Sie müssen sorgfältig und gründlich die Veränderungen durchdenken, die Sie durchführen wollen. Sie müssen in einem Zustand der Meditation und Versenkung, in einer demütigen und friedvollen Geisteshaltung kontemplativ erfaßt und beurteilt werden. Wenn Sie aber einmal mit dem Verändern Ihrer Situation angefangen haben, müssen Sie wachsam bleiben und mit der Möglichkeit rechnen, daß es nicht auf Anhieb klappt. Seien Sie darauf vorbereitet, daß Sie die ganze Sache abstoppen und von neuem beginnen, wenn Ihr Reformversuch in der Praxis nicht Ihren Erwartungen entsprechen sollte. Werden Sie sich klar darüber, welche Veränderungen in Ihrem Leben wirklich nötig sind. Daraufhin erst planen Sie die Durchführung nach bestem Können. Fürchten Sie sich nicht vor einem Zurückweichen.

6 —o— Der Wind erstirbt unter dem Ruhelager,
er hat nicht länger die Kraft, die Spalten
und Risse zu durchdringen, durch die
er hereingeweht ist.
*Unheilverkündend,
wenn Sie auf Ihrem Weg bleiben.*

Ihre ruhige Zurückhaltung und Verschwiegenheit hat Sie zu einer unmittelbaren Konfrontation mit dem Bösen gebracht. Ziehen Sie sich zurück. Verlassen Sie die Szene. Versuchen Sie nicht, das Böse zu beeinflussen. Seien Sie auf der Hut!

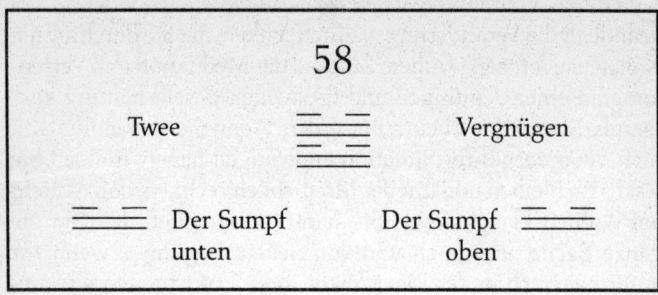

Orakel

Die Oberfläche des Sumpfes ist bewegungslos;
in seinem Innern aber brodelt das Leben.
Daneben sitzen die Freunde und unterhalten sich.
Die Unterhaltung geht leicht und zwanglos vor sich,
aber der Gedankenaustausch ist tiefgründig.

Erfolg, wenn Sie auf Ihrem Weg bleiben.

Deutung

Artha Jedes Erlebnis macht Ihnen Vergnügen. Sie sind immer zufrieden. Ihr ruhiger, nur schwer erregbarer Charakter ist offen und verständnisbereit. Sie sehen keine Veranlassung, Ihre tiefsten Gefühle der Umwelt gegenüber zu verbergen oder gar zu verteidigen. Ihre unerschütterliche Ausgeglichenheit und Aufrichtigkeit gibt anderen Trost und Hoffnung. Sie geben anderen Gelegenheit, ihre tiefen Gefühle zu offenbaren und an Ihrer vergnügten Stimmung und freudigen Geisteshaltung teilzunehmen.

Kama Die vom Orakel umrissene bildhafte Vorstellung sagt alles. Ruhig und zufrieden pflegen Sie und Ihr Partner einen wirklich tiefen und dauerhaften Gedanken- und Gefühlsaustausch, unausgesprochen und unbelastet von egoistisch gefärbten Bedürfnissen oder einer ichbetonten Wettbewerbsmentalität.

Moksha Im Rahmen der Ausgewogenheit der universellen Schwingungen und Strömungen hat sogar das Vergnügen einen dunklen Aspekt. Ihre Fähigkeit, Freude und Vergnügen zu empfinden, könnte Veranlassung sein, daß Sie sich von Ihrem spirituellen Pfad ablenken lassen. Vernachlässigen Sie nicht das Streben nach Erleuchtung durch zu starke Hinwendungen zu den Vergnügungen. Diese Gefahr können Sie vermeiden, indem Sie in ständigem Kontakt mit Ihren ernsthaft suchenden und forschenden engsten Freunden bleiben. Seien Sie immer aufgeschlossen für die Erkenntnisse und Offenbarungen, die während der tiefgründigen Unterhaltungen ausgesprochen werden und die nachhaltigen Eindruck auf Sie machen. Der Geist dieses Hexagramms umfaßt den vergnüglichen Weg, auf dem sich Gefahren vermeiden lassen.

Die Linien

1 —⊖— Die Freude und innerer Friede.
Günstig.
Ihre Fähigkeit, sich freuen zu können, rührt von Ihrer von Frömmigkeit getragenen Wunschlosigkeit her. Nichts quält und ängstigt Sie, nichts setzt Sie unter Druck, nichts enttäuscht Sie. Alles macht Ihnen Freude und Vergnügen.

2 —O— Die Freude der Ehrlichkeit und Aufrichtigkeit.
Günstig.
Schauen Sie aber nicht nach rückwärts.
Während Sie sich Vergnügungen hingeben, sollten Sie auf keinen Fall etwas tun, was in irgendeiner Weise andere Menschen behindern, verärgern oder entmutigen könnte.

3 —×— Sich dem Vergnügen hingeben.
Unheilverkündend.
Ihre Freude erwächst nicht aus einem totalen Genießen aller Erlebnisse und Erfahrungen. Es bewegt sich an der Grenze geistloser Späße innerhalb der sinnesgebundenen Welt. Ihr Leben ist ein spirituelles Vakuum, das sinnliche Freuden anzieht, Freuden, die Sie blind machen der eigentlichen, wahren Leere und jener echten Freude gegenüber, die Sie vor der Verzweiflung bewahrt.

4 —O— Vorweggenommenes Vergnügen.
Günstig; seien Sie aber vorsichtig!
Wiegen Sie nicht eine Freude gegen eine andere auf. Wenn alle Dinge ohne Ausnahme Freude und Vergnügen bereiten, sind sie auch unterschiedslos alle gleich.

5 —O— Falsch angebrachter Trost.
Aufgepaßt!
Die Freude macht Sie großzügig, freundlich, aufrichtig und vertrauenswürdig. Sie macht Sie aber auch empfindlich und leicht verwundbar Menschen gegenüber, die Ihre Grundsätze ablehnen. Gefahr! Es könnte sein, daß Sie an der Gegenwart dieser Menschen Freude haben. Sie sind aber nicht gehalten oder gar verpflichtet, sich mit diesen Menschen abzugeben. Sie können in anständiger, keineswegs abrupter Weise Ihre Verbindungen zu ihnen lösen.

6 —×— Zu Vergnügungen verlockend.
Sie sind von Vergnügungen völlig in Anspruch genommen. Sie haben keine anderen Interessen, als immerzu nach neuen freudebringenden Erlebnissen Ausschau zu halten. Sie sind derart mit diesen Vergnügungen beschäftigt, daß Sie anderen positiven Gefühlen gegenüber ziemlich empfindungslos geworden sind und sich auch gar nicht bemühen, die negativen Gefühle in sich zu überwinden. Die Jagd nach Vergnügungen ist schon derart zur Gewohnheit geworden, daß Sie eigentlich gar keine echte Freude mehr empfinden können.

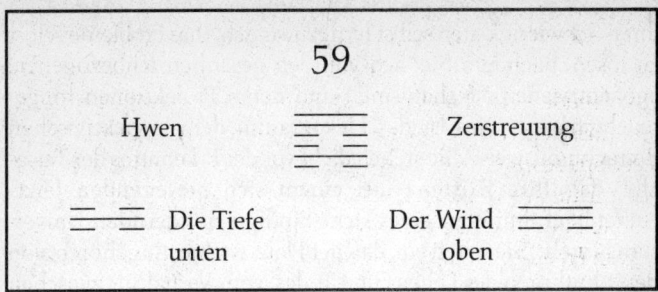

59

Hwen — Zerstreuung

Die Tiefe unten — Der Wind oben

Orakel

Die Luft bewegt sich über dem Wasser;
das Wasser verdunstet.
Die alten Könige waren fromme Menschen
und widmeten sich dem Dienst Gottes.
Sie errichteten den Tempel; in ihm halten
die gegenwärtigen Könige ihre Andachten ab.

Erfolg.
Bleiben Sie auf Ihrem Weg.
Sie dürfen das große Wasser überqueren.

Deutung

(Anmerkung: Alle Situationen und Probleme, die in den Artha- und Kama-Erläuterungen angesprochen werden, sind lediglich selbstgefällige Phantasien. Selbst die Praktizierung von Moksha – die die Befragung des I Ging-Orakels mit einschließt – hängt vom Vorhandensein eines bestimmten Quantums persönlichen Geltungsbedürfnisses und von einem entwickelten Selbstbewußtsein ab, die beide in letzter Instanz falsch und illusionär sind. Sie sind insofern von Glück begünstigt – wenn Sie sich auf die Aussage dieses Hexagramms stützen – als Sie fähig sind, mit

Ihren Schwierigkeiten selbst fertigzuwerden, Ihre Probleme selbst zu lösen, nachdem Sie sich von den gesamten ichbezogenen, egozentrischen Mechanismen und deren Projektionen freigemacht haben. Dies ist das Hexagramm der perspektivischen Betrachtungsweise. Sie stehen dicht vor der Erkenntnis der Tatsache, daß Ihre Existenz aus einem sich bewegenden Jetzt-Augenblick inmitten eines sich ständig verändernden Universum besteht. Sie sehen ein, daß der Platz, wo Sie hingehören, von den Rhythmen des Lebens und Todes, vom Verhältnis zwischen Einzelmensch und Gesellschaft bestimmt wird.)

Artha   Dies ist das Hexagramm der Nächstenliebe: einer gebenden oder empfangenden Nächstenliebe, was davon abhängt, zu welcher Seite der sich bewegenden Menschheitskolonne Sie gehören. Da Sie sich über den illusionären Charakter des Eigentumsbegriffes im klaren sind, geben Sie an andere das weiter, was Sie selbst nicht verwenden können, oder: die illusionäre Natur der Besitzwerte erkennend, nehmen Sie das entgegen, was andere Ihnen überlassen. Sie empfinden dabei weder Scham noch ein Gefühl der Erniedrigung oder Entwürdigung. Ihre Praktizierung von Artha im Alltagsleben interessiert Sie eigentlich nur insofern, als Sie darin einen Teil des Musters im Gewebe der göttlichen Schöpfung erblicken. Sie haben an diesem Leben an und für sich kein ich-bezogenes, egozentrisches Interesse. In den Augen der anderen ist diese Lebensweise das Äußerste an Wagemut und Tollkühnheit, der Höhepunkt des Erfolges, ganz gleich, auf welcher Sprosse der sozialökonomischen Leiter Sie sich gerade befinden.

Kama   Dies ist das Hexagramm der freien und uneingeschränkten Liebe zu allen Wesen. Sie stehen in einer intensiven und dauernden Beziehung zu allem. Sie lieben Ihren Lebenspartner leidenschaftlich und treu – und Ihre Partner sind eigentlich alle Menschen. Sie werden beneidet von denen, die Sie lieben.

Moksha   Dies ist das Hexagramm der kurzgefaßten ichzerstörenden Erfahrung. Ihr Weg ist der einer durch Rituale erlangten religiösen Ekstase, der Weg durch die Erfahrung des Todes mit anschließender Rückkehr ins Leben. Ihr Weg ist die allerletzte, ewige Verschmelzung mit dem All-Einen, mit dem daraufhin erfolgenden Rückfall in das illusorische Auf und Ab von Raum und Zeit, jetzt aber aus der Sicht und Perspektive jener Erleuchtung, zu der Sie auf dem Weg Ihrer ekstatischen Anbetung und Verehrung durchgedrungen sind.

Die Linien

1 —×— Errettung
durch die Hilfe eines starken Pferdes.
Günstig.
Wenn Sie schon bald aktiv werden, kann Ihre selbstlose, neutrale, gleichgültige Einstellung den Dingen gegenüber für die anderen an der Situation Beteiligten recht nützlich sein.

2 —o— Dinge fallen auseinander;
er sucht nach einem Obdach.
Schuld verschwindet.
Um eine selbstlose, neutrale und unbeteiligte Perspektive den Geschehnissen gegenüber zu erlangen, müssen Sie durch gewisse recht unangenehme Situationen hindurch: müssen Anmaßung und Dünkelhaftigkeit überwinden, ebenso die Verachtung für jene Menschen, die krampfhaft an ihren Illusionen festhalten, müssen ferner die auf Enttäuschung beruhende Resignation überwinden, die Sie angesichts der Tatsache überfallen könnte, daß Ihnen eng verbundene Personen an ihrer blinden Sturheit festhalten. Sie haben die heuchlerische Fassade durchbrochen. Ihre Illusionen sind verschwunden wie des Kaisers neue Kleider im Märchen. Jetzt stehen Sie völlig nackt da, genau wie der Kaiser. Ihr nächster Schritt muß sein, sich selbst als eine Illusion zu erkennen.

3 —×— Er kümmert sich nicht länger um sein eigenes Selbst.
Ohne Schuld.
Aufgrund Ihrer von Erleuchtung erfüllten Betrachtungsweise, in der kein Platz mehr ist für eine Bewertung des Egos, des Selbsts, kümmern Sie sich kaum noch um Ihre persönlichen Belange. Seitdem Sie die Dinge von diesem erleuchteten Standpunkt aus sehen, ist es nutzlos, Ihnen zu sagen, daß Sie durch Nichtbeachtung Ihrer persönlichen Belange gegen die Naturgesetze und gegen die ständigen Veränderungen im Universum verstoßen. Sie wissen, daß es nur eine Wahrheit gibt, nämlich die von Ihnen erstrebte. Wenn Sie allerdings die Existenzgrundlagen der empfindenden und mitfühlenden Wesen einer scharfen Prüfung unterziehen, müssen Sie zugestehen, daß diese Mißachtung Ihrer persönlichen Interessen ohne Zweifel eine höchst seltene Erscheinung innerhalb der menschlichen Gesellschaft ist.

4 —×— Der Mann treibt die Gruppen Unzufriedener auseinander.
Er ist klüger und geschickter als die meisten Menschen.
Jetzt kann er sehen, wer sich besonders hervortut.
Günstig.
Sie müssen sich vorübergehend aus den Bindungen zu Ihren Freunden und Mitarbeitern lösen. Aus einer gewissen Entfernung – sowohl zeitlich als auch räumlich gesehen – werden Sie besser in der Lage sein, objektiv deren Charaktere und Handlungsgrundsätze zu prüfen. Die wahren Freunde werden dann deutlich erkennbar sein. Mit ihnen zusammen werden Sie dann schon bald fähig sein, die zwischenmenschlichen Beziehungen in vertrauensvoller Weise wiederherzustellen. Die andern werden sich ärgern, vielleicht sogar bestürzt oder verletzt sein, doch diese Gefühle werden sich nicht lange halten.

5 —o— Der Mann schwitzt, als er seine
feierlichen Verlautbarungen verkündet.
Er leert die königlichen Kornkammern
und verteilt das Getreide ringsum.
Keine Fehler.

Sie sind sehr energisch in Ihren Bemühungen, Ihren Mitmenschen zu helfen. Sie sind ein wahrer Sturmwind von Generosität und Freigebigkeit.

6 —o— Der Mann vermeidet blutige Verwundungen,
weicht zurück,
bis er aus dem Gefahrenbereich heraus ist.
Keine Fehler.

Die Spontaneität und Impulsivität, die mit Ihrer erleuchteten Perspektive parallel geht, wird Sie bis nahe an den Rand persönlicher physischer Gefahr bringen. Eine Buddhanatur würde sich ganz ruhig weiter vorwärtsbewegen und die Vernichtung in Kauf nehmen. Wenn Sie sich ein Quentchen Ihrer Selbstillusion erhalten oder es zurückrufen, können Sie sehr leicht und sicher der Gefahr entgehen. Die Selbstrettung bedeutet keineswegs einen Rückfall in den Egoismus. Bleiben Sie weiterhin auf Ihrem selbstlosen Weg.

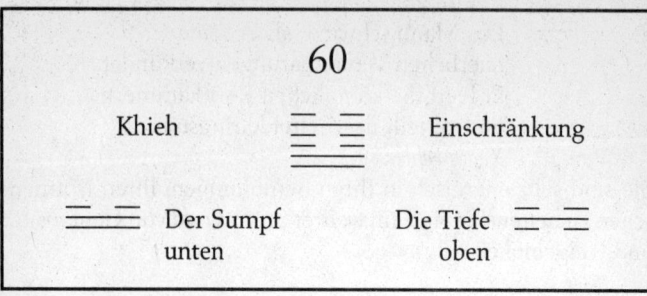

Orakel

Der See inmitten der Tiefe.
Der hervorragende Mann ist ein Systematiker;
er verhandelt über prinzipielle Punkte.

Verbesserung.
Wenn aber die Beschränkungen sehr
hart und schwierig zu ertragen sind,
werden sie nicht lange andauern.

Deutung

Artha Sie haben eine schier unbegrenzte Vielfalt von Interessen. Sie reagieren auf alle Geschehnisse, ganz gleich welcher Art, mit Empfänglichkeit und Verständnisbereitschaft. Es erweckt den Anschein, als hätten Sie die vollkommene persönliche Freiheit erreicht. Aber Ihre zugleich völlig wahl- und kritiklose Beschäftigung mit den vielfältigsten Interessen und Aktivitäten erlaubt Ihnen nur die einem Astronauten möglichen Bewegungsfreiheiten. Sie sind aber kein formloses Vakuum für die Aufnahme und Aufbewahrung von Erfahrungen. Sie sind ein menschliches Wesen mit individuellen Neigungen, Geschmacksrichtungen, Bedürfnissen und Fähigkeiten, eine charakterlich und individuell scharf ausgeprägte Persönlichkeit. Sie können ebensowenig die ganze Fülle der menschlichen Leistungsmöglichkeiten in sich tragen, wie ein See nicht das Wasser aller Ozeane zum Inhalt haben kann. Sie können sich nur dann der wahren Freiheit erfreuen, wenn Sie sich völlig über die Grenzen Ihrer persönlichen Kapazitäten im klaren sind, wenn Sie wissen, was Sie wollen, was Sie tun sollten und tun können, und was nicht. Gefahr: Gehen Sie bei der Befolgung dieses Ratschlages nicht zu weit. Hüten Sie sich vor der Fesselung durch ungeprüfte persönliche Potentiale.

Kama   Sie tragen in Ihrem Geist die Vorstellung von sich selbst als dem »idealen Liebenden«, der alle Wünsche und Erwartungen seines Partners zu erfüllen imstande sei. Ihr Anteil innerhalb der Beziehungen zu Ihrem Partner besteht in einem ständigen Streben danach, diese ideale Vorstellung mit Leben zu erfüllen. Aber dieses nicht zu verwirklichende Gefühl ist ein Mythos der Massenmedien. Es hat nur wenig mit Ihrem wahren Selbst zu tun. Betrachten Sie sich selbst etwas realistischer. Wenn Sie Ihre Persönlichkeit mit den ihr wesenseigenen speziellen Begrenzungen objektiv betrachten, werden Sie herausfinden, wie Sie unter den Ihnen angemessenen Bedingungen und Verhältnissen auf realistischer Ebene ein perfekter Liebhaber sein können. Sie müssen all die Dinge, die man konventionell von einem Liebhaber erwartet und voraussetzt, ablegen und zurückweisen, wenn Sie zu Ihrem wahren Selbst in Widerspruch stehen. Sie müssen sie ersetzen durch eine ehrlichere, vertrauenswürdigere und persönlicher geprägte Art und Weise, in der Sie Ihre Liebe zum Ausdruck bringen können.

Moksha   Es gibt eine unendliche Anzahl von Pfaden, die zum Gipfel des Berges führen, aber der Mensch kann eben nur einen davon benutzen. Benehmen Sie sich nicht als spiritueller Dilettant. Versuchen Sie zu ergründen, welcher Weg der für Sie passende ist, welcher Weg Ihnen am sympathischsten und verständlichsten ist. Wenn Sie ihn gefunden haben, dann bleiben

Sie auf ihm. Ihre Offenheit und Empfänglichkeit den von allen Seiten an Sie herangetragenen spirituellen Einflüssen gegenüber haben Sie auf recht verworrene und kuriose horizontale Abwege geführt. Beschränken Sie sich ganz bewußt auf ein einziges, für Sie geeignetes spirituelles System und entdecken Sie die immer offene und direkte Hauptstraße zum Gipfel des Berges.

Die Linien

1 —O— Er will die Eingangshalle seines Hauses
nicht verlassen.
Keine Fehler.

Unternehmen Sie nichts. Warten Sie, bis absolut geklärt ist, in welcher Weise Sie tätig werden sollen.

2 —O— Er will seinen eigenen Hof nicht verlassen.
Unheilverkündend.

Die Zeit zum Aktivwerden ist gekommen. Handeln Sie sofort, ohne Verzug! Ängstliches Zögern wird Unheil nach sich ziehen.

3 —×— Der Mann ist ohne Hemmungen.
Schließlich wird er jammern und klagen;
und es wird ihm deswegen
niemand Vorwürfe machen,
nur er selbst.

Ein extravagantes Leben, geführt nach dem Prinzip des größten Vergnügens, führt zum Zustand des Unglücklichseins. Sie beschuldigen die hemmungslos fortschrittliche und amoralische Kultur, daß Sie von ihr zu Excessen und Maßlosigkeiten verführt worden seien. Aber Sie sind in Ihren Handlungen frei. Für die begangenen Fehlhandlungen und Fehleinschätzungen sind allein Sie verantwortlich. Seine eigenen Grenzen zu erkennen ist besonders wichtig für Hedonisten wie Sie, die nach einem möglichst intensiven Lustgewinn streben.

4 —x— In Ruhe und natürlicher Gelassenheit
betrachtet er die geeignete Einschränkung.
Erfolg.

Die Beschränkungen, die Sie sich selbst auferlegen, müssen realistisch sein. Wenn sie zu hart und rigoros sind, würde Ihr Leben zu einem ständigen Kampf mit eben diesen Einschränkungen werden. Wenn Sie aber andererseits zu milde und nachgiebig sind, wird Ihr Leben zu einem ständigen Schwanken zwischen Unentschlossenheit, Verwirrung, Reue und Bedauern. Ihre Beschränkungen sollten sich aber leicht und natürlich in Ihr Leben einfügen, weder zu streng, noch zu sanft. Sie sollten Ihre zu einem geordneten Leben gehörenden Tätigkeiten nicht zu sehr hemmen. In der Tat wäre es gut, wenn Sie all dem keine zu große Aufmerksamkeit widmen würden.

5 —o— Seine Einschränkungen sind leicht zu ertragen.
Günstig.
Ehrungen – wenn Sie voranschreiten.

Sie sind verantwortlich für die anderen Menschen aufzuerlegenden Beschränkungen. Sie schaffen es, die nötigen Beschränkungen so vollkommen den Erfordernissen der Situation anzupassen, daß Verletzungen der Freiheiten bei anderen so geringfügig wie möglich gehalten werden können. Dieser Erfolg wird Ihnen Ehrungen und Vorteile einbringen.

6 —x— Das Ertragen seiner Einschränkungen macht Schwierigkeiten.
Unheilverkündend, wenn Sie auf Ihrem Weg bleiben.
Schuld, die schließlich verschwindet.

Sie sind verantwortlich für die anderen Menschen aufzuerlegenden Beschränkungen. Diese Beschränkungen, die unbedingt erforderlich sind, bringen eine erbarmungslose Verletzung anderer Menschen mit sich. Sie verspüren ein Schuldgefühl angesichts des Unglücks, dessen Urheber Sie sind. Nach einer gewissen Zeit werden Sie allerdings einsehen, daß Sie nur das Notwendige getan haben.

61

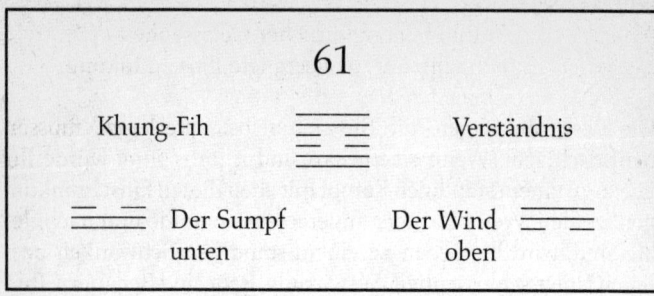

Khung-Fih — Verständnis

Der Sumpf unten — Der Wind oben

Orakel

Der Wind bläst quer über den Sumpf.
Der hervorragende Mann wägt alle
Prozeßangelegenheiten sorgfältig ab
und gebietet den Exekutionen Einhalt.

Schweine und Fische.
Günstig.
Bleiben Sie auf Ihrem Weg.
Sie dürfen das große Wasser überqueren.

Deutung

Artha Ihre größte Stärke liegt in Ihrer klaren Vorstellungskraft. Sie betrachten die Welt ohne Vorurteile aus einer ruhigen und gesunden Perspektive. Sie verkehren mit den Menschen Ihrer Umgebung in humaner, selbstloser und liebenswürdiger Weise. Sie verstehen sich selbst und können sich in das Wesen aller Menschen einfügen, sogar in jene, die Ihnen unsympathisch oder gar feindlich gegenüberstehen. Das Band des Verstehens zwischen Ihnen und Ihren Mitmenschen reicht sogar über etwaige kulturelle Differenzen hinaus. Es handelt sich dabei keineswegs um eine einfache, auf Sympathie beruhende Ähnlichkeit der Hoffnungen und Befürchtungen. Sie erkennen das göttliche Urbild in allen Menschen und zugleich das Tragische in den menschlichen Lebensbedingungen. Die starke Zuneigung, die Sie Ihren Mitmenschen gegenüber fühlen, ist nicht erzwungen. Sie können Ihr Verhalten nicht kontrollieren, können es nicht ein- oder abschalten. Es mag sein, daß Sie sich oft gar nicht Ihrer Handlungsweise voll bewußt sind. Gemäß den Wertvorstellungen Ihrer Kultur sind Sie keineswegs als eine außergewöhnliche Persönlichkeit zu betrachten. Aber alles, was Sie unternehmen, wird erfolgreich sein. Die Zeit für den Beginn weitreichender Veränderungen und unverzüglicher Aktivitäten Ihrerseits ist gekommen.

Kama   Es ist ein glücklicher Umstand, daß Sie Ihren Partner mit gleicher Stärke wie andere, die Ihnen nicht so eng verbunden sind, lieben können. Das ist nicht so rätselhaft, wie es zunächst klingen mag. Die meisten Menschen finden es an und für sich als durchaus in Ordnung, wenn man die Menschheit im allgemeinen in humaner und selbstloser Weise liebt und Freunde und Bekannte mit Wärme und Liebenswürdigkeit behandelt, doch viele finden es unmöglich, jene zu lieben und als gleichgestellte Brüder und Schwestern zu akzeptieren, die nicht so eng mit ihnen verbunden sind. Was Ihrerseits ein Mangel in Ihren romantischen Gefühlen des Wohlwollens und bei Ihren zur Schau getragenen Gefühlen sein könnte, wäre der Umstand, daß Sie oft durch die gesunde Kraft, Wärme und Menschlichkeit Ihrer Liebe zum Partner Ihr Verhältnis zu ihm in anschaulich zurechtgemachter Weise darbieten.

Moksha   Sie sind kein Heiliger. Ein solcher, zum Beispiel ein Bodhisattva, ist einer, der die Erleuchtung erfahren hat und in das weltliche Leben gemäß der erhaltenen Offenbarung zurückgekehrt ist. Sie haben kein Bedürfnis nach Erleuchtung, weil Sie noch nicht die Selbsterkenntnis verloren haben, die die meisten Menschen schon in einem frühen Alter verlieren. Eine Offenbarung ist nur die begriffliche Gestaltung dessen, was Sie längst auf natürliche, instinktive, intellektuelle Weise ohne direkte Offenbarung erkannt haben. Die Praktizierung von Moksha ist für die meisten Menschen eine Reise aus dem Dunkel ins Licht. Für Sie ist das eine offenherzige und ganz selbstverständliche Bestätigung Ihrer ständigen, über jede Formulierung erhabenen, alle Begriffe übersteigenden Vereinigung mit Gott.

Die Linien

1 —o— Der Mann ruht in sich selbst.
Wenn er außerhalb seiner selbst suchen würde,
könnte er nicht zur Ruhe kommen.
Günstig.
Es hat den Anschein, als verhielten Sie sich anständig und selbstlos allen Menschen gegenüber. Doch im tiefsten Innern sind Ihre Reaktionen anderen gegenüber weder fair noch selbstlos. Sie beurteilen die Leute aufgrund geheimer Kenntnisse und Erkenntnisse. Ihre Einschätzung richtet sich danach, welche Bedingungen in bezug auf geheime Ziele vorliegen. Ihre Freunde wissen über die realen Grundlagen Ihrer Verhältnisse nicht Bescheid. Dies ist die Linie des Meisterspions, des raffinierten Ehebrechers, des heimlichen Satanisten.

2 —o— Der Kranich im Ried ruft,
und das Junge antwortet.
»Ich habe hier ein paar delikate Bissen.«
»Wir wollen sie mit Ihnen teilen.«
Das deutet auf eine angenehme und bedeutungsvolle Beziehung zu einer Person gleichen Geschlechts, möglicherweise – aber nicht unbedingt – auch auf sexuellem Gebiet.

3 —x— Der Mann begegnet seinem Ehepartner.
Jetzt schlägt er die Trommel.
Jetzt hält er damit auf.
Jetzt weint er. Jetzt singt er.

Ihre tägliche Arbeit und Ihre vorübergehenden Vergnügungen hängen vollkommen von Ihrem Verhältnis zu einer anderen Person ab. Wenn sich zwischen Ihnen beiden die Dinge gut anlassen, sind Sie entzückt und hingerissen, wenn aber die Dinge nicht so gut laufen, sind Sie höchst mißgestimmt. Außerhalb dieser Beziehungen können Sie keinerlei Veranlassung weder zur Zufriedenheit noch zur Enttäuschung finden. Ohne andere Elemente und Inhalte in Ihrem Leben, durch die sich Ihre Gefühle verändern, werden Sie immer nur zwischen den beiden Extremen Freude und Sorge hin und her geworfen. Sie sind total verstrickt in die Illusionen einer romantischen Liebe. Lassen Sie nicht zu, daß eine unromantische Periode durch eine negative Selbsteinschätzung Ihren grundsätzlichen Lebensweg nachteilig beeinflußt. Wenn Sie in dieser allumfassenden, das Ego verzehrenden Auffassung vom Tao Ihre gefühlsmäßige Erfüllung finden, dann lassen Sie sich ja nicht durch irgendwelche zynischen Kommentare neunmalkluger Zaungäste beeindrucken oder gar aus dem seelischen Gleichgewicht bringen.

4 —×— Der Mond ist nahezu voll.
Nur ein Pferd bricht aus der Spur aus;
ein Pferd bleibt auf ihr.
Keine Fehler.

Ihr Freund hat sich plötzlich von Ihnen abgewandt. Die Beziehungen lösen sich auf. Sie sind nicht dafür verantwortlich. Sie haben auch nicht die Kraft, es zu ändern.

5 —⊖— Der Mann besitzt Selbsterkenntnis und
schließt enge Kontakte mit anderen Menschen.
Keine Fehler.

Ihre natürliche, uneingeschränkte und keine Unterschiede machende Zuneigung und Sympathie hat viele an und für sich unähnliche, ja sogar ablehnend gegenüberstehende Menschen einander nähergebracht. Solange Sie anwesend sind, führen Sie die Menschen zusammen, indem Sie ihnen in bezug auf eine großzügige, unvoreingenommene Geisteshaltung Vorbild sind.

Wenn Sie sich aus dem einen oder anderen Grund aus der Situation zurückziehen, wäre der Teufel los. Das hätte natürlich Unheil im Gefolge; aber Sie persönlich sind nicht verantwortlich für die egoistischen Verhaltensweisen der Menschen, die einander bekämpfen.

6 —O— Der Hahn flattert zum Himmel empor.
Unheilverkündend.

Sie verfügen über eine besondere Redegabe. Es fällt Ihnen leicht, andere durch Ihre herzliche Wärme und Sympathie von etwas zu überzeugen. Reden Sie aber nicht so viel. Lassen Sie lieber Ihr übliches Tagewerk, Ihre normale Lebensweise für sich selbst sprechen. Machen Sie Schluß mit der Reklame für sich selbst.

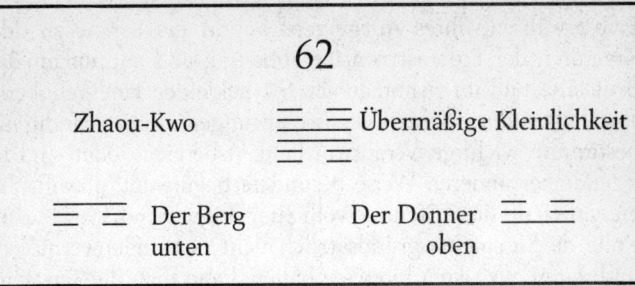

62

Zhaou-Kwo — Übermäßige Kleinlichkeit

Der Berg unten — Der Donner oben

Orakel

Donner hoch droben auf dem Berg.
Der hervorragende Mann ist in einem
Führungsstil klug und weise.
In einer Zeit der Bescheidenheit und Einfachheit
ist er besonders zurückhaltend;
in Zeiten der Trauer ist er ganz besonders betrübt;
in Zeiten wirtschaftlicher Sparmaßnahmen
ist er besonders genügsam.

Verbesserung.
Bleiben Sie auf Ihrem Weg.
Übernehmen Sie kleinere Aufgaben
und lehnen Sie die Übernahme größerer ab.
Lauschen Sie dem Gesang der Lerche,
der besonders süß klingt,
wenn sie abwärts zu fliegen beginnt.
Sehr gunstig.

Deutung

Artha   Die Feldlerche ist ein sehr zartes, empfindliches Geschöpf der Erde. Ihr Emporsteigen in die Luft ist nur von kurzer Dauer.

Selbst während ihres Aufsteigens gehört die Lerche zu den Kreaturen der Erde, ist von ihr abhängig und hat auf ihr die Brutstätte und ihr Schutzgebiet. Sie bekleiden eine gehobene soziale Position, erfahren gewisse Ehrungen, sind zuständig für bestimmte wichtige Verantwortlichkeitsbereiche oder sind in irgendeiner anderen Weise besonders begünstigt, obwohl Sie eigentlich für diese Stellung völlig ungeeignet sind. Weil Sie die Rolle, die Sie spielen, grundsätzlich nicht auszufüllen vermögen und daran auch kein Interesse haben, kann man die Tatsache, daß Sie diese Stellung dennoch bekleiden, als einen ausgesprochenen Glücksumstand bezeichnen, worauf sich der Ausdruck »sehr günstig« im Orakel bezieht. Starten Sie aber keine weiteren Unternehmungen. Versuchen Sie nicht, Ihr Glück zur Erreichung weiterer Erfolge auszunützen. Befleißigen Sie sich einer allgemein üblichen, dem normalen Alltag angepaßten und zugleich vorsichtigen Haltung, worauf ebenfalls im Orakel hingewiesen ist. Halten Sie sich zurück, wenn man es von Ihnen erwartet, fangen Sie nicht an zu reformieren oder zu philosophieren; bringen Sie Schmerz und Trauer zum Ausdruck, wenn man das von Ihnen erwartet, nicht aber Fanatismus oder Frömmigkeit; seien Sie sparsam und anspruchslos, wenn man es von Ihnen erwartet, nicht aber großzügig und freigebig. Lassen Sie sich nicht von der Höhe und Bedeutung Ihrer Position verwirrt machen. Bleiben Sie immer sich selbst treu. Vergessen Sie nie, wer Sie sind.

Kama   Die innere Anteilnahme Ihres Partners an der zwischen Ihnen bestehenden Verbindung ist tiefer als die von Ihrer Seite. Auch ist die Beziehung als solche für Ihren Partner wichtiger als für Sie. Sie bedeuten für Ihren Partner mehr als er für Sie. Diese Situation ist von keinerlei Unfairneß oder Gefühllosigkeit belastet, denn Sie sind beide freie Individuen. Liebe ist kein Geschäft, das auf Leistung und Gegenleistung beruht. Solange Sie sich von falschen Ideen und Schuldgefühlen hinsichtlich Ihrer Beziehungen zueinander freihalten können, solange wird Ihre Verbindung glücklich sein. Erkennen Sie, wer und was Sie sind und bekennen Sie sich dazu. Erkennen Sie, was Sie fühlen, und bringen Sie diese Gefühle auch zum Ausdruck. Sie Ihrerseits empfinden Ihre Beziehungen zueinander als eine mehr natürliche und schlichtweg selbstverständliche Angelegenheit, nicht allzu gefühlsgeladen, mehr von Zufälligkeiten bestimmt, während Ihr Partner Sie nicht beurteilt und kritisiert und auch keine Ansprüche stellt. Eine potentielle Gefahr für Sie ist, daß Sie sich dazu geneigt fühlen könnten, es in bezug auf Leidenschaftlichkeit und Inbrunst Ihrem Partner gleichtun zu wollen, daß Sie meinen, hoch emporsteigen zu müssen, um das Niveau Ihres Partners zu erreichen und daß Sie die Liebe und Leidenschaftlichkeit Ihres Partners in genau gleicher Weise erwidern müßten. Aber Ihr Partner liebt Sie so, wie Sie nun mal sind. Gespielte Gefühle würden nur Verwirrung hervorrufen; Ihr Partner würde Ihrer Liebe nicht mehr so sicher sein. Konflikte könnten die Folge sein. Ihr Partner würde Ihnen auch Ihre Unehrlichkeit übelnehmen.

Moksha   Sie haben eine natürliche Veranlagung zur Transzendenz, ähnlich einem Medium, einem Dichter, einem Heiler oder Rutengänger. Sie haben die angeborene, Ihnen wesenseigene Fähigkeit, eine absolute Verbindung zum All-Einen herzustellen. Es ist etwas in Ihnen, das die Begrenzungen Ihres Geistes überspringt und die Fesselung durch Ihren physischen Körper sprengt, das Sie über die von Ihrem Karma geschaffenen Barrieren hinwegzutragen vermag. Es handelt sich da nicht um die Vollendung persönlicher Bemühungen, sondern eben um eine Veranlagung. Abgesehen von dieser Veranlagung beschäftigen Sie sich in keiner Weise mit spirituellen Dingen. Sie unternehmen nicht die geringste Anstrengung, Paradoxa auf dem Wege über Offenbarungen zu lösen. Sie denken nicht daran, gewisse Rituale unablässig zu wiederholen, bis Ihnen deren Absurdität schließlich zur Erleuchtung verhilft. Sie sind niemals auf den Gedanken gekommen, sich vorbehaltslos dem Schicksal zu übergeben, sich ihm bedenkenlos auszuliefern. Sie sind gesegnet mit einer wundersamen und hilfreichen spirituellen Stimme, die nicht aus Ihrem Unterbewußtsein stammt und sich auch nicht mittels Ihres Wachbewußtseins ausdrückt. Das ist »sehr günstig«. Denken Sie aber an Kassandra! Stolz und frevelhafter Übermut sind Gefahren.

Die Linien

1 —×— Die Lerche fliegt zu hoch.
Unheilverkündend.
Sie sind nicht darauf vorbereitet, die Position zu bekleiden und sich zu erhalten, auf die man Sie gestellt hat. Sie sind nicht darauf vorbereitet, die Verantwortlichkeiten zu übernehmen, mit denen man Sie betraut hat. Sie sind nicht darauf vorbereitet, die Ehrungen richtig einzuschätzen, mit denen man Sie auszeichnet.

2 —×— Die Frau geht um ihren Vater herum
und trifft ihre Mutter.
Der Mann geht dem Herrscher aus dem Wege
und trifft sich mit dem Minister.
Keine Fehler.
Man hat Ihnen eine sehr große Verantwortung übertragen, eine, die Sie nicht gesucht haben und auf deren Übernahme Sie nicht vorbereitet waren. Sie haben diese Position nicht auf die übliche Weise erlangt, sondern auf recht seltsamem Wege; vielleicht während der heftigen Turbulenzen im Verlauf eines außergewöhnlichen Ereignisses oder einer akuten Notsituation, in der Ihre hauptsächliche Qualifikation darin bestand, daß Sie die einzige am raschesten verfügbare Person waren. Akzeptieren Sie Ihr Glück und bemühen Sie sich, ganz bewußt Ihr Bestes zu tun. Lassen Sie keine Schuldgefühle in sich aufkommen, denn schließlich haben Sie nichts Falsches oder Übles getan.

3 —⊖— Der Mann hat die Vorsicht außer acht gelassen;
andere haben Vorteile daraus gezogen.
Unheilverkündend.

Ihre Position bewirkt Verärgerungen unter jenen, die die Launen und Bocksprünge des Schicksals nicht akzeptieren können. Sie müssen deshalb besonders vorsichtig und einfühlsam sein. Aufgrund einiger Unzulänglichkeiten, die Sie haben, sind Sie zur Beute jener Menschen geworden, die Ihnen ganz bewußt Böses zufügen wollen.

4 —⊖— Der Mann spielt recht gut nur nach dem Gehör,
ohne Noten.
Gehen Sie ruhig und tapfer vorwärts,
aber nicht ohne die nötige Vorsicht.

Sie haben Konflikte mit irgendeiner anderen Person. Halten Sie sich zurück. Versuchen Sie, sich ganz und gar aus der Sache herauszuhalten. Seien Sie vorsichtig und bedachtsam, keinesfalls aggressiv. Seien Sie auch nicht zu nachgiebig und versöhnlich. Halten Sie sich so weit abseits und über allem gleichsam schwebend, wie es Ihnen irgend möglich ist. Lassen Sie sich nicht durch Wut, Ungeduld oder gar Verzweiflung zu Unüberlegtheiten hinreißen.

5 —×— Dicke Wolken vom Westen her,
aber kein Regen.
Der Prinz schießt einen Pfeil
in die Höhle hinein
und trifft einen Vogel.

Sie rechnen jeden Augenblick mit dem Eintritt eines glücklichen Geschehens. Viele Zeichen deuten darauf hin, daß Ihnen Ehrungen bevorstehen. Es könnte aber sein, daß Sie zugunsten eines anderen übersehen werden, der besser geeignet ist, mit den Verantwortlichkeiten fertigzuwerden, die mit den Ehrungen verbunden sind, nach denen Sie so eifrig streben.

6 —×— Die Lerche fliegt zu hoch.
Der Mann überschreitet seine Grenzen.
Selbstzerstörung.
Unheilverkündend.

Das ist das dem Ikarus zugestoßene Unheil. Ihre für die Einnahme des ersten Platzes unzulänglichen Eigenschaften sind die Ursache, daß Sie versuchten, aus Ihrer günstigen Position Vorteile zu ziehen. Jetzt sind die Dinge ganz und gar außer Ihrer Kontrolle geraten und haben sich gegen Sie gewandt. Dies ist die Linie des Zusammenbruchs, des Untergangs.

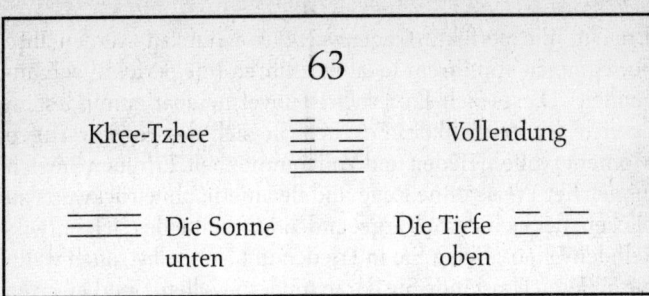

Orakel

Wasser schwebt über dem Feuer.
Der hervorragende Mann rechnet
mit dem potentiellem Übel
und trifft Vorsichtsmaßnahmen dagegen.

Erfolg
in kleineren Angelegenheiten.
Bleiben Sie auf Ihrem Weg.
Ein günstiger Anfang bringt
möglicherweise ein in Unordnung geratenes Ende.

Deutung

Artha   Ihr Lebensweg und Ihre Lebensaufgaben sind so gut wie abgeschlossen. Dieses Hexagramm repräsentiert den Moment der Vervollständigung, der gleichzeitig auch der Moment des Auseinanderfallens ist. Sowohl die unvermeidbaren Ausgleichsbewegungen der klassischen Yin- und Yang-Energien als auch die Entropie-Theorien der abstrakten Physik lassen die Unmöglichkeit der Aufrechterhaltung einer perfekten Harmonie als Dauerzustand deutlich erkennen. Sie haben sich auf ein Ideal zu bewegt (auf die perfekte Zukunft); Sie haben es gerade jetzt

erreicht (die perfekte Gegenwart); von nun an werden Ihre
Bewegungen von Ihrem Ideal wegführen (die perfekte Vergangenheit). Dieses Sich-Entfernen ist unvermeidbar, zumindest im
Bereich der Zeitlichkeit. Erfreuen Sie sich des gegenwärtigen
Moments voller Frieden und Vollkommenheit. Erfreuen Sie sich
in gleicher Weise ohne Reue und Bedauern, ohne rückwärts zu
blicken, der sich daraus ergebenden Momente des sich entwikkelnden Chaos. Seien Sie in Frieden mit sich selbst, auch wenn
die äußeren Umstände Sie daran hindern wollen. Überbewerten
Sie nicht die glorreiche Vergangenheit im Vergleich zur problematischen Gegenwart, damit Sie nicht eines Tages feststellen
müssen, daß Sie ebenso steif und unbeweglich geworden sind
wie einstens Lots Weib. Schauen Sie nicht hinter sich.

Kama   Das Verhältnis zu Ihrem Partner könnte man zur Zeit als
recht harmonisch bezeichnen, als eine Zeit des Sichanpassens
und Sichzusammenfindens, was nicht besagt, daß es sich um
eine Zeit voller emotionaler Hochgefühle und sinnlicher Gipfelerlebnisse handeln muß. Zwischen Ihnen herrscht derzeit ein
angenehmer Friedenszustand. Wenn auch der ständige Wechsel
aller Dinge und Zustände unweigerlich eine Beeinträchtigung
des herrschenden Friedenszustands mit sich bringt, ist es doch
keineswegs unvermeidbar, daß Sie unter diesen Veränderungen
direkt leiden müssen. Wenn Sie auch nicht alle Einzelheiten
Ihres gegenwärtigen idyllischen Zustands zu erhalten in der
Lage sind, können Sie doch den inneren, von Selbstlosigkeit
erfüllten, Sicherheit gebenden Frieden aufrechterhalten. Sollten
in Zukunft einmal Meinungsverschiedenheiten zwischen Ihnen
entstehen, dann schließen Sie sofort Frieden miteinander, denn
dann wird sich keiner verärgert oder verletzt fühlen. Verhalten
Sie sich am besten wie die beiden Enden eines in der tosenden
See schwimmenden einzelnen Brettes.

Moksha   Vom Standpunkt eines Erleuchteten aus ist die Zeit
ein ständiges Fließen, ein sich Entwickeln und Entfalten und
Wiederabnehmen, ein Schaffen und Zerstören. Ein erleuchteter

Geist betrachtet die Zeit als eine Äußerungsform des All-Einen, des Yin und Yang, als Schiwas Tanz, als Sterben und Wiederauferstehen. Sie können sich durchaus der Schönheit, der Ausgeglichenheit und gerechten Gesetzmäßigkeit Ihrer eigenen Minderung und Abnahme erfreuen, indem Sie diese einfach nicht zur Kenntnis nehmen. Dann ist es keine Verschlechterung und kein Rückgang mehr, sondern eine Funktion des Universums, nämlich die Einatmungsphase Gottes. (Im Moment der wirklichen Erleuchtung gibt es auch kein Fließen, keinen Wechsel mehr, nur die absolute Zeitlosigkeit.)

Die Linien

1 —O— Der Mann kriecht ins Unterholz.
　　　　Der Fuchs macht sich seinen Schwanz naß.
　　　　Keine Fehler.

Sie haben sich von den progressiven und avantgardistischen Strömungen der Zeit völlig mitreißen lassen. Die Prinzipien, die dieser sich entwickelnden kulturellen Bewegung zugrunde liegen, ähneln Ihren persönlichen Grundsätzen, sind aber mit diesen nicht ganz identisch. Ehe Sie sich diesen Strömungen voll und ganz ausliefern, wäre es gut, wenn Sie Ihre eigenen Lebensgrundsätze noch einmal überprüfen und sich dabei Ihrer Begrenzungen bewußt werden. Wenn Sie blindlings und kritiklos diesen modernen Ideen folgen, müssen Sie mit einer ziemlich derben Ernüchterung rechnen und mit inneren Konflikten besonders dort, wo Zivilisation und Kultur des Volkes von Ihren Grundsätzen stark abweichen. Wenn Sie Ihren inneren Prinzipien in erster Linie Folge leisten, können Sie mit jeder sich ergebenden Möglichkeit fertig werden, selbst wenn es einmal darum gehen sollte, sich dem herrschenden Trend zu widersetzen oder sich den Vorwurf eines Verstoßes gegen die Mode zuzuziehen.

2 —×— Die Frau in ihrem Häuschen
　　　　hat ihre Fensterläden verloren.

Suchen Sie sie nicht.
In sieben Tagen werden Sie sie wiederfinden.
Die Dinge sind in jeder Hinsicht so ruhig und sanft vonstatten gegangen, daß Ihre Fähigkeiten und Möglichkeiten von den anderen gar nicht so recht bemerkt worden sind. Wohl wissend, daß Sie tatsächlich Beitrag zu der Angelegenheit zu leisten vermögen, neigen Sie zu dem Versuch, sich aufzudrängen. Aber sich anderen Leuten anzubieten, die Sie nicht akzeptieren wollen, wäre eine gewisse Mißachtung Ihrer eigenen Persönlichkeit. Sie müssen Geduld haben. Im Zuge des unvermeidbaren Wandels aller Dinge der Welt wird auch für Sie die rechte Zeit kommen.

3 —⊖— Kau Tsung überfiel Provinzen der Hölle
und machte sie sich nach drei Jahren untertan.
Kleinere Menschen sollten sich nicht von sich aus
an derartigen Unternehmungen beteiligen.

Der erfolgreiche Abschluß einer Phase Ihres Lebens hat dazu geführt, daß Sie sich mit einer historischen, einer erdachten oder einer mythischen Person identifizieren, die zumindest bis jetzt eine Idealgestalt für Sie war. Diese Identifizierung mit dieser idealisierten Heldengestalt könnte Sie veranlassen zu glauben, daß Sie die gleichen Aufgaben zu lösen, die gleichen Ziele zu erreichen in der Lage wären. Ein objektiver Vergleich zwischen Ihnen und dem fabelhaften Helden sollte genügen, Sie von der Narrheit dieser Einbildung zu überzeugen.

4 —×— Der Mann trägt eine Menge Lumpen herbei
für den Fall, daß das Boot leck wird.
Er ist ununterbrochen wachsam.

Obgleich Sie die Dinge zu einem erfolgreichen Abschluß gebracht haben, gibt es noch einige durch die gegebene Situation begründete Gefahren. Ein Boot kann nicht gleich leck werden, wenn es vom Stapel gelassen wird, aber nach einiger Zeit kann doch irgendwie ein Leck entstehen. Sie haben dafür zu sorgen, daß immer die nötigen Mittel vorhanden sind für den

Fall, daß sie beim Auftreten eines Schadens sofort gebraucht werden. Aber es gibt da einen Punkt, jenseits dessen Ihre Wachsamkeit als übertrieben bezeichnet werden muß, in dem Maße, daß Sie sich nicht länger Ihrer Vergnügungen und Ihrer Gewinne erfreuen können, die Ihnen nach Erfüllung Ihrer Aufgaben von Rechts wegen zustehen.

5 —o— Als Frühjahrsopfer
schlachtet der Nachbar im Osten einen Ochsen;
doch das entspricht nicht dem kleineren
Opfer des Nachbarn im Westen, dessen Tätigkeit
und Aufrichtigkeit segensreicher ist.
Hüten Sie sich vor Prahlereien.

6 —×— Er stürzt sich kopfüber hinein.
Gefahr.
Anstatt mit Bedauern und Reue und einem Gefühl des Verlustes auf vergangene Erfolge zurückzuschauen – wovor oben im Absatz Artha gewarnt wurde – blicken Sie in einer Haltung der Selbstbewunderung zurück. Anstatt schlicht und einfach nur so nebenher einen sehnsüchtigen Blick über die Schulter hinweg zurückzuwerfen, haben Sie angehalten, sich völlig um sich selbst gedreht und starren nun wie ein Hypnotisierter verzückt auf Ihre glorreiche Vergangenheit. Sie müssen auf dem Wege Ihres Tao weitergehen, wenn Sie das Unheil, das Sie bedroht, verhindern wollen.

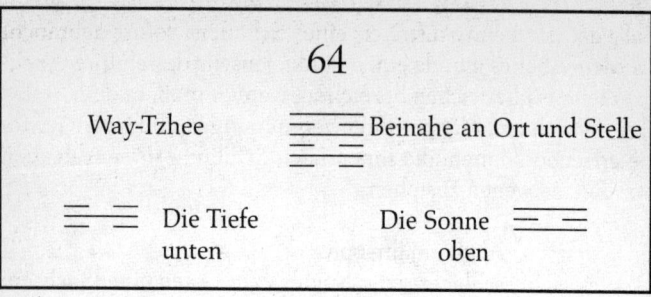

Orakel

Feuer über der Tiefe.
Der hervorragende Mann sieht die Dinge so,
wie sie wirklich sind,
und weist allen den rechten Platz zu.

Es scheint dem kleinen Fuchs,
als habe er den Strom durchschwommen;
dann macht er sich den Schwanz naß.
Erfolg,
wenn Sie sich wie der Mann verhalten;
Fehlhandlungen,
wenn Sie es dem Fuchs nachmachen.

Deutung

(Anmerkung: Dieser kleine Fuchs, der den Strom überquert, ist in China zu einem Sprichwort geworden. Wenn er sich etwas zu mutig und selbstsicher verhält – im Gegensatz zu einem älteren, erfahrenen Fuchs – wird er höchstwahrscheinlich naß werden. Ganz zum Schluß aber, wenn der Strom überquert ist, das übertriebene Selbstvertrauen seinen Gipfelpunkt erreicht hat und das Füchslein bereits festen Boden unter seinen Füßen fühlt, läßt die angespannte Wachsamkeit nach, und der bisher steil erhobene Schweif sinkt herunter ins Wasser und wird natürlich naß.)

Artha   Sie versuchen, den Sinn und Zweck einer fremdartigen, beispiellosen Situation gedanklich zu erfassen und zu deuten. Sie und die Menschen, die in die Sache verwickelt sind, haben gegensätzliche Auffassungen, stehen sich so unsympathisch gegenüber, haben so wenig Kontakt miteinander, daß Sie sich bständig in einem Zustand der Sprung- und Alarmbereitschaft befinden müssen. Was Sie auch unternehmen – es ist Ihnen unmöglich zu wissen, wie die Reaktionen der anderen sein werden. Das ist der Grund, weshalb es Ihnen unmöglich ist, die Folgen Ihrer eigenen Aktionen vorherzusehen oder sie zu bestimmen. Bis jetzt hat Ihnen Ihr ziemlich blindes und unbesonnenes Vorwärtsgehen Glück gebracht. Lassen Sie sich nicht durch Ihre früheren Erfolge dazu verleiten, etwa zu glauben, daß Sie eine Art von sechstem Sinn besäßen, der Sie befähigt, mit den wechselhaften und einander widerstrebenden, teilweise chaotischen Ereignissen im Leben mühelos fertigzuwerden. Achten Sie auf jeden Ihrer Schritte. Es könnte sein, daß Sie sich selbst ganz plötzlich in genau jene Angelegenheiten verwickelt sehen, denen aus dem Weg zu gehen Sie sich so intensiv bemüht haben.

Kama   Die Richtung, in die jedes Feuer strebt, ist die nach oben. Die Richtung, die das Element Wasser naturgesetzlich beibehält, ist die nach unten. Wenn sich das Feuer über dem Wasser befindet, wie in diesem Hexagramm, sind die beiden Richtungen einander entgegengesetzt, unverbunden und nicht miteinander vereinbar. Warum sind Sie mit Ihrem Partner zusammen? Sie sind so verschieden, daß es einfach unmöglich ist, Sie miteinander zu vergleichen und von bestimmten Kontrasten zu sprechen. Unterziehen Sie die Motive, die dem Zusammensein mit Ihrem Partner zugrunde liegen, einmal einer gründlichen Prüfung. Es wird sich dann wahrscheinlich herausstellen, daß die Motive mit Ihrem Partner an sich überhaupt nichts zu tun haben. Wenn sich das herausstellen sollte, wäre es nicht sinnvoll, weiterhin die Verbindung aufrechtzuerhalten. Es existiert aber eine Möglichkeit, daß Feuer über dem Wasser eine Vereinigung zu bewirken vermag. Man kann ein Feuer auf Eis anzünden und unterhalten, zum Beispiel ein Freudenfeuer (oder ein Feuerwerk) auf einem zugefrorenen See, auf dem die Kinder Schlittschuh laufen. In diesem Fall könnte man davon sprechen, daß, wenigstens aus der Sicht der Schlittschuh laufenden Kinder, die sich sonst feindlich gegenüberstehenden Elemente Feuer und Wasser vorübergehend eine Art Zusammenarbeit demonstrieren. Das Wasser – in Gestalt von Eis – bildet die Grundlage für das Schlittschuhlaufen, das Feuer sorgt für Wärme und Energie und erlaubt den Kindern, sich auf dem Eis zu vergnügen. Wenn Sie und Ihr Partner Mitglieder einer größeren Gruppe sind – vielleicht einer religiösen Sekte, einer Gemeinschaft oder auch nur einer Familie – dann könnte es sein, daß Ihr anscheinend grund- und beziehungsloses Verhältnis zueinander sich verbessert und sich einer dem anderen so anpaßt, daß Sie beide im Rahmen der größeren Gruppe eine bedeutende Rolle zu spielen in der Lage sind.

Moksha   Einige Faktoren Ihrer Verhaltensweisen stehen im Gegensatz zu Ihrer spirituellen Sensibilität und zu Ihren grundlegenden Prinzipien in bezug auf Verantwortungsbewußtsein und Tatendrang. Sie haben das Gefühl, daß es Ihnen gar nicht so schwerfällt, seitdem diese anderen Elemente Ihres Lebens auf einen »niedrigeren Plan« als dem rein spirituellen herabgemindert worden sind, auch Ihre Standardmeinungen und allgemeinen Lebensgrundsätze etwas zu mäßigen, auf ein etwas niedrigeres Niveau zu versetzen. Aber keine dieser Praktiken ist wertvoller im Vergleich zueinander. Artha, Kama und Moksha sind in Ihrem Leben eng miteinander verwoben. Die Qualität eines dieser Aspekte zu vermindern hieße, es bei allen dreien zu tun.

Die Linien

1 —×— Der Fuchs macht sich seinen Schwanz naß.
Schuld.
Sie sind entschlossen, eine drastische Anstrengung zu unternehmen, um endlich Schluß zu machen mit dem Durcheinander, das zur Zeit in Ihrem Leben herrscht. Aber eine Zeit der Verwirrung und Konfusion ist logischerweise auch eine Zeit der Zurückhaltung. Unternehmen Sie nichts, solange sich nicht genügend Faktoren und Aspekte Ihres Lebens soweit geklärt haben, daß Sie fähig sind, die Situation korrekt einzuschätzen.

2 —o— Der Mann kriecht ins Unterholz.
Günstig, wenn Sie auf Ihrem Weg bleiben.
Noch ist die Zeit zum Tätigwerden nicht gekommen. Bereiten Sie sich in der Zwischenzeit darauf vor. Während Sie Ihre Zeit mit dem Warten auf den richtigen Moment des Tätigwerdens verbringen, ist Ihr Tao bereits im Tao der künftigen Geschehnisse wirksam. Wenn Sie zu handeln beginnen, wird Ihre Tätigkeit in völlig natürlicher Weise aus all dem herauswachsen, was sich vorher in Ihrem Leben ereignet hat.

3 —×— Bereits an Ort und Stelle angekommen,
läuft der Mann weiterhin viel zu schnell vorwärts.
Unheilverkündend. Eine Zeit,
die zum Überqueren des großen Wassers geeignet ist.
Die Zeit zum Tätigwerden ist gekommen. Halten Sie sich aber noch zurück. Sie hatten noch nicht ausreichend Zeit, sich die Hilfsmittel und Werkzeuge zu beschaffen, die Sie brauchen, um erfolgreich ein Unternehmen starten zu können. Lassen Sie die gegenwärtige Gelegenheit vorübergehen. Ziehen Sie sich aus der Affäre zurück, schlagen Sie eine neue Richtung ein. Brechen Sie alte Kontakte ab. Wenden Sie sich neuen Unternehmungen zu.

4 —o— Der Mann härtet sich ab, um die Zustände
in den höllischen Provinzen ertragen zu können,

im Vertrauen darauf, daß ihm nach drei Jahren
eine große Belohnung zuteil wird.
Günstig, wenn Sie auf Ihrem Weg bleiben.
Schuld verschwindet.
Sie müssen jetzt handeln! Unterdrücken Sie alle Befürchtungen und negativen Ahnungen. Sie handeln gemäß Ihren grundlegenden Prinzipien. Ihre Freiheit als Individuum ist vom Ergebnis Ihrer Handlungsweise abhängig. Handeln Sie jetzt ohne zu zweifeln oder zu zögern und stehen Sie durch bis zum Schluß.

5 —×— Aufrichtigkeit, Klugheit und Weisheit
erleuchten den Mann.
Günstig.
Ohne Schuld, wenn Sie auf Ihrem Weg bleiben.
Sie verstehen die irrationalen Aspekte Ihres Lebens. Sie bringen sogar denen Sympathie entgegen, die sich Ihnen gegenüber unsympathisch verhalten. Sie sehen sogar Ordnung und Gesetzmäßigkeit in den aufeinanderprallenden Gegensätzen und Mißklängen der gegenwärtigen Ereignisse.

6 —O— Der Mann feiert seinen Sieg.
Bei dieser Feier betrinkt sich der Fuchs.
Ohne Schuld, wenn Sie es dem Manne gleich tun;
schuldig, wenn Sie sich wie der Fuchs verhalten.
Ihre Fähigkeit, in chaotischen Situationen Harmonie wiederherzustellen (siehe die Deutung der Linie 5 oben) hat Sie zu einem Leben voller erfreulicher sozialer Aktivitäten geführt, in dem Wärme und uneingeschränkte Freundschaft eine entsprechende Atmosphäre schaffen. Erfolgreiche und glückliche Zeiten sind eine natürliche Folge persönlichen Wohlbefindens. Lassen Sie dieses Wohlbefinden und seine Ergebnisse nicht zu Handlungsweisen degenerieren, die den Prinzipien widersprechen, auf denen Ihre glückliche Geistes- und Gemütshaltung beruht. Hüten Sie sich vor närrischen Übertreibungen.